中国财政科学研究院
会计学硕士研究生·MPAcc·MAud系列教材

企业财务管理案例教程

Financial Management Cases of Enterprise

徐玉德／编著

中国财经出版传媒集团
经济科学出版社
Economic Science Press

图书在版编目（CIP）数据

企业财务管理案例教程／徐玉德编著．—北京：经济科学出版社，2018.1（2018.12 重印）
ISBN 978 - 7 - 5141 - 9022 - 9

Ⅰ.①企… Ⅱ.①徐… Ⅲ.①企业管理－财务管理－教材 Ⅳ.①F275

中国版本图书馆 CIP 数据核字（2018）第 018886 号

责任编辑：刘　颖
责任校对：王肖楠
责任印制：李　鹏

企业财务管理案例教程

徐玉德　编著

经济科学出版社出版、发行　新华书店经销
社址：北京市海淀区阜成路甲 28 号　邮编：100142
总编部电话：010 - 88191217　发行部电话：010 - 88191522
网址：www.esp.com.cn
电子邮箱：esp@esp.com.cn
天猫网店：经济科学出版社旗舰店
网址：http://jjkxcbs.tmall.com
北京密兴印刷有限公司印装
787×1092　16 开　13.75 印张　290000 字
2018 年 1 月第 1 版　2018 年 12 月第 2 次印刷
ISBN 978 - 7 - 5141 - 9022 - 9　定价：42.00 元
（图书出现印装问题，本社负责调换。电话：010 - 88191510）
（版权所有　侵权必究　举报电话：010 - 88191586
电子邮箱：dbts@esp.com.cn）

前　言

案例教学法在加深学员对重要知识点与原理的理解，调动学员积极性，提高学员解决问题的能力等方面，具有明显的优势。财务案例教学即是一种体验式和互动式学习，是理论联系与实践的一座桥梁，能够帮助学员理解、把握财务管理专业知识的真谛和精髓，培养学员运用会计、财务管理等相关专业基础知识进行公司财务决策的能力，真正提高学员发现、分析和灵活解决财务管理活动中实际问题的能力。因此，要使学员掌握这门课的专业知识和精髓，必须针对不同财务管理内容运用大量生动的案例进行讲解，并通过课堂案例讨论，充分调动学员的研究和学习兴趣。

本书编写过程中遵循"让教师好教、学生爱看好学"的宗旨，编写的所有案例坚持以问题为导向，遵循体验式教学与学生互动的理念，围绕筹资、投资、分配、全面预算管理、并购重组、跨国公司财务等重要理财活动进行精心设计。与现有相关教学参考用书相比，本案例教材具有以下四个特点：

一是注重理论联系实际，内容全面。本书在案例选择时结合企业在市场经济与资本运营中的传统财务管理活动，如财务预测与决策、企业投资和筹资活动、股利分配、全面预算管理等。此外，还在研究内容和研究视角等方面进行拓展，包括企业价值管理、财务战略、财务共享、跨国并购、外汇风险管理等相关案例。通过对这些实践活动中的典型案例进行深入浅出的分析，使复杂枯燥的知识简单易懂，达到全面提高学员灵活运用理论知识、提高实践能力的目的。

二是案例以问题为导向展开，编写系统化。书中各案例为教学引导案例，每个案例均按照以下内容编写：教学目标、案例资料和案例讨论。此类案例为教师课堂讲授用。案例结尾采用启发式的思考题，或者"镜头淡出"的方式，引发学员思考。在组织案例学习的过程中，教师可以通过由浅入深的问题帮助学员开展讨论，分析案例要点，使学员进入"角色"、走进"现场"、面临"问题"、做出"决策"，以问题为导向，让学员掌握足够的知识并提高问题解决的能力。

三是案例真实新颖，具有较强的时效性。书中所选案例均是近年来发生的较典型的真实事件，来源于电器、文化、地产、航空、啤酒等行业，是中国企业财务管理实践中的明证，具有很强的时效性和典型性。本书所编写案例均来自当前我国资本市场或实务界一手资料，贴近于工作实际，使学员更有兴趣参与，更有助于对所学内容的理解。同时，本书案例中所涉及的有关财务、会计、税法的制度和规定均采用最新颁布的相关法规，使学员能在我国最新的财务、会计、税法等政策环境下对企业的投资、融资、股利分配等一系列财务管理活动做出更加准确和贴近现实的财务决策。

四是教学案例本土化，极具参考价值。由于我国高校管理类学科开展案例教学的时间不长，教学中常采用国外的教学案例，虽然有良好的效果，但是，也应当看到，由于国际化的教学案例、思维方式和解决问题的方法都与我国现实国情有较大差别，学员对案例所在国家的背景也缺乏实际的了解，从客观上违背了采用案例教学，鼓励学员讨论的目的，因而使案例教学的效果也大打折扣。书中的案例是作者广泛搜集相关企业公开资料的基础上，经过认真筛选典型，反复斟酌与整理，编写而成，增强了案例的适用性。既有利于调动学员学习的积极性和主动性，又有利于学员了解我国财务管理的相关法规。逐渐熟悉我国的财务管理环境。

本案例教材按照财务管理理论与实务教材的主线设计写作框架，每一部分内容既相对独立又相互衔接。本书既可以作为独立的案例教学教材，也可以与相关的财务管理教材结合使用。主要适用于作为会计学、财务管理及经济管理类其他相关专业本科和 MPAcc、MBA、Maud 学生的教学参考用书。

本书由中国财政科学研究院财务与会计研究中心主任徐玉德研究员设计并负责对案例进行编写、总撰。全书精心选择了 16 个案例。我院研究生部周嘉懿、汤艳丽、魏今、马蓉、刘济州、钱志成、李京、李名扬、霍晓蓉、顾旻、马智勇、吴绪同及东华软件的陈龙章等参与了部分案例资料的收集、编写与校对，经济科学出版社对本书的出版提供了许多帮助，在这里致以最诚挚的谢意。我们衷心希望，本书的出版能对 MPAcc、MBA、Maud 以及财务管理专业的教师及学员具有启发作用与参考价值，同时也能为广大企业的高管及财务人员提供经验借鉴。当然，由于编者水平和时间所限，不当之处敬请各位专家和读者不吝赐教。

编　者

2017 年 12 月

目　　录

案例 1　差异化战略助推华为公司价值提升 ························· 1
案例 2　伊利集团企业价值评估案例分析 ··························· 13
案例 3　华谊兄弟基于可持续增长的财务战略分析 ··················· 29
案例 4　从宋城演艺融资看文化企业融资模式 ······················· 41
案例 5　从小柜台到世界五百强——京东如何破茧成蝶 ··············· 56
案例 6　绿地集团借壳金丰投资整体上市案例分析 ··················· 70
案例 7　深天马 TFT/AMOLED 生产线项目投资分析与评价 ··········· 77
案例 8　财务共享助力协鑫集团战略布局 ··························· 91
案例 9　格力电器高额现金股利引发的思考 ························· 105
案例 10　AB 地铁集团全面预算管理及其信息化之路 ················· 115
案例 11　东方航空套期保值策略及影响分析 ························ 132
案例 12　从万科股权之争看公司控制权转移 ························ 141
案例 13　凯雷集团收购徐工机械案例分析 ·························· 169
案例 14　转角花开——青岛啤酒的价值管理之路 ···················· 176
案例 15　南方航空公司外汇风险管理之道 ·························· 189
案例 16　中联重科海外收购意大利 CIFA ··························· 201

案例1　差异化战略助推华为公司价值提升

教学目标

本案例旨在引导学员关注企业价值提升的内在逻辑和路径。通过案例学习和讨论，一方面可以使学员思考企业价值与企业战略的关系，以及如何通过制定、规划战略提升企业价值；另一方面，学员可以从多个角度探索企业价值提升的途径，把握提升价值的关键因素，多维度理解企业财务管理目标。

一、背景概况

华为作为全球第二大电信基站设备供应商，其近年来的成绩可以用举世瞩目来形容。2016年12月30日，华为轮值CEO公布了华为2016年业绩成绩单，称华为2016年销售收入预计将达到5 200亿元人民币，同比增长32%，保持了一如既往的高速增长态势。华为于1988年成立，公司的主要业务是为全球的客户提供网络设备、服务、解决方案，现已成为成功进入全球电信市场的中国高科技企业，同时也是我国电信市场最为主要的供应商。华为公司在国内外的成绩都十分亮眼，据资料介绍，在2016年8月25日，华为获得全国工商联发布"2016中国民营企业500强"榜单榜首；与此同时，根据相关市场调研资料显示，在2016年第三季度，华为首次成为全球利润最高的安卓机厂商。到目前为止，华为产品和解决方案已经应用于全球100多个国家，服务全球运营商50强中的45家及全球1/3的人口。[①]

近年来，华为公司一直在快速增长。表1、图1是华为公司近5年的财务数据，从中可以看到2015年华为实现销售收入3 950亿元人民币（按年末汇率折为608亿美元），同比增长37%，年复合增长率为18%。2015年度华为公司营业利润458亿元人民币，年复合增长率达25%。经营活动现金流的年复合增长率高达29%。每一项业绩指标表现都可圈可点。

---

① 华为公司年报、互联网资料等公开信息。

表1　　　　　　　　**2011~2015年华为公司财务数据**

年份	2015 百万美元	2015 百万元	2014（百万元）	2013（百万元）	2012（百万元）	2011（百万元）
销售收入	60 839	395 009	288 197	239 025	220 198	203 929
营业利润	7 052	45 786	34 205	29 128	20 658	18 796
营业利润率（%）	11.6	11.6	11.9	12.2	9.4	9.2
净利润	5 685	36 910	27 866	21 003	15 624	11 655
经营活动现金流	7 595	49 315	41 755	22 554	24 969	17 826
现金与短期投资	19 284	125 208	106 036	81 944	71 649	62 342
运营资本	13 711	89 019	78 566	75 180	63 837	56 996
总资产	57 319	372 155	309 773	244 091	223 348	193 849
总借款	4 464	28 986	28 108	23 033	20 754	20 327
所有者权益	18 339	119 069	99 985	86 266	75 024	66 228
资产负债率（%）	68.0	68.0	67.7	64.7	66.4	65.8

注：美元金额折算采用2015年12月31日汇率，即1美元兑6.4927元人民币。

资料来源：华为公司2015年年报。

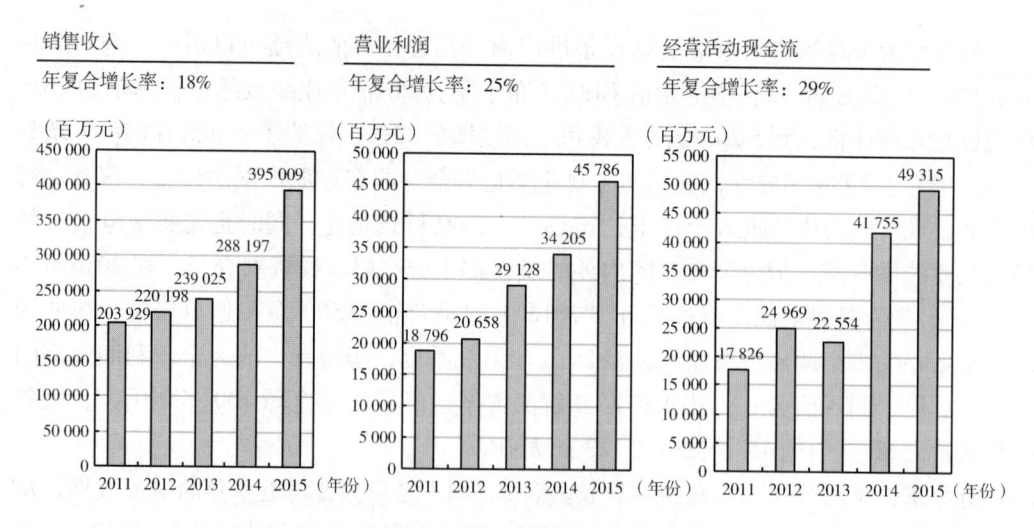

图1　华为公司经营业绩

销售收入　年复合增长率：18%
营业利润　年复合增长率：25%
经营活动现金流　年复合增长率：29%

资料来源：华为公司2015年年报。

华为利润率近年来稳健上涨，从2011年的5.72%发展到2015年的9.34%（见表2），华为在国内外都获得了高额销售收益，华为总资产周转率平均在1左右并且相对稳定，资产应用效率较高，资源管理合理；华为以平均水平在3左右的高额财务杠杆乘数配合较有的资本周转率，在营业利润跳跃增长的条件下，增强了其盈利获利能力，使得 ROE 实现了稳定快速的增长。

表 2　　　　　　　　　　　杜邦分析表

年　份	2015	2014	2013	2012	2011
利润率（%）	9.34	9.67	8.79	7.10	5.72
总资产周转率	1.06	0.93	0.98	0.99	1.05
权益乘数	3.13	3.10	2.83	2.98	2.93

资料来源：华为公司 2015 年年报。

虽然华为公司没有上市，难以统一地衡量其市值，但根据相关参考资料，利用价格乘数法，可以估算出华为公司 2011～2015 年的市值，如图 2 所示。从图 2 中可以看出，华为公司价值近年来有了大幅的提升。

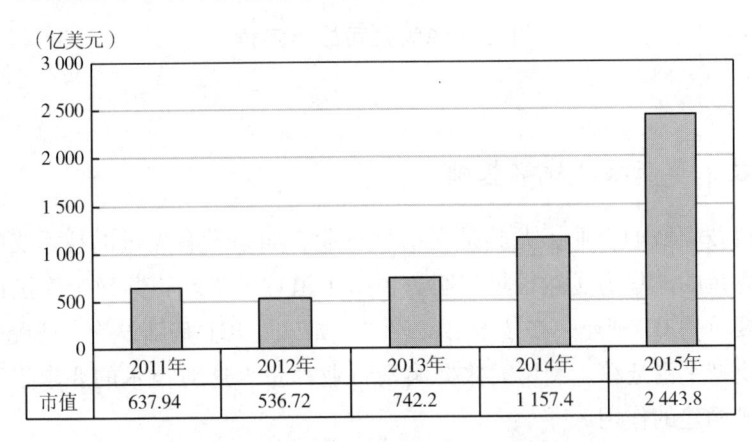

（亿美元）	2011年	2012年	2013年	2014年	2015年
市值	637.94	536.72	742.2	1 157.4	2 443.8

图 2　2011～2015 年华为公司市值估算

资料来源：华为公司 2015 年年报。估值方法参考"自由投资刘勇"。

华为公司在 1987 年创业起家的时候，无资金、无产品、无人才、无技术，可以说是一个"四无"企业。在华为的发展阶段，在国内要应付来自军工企业、国有企业，如巨龙、大唐电信、中兴通讯等国家大力扶植的电信设备企业的夹击，在国外则更要面对一群历史悠久、实力雄厚的强大对手，如摩托罗拉、西门子、诺基亚、爱立信等。华为是如何在这 30 年中突破重围，从这样一个绝对劣势的地位，发展到今天成为全球第二大电信基站设备供应商，不断提升自己的企业价值的呢？

二、华为的差异化战略：技术革新、全球化与共享共赢

华为公司早期在夹缝中求生。在 21 世纪之前，华为的战略简单朴素，就是活下去。在这个战略目标的指导下，华为寻找活下去的价值，不断提高核心竞争力，用优质的服务态度赢得消费者的信赖。目前，华为已经成为一家世界级的公司，战略的制

定更要满足人类社会发展的要求。华为认识到，人类正在步入智能化的时代，人们渴望更紧密的沟通，社会需要更高效的运作。从这些需求出发，华为找到了自身企业价值所在，由此制定了公司的战略目标——共建全链接世界，打破技术之间、国家之间、行业之间的边界，开创一个蕴含无限潜能的全链接世界。

在"共建全链接世界"的整体战略规划下，华为要搭建好基础管道，致力于建立开放的生态链，还必须团结产业链上的各种力量。下文将从技术革新、全球视野、共赢共享这三个部分来对华为的战略进行分析（见图3）。

图3　华为公司战略定位

资料来源：比特网。

（一）技术革新搭建战略基础

一个高科技领域的企业，尤其是在信息行业，如果没有先进的技术支持，是无法在这个行业立足的，华为显然很早就明白了这个道理。实现"共建全连接世界"的战略，华为需要重构CT产业，在技术上实现"一站式"ICT基础设施、适配垂直行业需求、混合云支持平滑迁移、利用大数据洞察行业商机。这对技术的要求很高，技术起到了一个基础构建的作用。

2016年11月23日，世界知识产权组织发布的《2016世界知识产权指标》报告显示，中国有4个高科技企业排在国际专利申请量的前20名，华为蝉联全球第一。华为专利申请排名第一的背后体现的是其对于技术研发的高度重视。

华为坚持每年将10%以上的销售收入投入研究与开发，据了解，华为的研发费用超过中国A股市场400家公司之和。2015年，从事研究与开发的人员约79 000名，占公司总人数45%；研发费用支出为人民币59 607百万元，占总收入的15.1%（见表3）。近10年累计投入的研发费用超过人民币240 000百万元。

表3　华为公司研发费用投入

年　　份	2015	2014	2013	2012	2011
销售收入（百万元）	395 009	288 197	239 025	220 198	203 929
研发费用（百万元）	59 607	40 845	30 672	29 747	23 696
研发费用率（％）	15.1	14.2	12.8	13.5	11.6
同比变动（％）	0.9	1.4	-0.7	1.9	

资料来源：华为公司2011~2015年年报。

表 3 数据显示，华为公司的研发费用率高达 15%，且保持着平稳向上发展的态势。在当前智能机迭代不断加速的情况下，华为通过高质量高投入的研发，在手机流畅性和续航上取得了突破性进展，在软件、硬件、外观等各个方面拉开了与别的智能机型的差距，实现了差异化，吸引了消费者购买，成功实现企业销售收入的稳定增长。

（二）全球视野开放战略思想

共建全链接世界，还需要打造开放的生态链。华为必须融入世界主流，得到全世界的认可。华为的全球化战略 20 世纪开始萌芽。早在 2000 年，华为派遣了第一批技术人员远渡重洋。当时由于经验不足、资金短缺，华为的战略导向还是停留在价格优势和快速模仿能力上。但在那个时候，通信及设备市场跨国巨擘林立，华为意识到过分依赖国内市场是没有前途的，因为世界上没有一家仅专注于国内市场就能成功的信息技术企业，信息技术是全球化的。因此，要想活下去就必须得走出去，全球化成为华为的战略选择。时至今日，华为的全球化战略已然开花结果，其超过半数的收益来自于海外，据华为内部统计，每 1 分钟天上都至少有 3 名华为员工在坐飞机穿梭于世界各地。

正是由于采用了全球化的战略，华为得到了管理与技术的进步。在管理方面华为向 IBM 学习了西方管理技能，从一家本土企业成长为跨国公司；在技术方面，华为与包括竞争对手在内的国际大公司建立合作伙伴的关系，先后与德州仪器（TI）、摩托罗拉、英特尔成立联合实验室、研究所，研究技术与客户的需求。从 2009 年开始，华为基本上在世界各地都建立了合作或自主的研究室，完成了全球研发网的布局，从欧洲市场成功打入美洲市场。海外销售占比虽然是逐年下降，但还是占到了其销售收入 50% 以上的比重，而且海外销售额也是不断上升（见表 4）。华为将继续把"走出去"的战略贯彻到底，根据亚太、中东、欧美等不同市场，结合当地的法律法规、文化价值，用开放包容的态度在全球范围内形成技术和市场的优势互补，了解当地消费者的需求，根据需求打造差异化的产品，取得更多消费者的青睐。

表 4　　　　　　　　　华为公司海外销售占比趋势

年　份	2015	2014	2013	2012	2011
销售收入（百万元）	395 009	288 197	239 025	220 198	203 929
海外销售（百万元）	227 319	179 523	155 008	146 619	138 364
海外销售占比（%）	57.55	62.29	64.85	66.59	67.85
同比变动（%）	-4.74	-2.56	-1.73	-1.26	

资料来源：华为公司 2011~2015 年年报。

（三）共享共赢团结战略力量

华为一直以来都有一个共享共赢的理念。首先，与其他相同类型的企业相比，华为公司的股权结构是独一无二的,即100%由员工控股。企业实施股权激励能够使员工从根本上获得对企业的归属感,与企业成为利益共同体,进而对企业绩效的提升产生很好促进作用。同时,华为又十分重视人才科研,对一些从事研发的核心员工进行股权激励,也对研发能力提升起到了至关重要的作用,让华为在一众同质化较强的电信、手机企业中脱颖而出。

其次,华为人用共享共赢的目光看到了一个全连接的世界,看到了共有共融的信息生态链,于是华为提出了共建全链接世界的总体战略。华为用世界全连接的方式实现共享共赢的理念。随着物联网、大数据、AI、"互联网+"等新技术新产业的发展,华为走在数字时代2.0——全链接时代的前列。这让华为提前部署,打造全链接媒体、全链接银行、全链接铁路等全新产品,与现有的传统产品形成差异化。

三、技术投资——提升企业价值的关键要素

在现代市场经济中,尤其是像华为这样的高科技企业,技术资本是一项重要的要素资源,也是价值创造的决定性因素,能够在企业的运营中有效地提升企业价值。如前文所述,根据华为的战略需要,技术起到了基础构建的关键性作用,这对于技术投入的就有很大需求。华为的投资逻辑就是专注主业、专注技术,不做多元化跨界投资。形成技术资本有很多途径,按内、外划分,华为的技术投资主要有两种方式,包括自主研发、外部引进。

(一) 自主研发

自主研究和开发是华为技术投资的重要途径。企业的技术研发主要包括了以下几个步骤:首先,进行市场可行性分析,充分分析市场需求和预测未来市场走向;其次,对技术进行可行性分析,全面分析企业的人力、物力、技术和资金,判断掌握相关领域的技术信息和知识的可能性和风险分析;然后,在前两个步骤完成的基础上进行技术的研发、初次试验、投入产业化生产,在市场中最终实现技术的资本化转化,获得收入,增加价值。

因此,自主研发需要大量的人力、物力以及雄厚技术和资金支持,往往当企业发展到一定的程度后才能走这条道路。华为始终坚持自主研发,并由此赢得行业核心竞争优势。从一家小小的民营通信设备制造企业突破重重阻碍,发展成现在的通信业巨头,华为可谓是我国坚持走自主研发道路最成功的企业之一。即使在华为最艰难的时期,其研发费用也排在同行业、同时期的前列,这足以见得华为对自主研发的坚持,以及获取技术资本的决心。

(二) 外部引进

除了自主研发外,华为获取技术资本的另一种方式主要为外部引进。外部引进分

为直接购买技术资本和兼收并购。同自主研发相比，外部获取技术资本最突出的优点是帮助企业规避技术研发风险，并且快速实现技术的掌握、应用、改进。这样企业能够在明确自身技术发展需求的情况下，通过购买专利、关键技术等资源，高效率的提高自身的技术资本积累，从而创造企业价值。

由表5可以看出，华为在获得外部技术资本的过程中，大体上经历了两个阶段。第一阶段是2003~2007年，华为主要是以与相关领域巨头成立合资公司的方式获取技术资本和市场机会，目的是用较低的成本快速进入市场，合作开展业务。第二阶段是2011~2015年，华为外部获取技术的方式是进行全资收购，说明华为的实力不断增强，可以垄断一些新兴技术，为自己开拓新市场夯实基础。

表5　　　　　　　2003~2015年华为主要合资收购案件

年份	主要合资收购案件
2003	与3Com合作成立合资公司H3C，主要进行企业数据网络解决方案的研究
2004	与西门子合作成立合资公司鼎桥通信技术有限公司，开发TD-SCDMA解决方案
2006	与摩托罗拉合作在上海成立联合研发中心，专注于开发UMTS技术
2007	与Global Marine合作成立合资公司Huawei Submarine Networks，提供海缆端到端网络解决方案
2011	全资收购ITS巴林，主要从事提供整体信息技术解决方案和软件服务
2012	以5.3亿美元收购华为赛门铁克剩余49%的权益，加强了ICT解决方案能力
2013	全资收购Caliopa NV，主要从事硅光子技术开发
2013	全资收购Fastwire PTY Limited，主要从事运营支撑系统研发
2014	全资收购Neul Limited，提供将终端设备连接至云端的数据及技术
2015	全资收购Aspiegel Limited，主要开发软件定义网络（"SDN"）技术

资料来源：华为公司历年年报。

（三）合作研发

通信产业技术为先，这意味着如果华为不能掌握一定的专利和核心技术，它就无法和西方公司展开直接的竞争。所以，华为投入大量精力在建立全球研发网络上，学习他人的长处，为己所用。例如，因为印度在软件开发和项目管理上有很强的能力，华为在印度班加罗尔建立研发中心；由于俄罗斯有很多数学家，华为在俄罗斯建立研发中心，以服务于算法解决方案；瑞典有很多无线技术方面领先的专家，华为在瑞典建立研发中心，关注无线开发技术领域的发展。此外，华为还在伦敦建立全球设计中心，在日本建立微型设计和质量控制中心，在美国建立大数据运作系统和芯片中心。华为还在巴黎建立了美学研发中心，因为巴黎是世界闻名的时尚和设计之都。通过全球的合作研发，华为能够有效地获取来自全世界多重来源的知识，而这对于华为的技术和产品创新来说是十分关键的。

四、全球视野——"走出去就有机会"

华为是一家优秀的跨国企业，其全球化的成功并非是偶然。早在 1995 年，任正非敏锐察觉到中国电信市场在未来将几年内将接近饱和，此时对于已近具备了一定规模的华为要先保持持续快速增长，就必须到国际市场上去发掘新兴市场。华为的及时转向获得了自身价值的快速增长。

（一）先进的管理优势

华为作为一家跨国公司，其管理机制是由一批具备良好教育以及丰富实践经验的管理人员设计的，并且这种综合性的、国际化的管理机制，带有发达国家多年企业经营的经验，极具流程化，能够更好地应对复杂多变的国际市场行情。1998 年，成立仅 10 年的华为引入 IBM 参与华为 IPD 和 ISC 项目的建立，其手笔之大，决心之强烈，是当时业内少见。除了 IBM，华为还曾聘请过埃森哲、波士顿咨询公司、普华永道、美世和合益的咨询师，5 年期间共计花费 4 亿美元升级了管理流程。自 20 世纪 90 年代末以来，IBM 的咨询师便一直与华为合作，目前仍在一些关键项目上为其提供帮助。管理流程的改进能极大地优化企业的生产经营活动，实现企业资源的有效配置。

（二）雄厚的资金优势

华为有丰厚的海外资金来源。华为在全球各银行中拥有 330 亿美元的授信额度，其中 77% 来自于外资银行。以融资的角度来看，贷款比发行股票合算。如果是在海外融资，则贷款利率还不到 2%，而国内贷款利率则在 3% 左右，均低于发行股票需要支付的利率。华为全球布局基本相对稳定，海外销售收入占到了一半以上。

华为以外资银行贷款方式大量筹措资本，在国内外市场同时扩张，其中，海外收入占据了主导地位，华为国际化的投融资方式使得华为具备了成本优势和抗风险优势。

（三）东道国的信息优势

华为已经在全球各地建立了 16 个研发实验室，28 个合作研发中心，以及 200 多个与大学的合作项目，形成了全球化的研发网络。设置这些海外的研发中心最主要的职能就是支持华为技术的发展和提升。研发中心地点选择的核心原则就是基于本地化的技术优势和优秀人才。同时，由于跨越了国家的边界，华为积累核心的知识技术就有着天然的优势。由于信息不对称程度的降低，比单国生产厂商可以更准确地预测创新技术。并且，更能准确地了解当地消费者的消费习惯、消费趋势。这些都有助于华为对新技术研究与开发进行具有更多针对性的战略投资。

在长期的海外运作中，华为也逐步培养了充分利用母国优势和东道国优势的能力，从而取得全球运作的协同效率。一方面，华为在海外扩张中充分利用母国制造业的成本优势。当华为在海外积累到一定经验时，它也能把东道国的优势转移到母国市场。一个典型的例子就是3G在中国市场的成功应用。最开始，由于政府牌照发放时间的滞后，3G无法在中国市场取得突破。于是华为将3G首先引入欧洲市场。在经历过发达国家用户严格要求检验后，华为获得了商业经验，并对3G技术的应用更加驾轻就熟。在2008年全球经济下行时期，华为依然能够成功地获得中国3G市场30%的市场份额。

五、共享共赢——权衡利益相关者实现财务管理目标

对于如今企业界的竞争，华为公司有着深刻的认识。只有在合作中开展竞争，企业才能发展壮大。在共同利益基础上的多方合作，是企业增强竞争力的必然趋势。为此，他们构建起了利益共同体，这也使企业的知名度大为提升，从而促进了企业价值的发展。链接整个社会，承担社会责任，与周围的环境形成良性互动，是华为一致以来追求的战略目标。

华为通过将财务目标分解到各个利益相关者的角度（见图4），更好地明确了企业价值的影响因素，外部的因素有消费者、供应商、社会公众，内部的因素有员工与股东。为了满足这些相关者的利益，华为必须优化资源配置导向，为达到企业价值最大化制定战略并且将其实施。

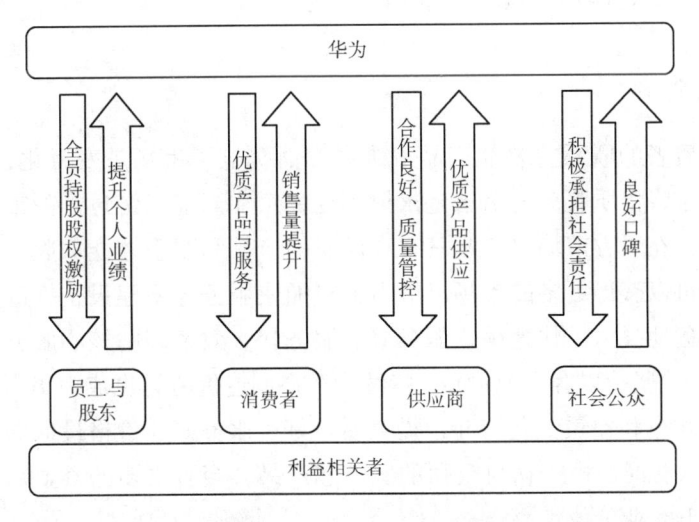

图4 华为公司财务目标——利益相关者财富最大化

（一）员工与股东

华为公司的一句经典口号是"以奋斗者为本"。这里的奋斗者指的就是在华为公司里努力奋斗的员工们。华为公司的员工持股制度在民营企业里可谓独树一帜，股权激励能够使员工从根本上获得对企业的归属感，与企业成为利益共同体。在这种特殊的

"全员持股"的制度下，公司的经济效益好，员工就会跟着收益，享受到更多的分红，据调查显示，华为公司员工收益的很大一部分都来自分红，远远高于薪资收入。在利益驱动下，员工自然会为了提升自身的收入，更加努力的工作来提升公司的业绩。

华为在发展壮大的过程中经历了无数次的困窘与磨难，才有了今天的成就。在面对各种各样的危机时，正是因为在华为股权激励制度的作用下，大多数员工的利益与企业利益紧密捆绑在一起，同其他企业相比，华为公司更易使全员上下团结一致来应对危机、共同承担风险。同时，股权激励制度的实施，也大大降低了员工跳槽的可能性，尤其是掌握核心技术的科技人员，华为对这部分员工投入巨大，他们的跳槽将会是一笔巨大损失。因此，股权激励制度对华为公司稳定高精尖人才起到了不可磨灭的作用。

净资产收益率是指股东权益投资所获得的报酬率，该比例越高则表明企业股东获得的收益越高，华为公司股东收益率的提高（见表6），说明华为提升股东利益的目标得到了一定程度上的实现。

表6　　　　　　　　2011~2015年华为公司净资产收益率　　　　　　单位:%

年　　份	2015	2014	2013	2012	2011
净资产收益率	33.70	29.92	26.04	22.12	17.19

资料来源：华为公司2011~2015年年报。

（二）消费者

企业与消费者的联系主要靠产品来维系。消费电子市场千变万化，但华为知道，消费者对高质量、优质服务的追求是永恒不变的。在当前经济过剩的市场环境中，手机等通信工具处在买方市场，企业只有靠优质的产品和服务才能取胜。高标准铸就高品质，高质量可以获得更多的市场。华为也在加快服务体系建设，打造多层次服务队伍，加大对服务地投入。快速建立服务好、服务快、效率高的核心服务能力，支撑市场的快速发展。"坚持以客户为中心，持续为客户创造价值"也成为华为的一句响亮的口号。公司为客户利益最大化奋斗，提供质量好、服务好、价格最低的产品，当顾客的利益达到最大化时，由于认可公司的服务和产品，会有更多的资金购买，企业也可由此发展，提升企业价值。

现在的手机市场，产品同质化严重，跟风盛行。但是华为站在消费者的角度思考问题，用过硬的技术解决问题。在手机硬件、软件、设计等方面完美解决了消费者们最关心的流畅性、续航、摄像等问题，取得消费者的好评。在外观设计上，华为也是十分出众。德国汉诺威设计奖名单公布，手机行业桂冠花落华为，旗下5款产品从全球59个国家5 575件参赛作品中脱颖而出，这无疑证明了华为的智能机科技创造与设计达到了全球领先水平。华为手机结合了创新性和实用性，充分满足了消费者的诉求。

（三）供应商

供应商是上下游产业价值链的重要一环，也是成本管理中不可忽视的重要部分，华为公司通过业务驱动供应商可持续发展。华为意识到，良好的合作关系来源于良好的对话和讨论，因此提供了多种开放的沟通渠道，以便华为和供应商进行及时沟通。华为的政策是与供应商和其他任何有业务关系的客户进行公平往来，遵守商业道德，每个物料专家团内部都有供应商接口人，负责与供应商的接口和沟通，处理供应商与华为来往过程中可能碰到的任何问题和疑问。为了处理所有与采购相关的问题，华为还专门设立了供应商反馈办公室，包括供应商对华为某部门或某员工不满意行为的投诉等。由于这些渠道具有良好的保密性质，供应商可以无顾虑地让华为了解自己的想法，减少信息不对称性，促进其与供应商更为开放、有效的关系。在供应商眼中，华为一直都留下了良好的印象：采购管理专业以及付款及时准确，保证了华为供应链条的相对稳定。

供应链条的稳定除了依靠双方的关系良好，供应商的供货质量也很重要。华为对合作伙伴有"三化一稳定"的制度（即管理IT化、生产作业自动化、人员专业化、关键岗位人员稳定），在供应商的选择阶段，质量权重也提升到了25%，旨在让华为成为"ICT行业高质量的代名词"。华为对供应商还采用了绩效评估的办法，从技术、质量、响应、交货、成本和合同条款履行几个方面进行评估。

（四）社会公众

华为积极承担起了社会责任。华为公司是一家优秀的信息和通信解决方案供应商，把保障网络稳定安全运行，特别是在危机时刻（在遭遇地震、海啸等自然灾害和其他突发事件时）稳定运行的责任置于公司的利益之上。通过持续创新，充分考虑业务的连续性和网络韧性，提升产品的健壮性和防护能力。

华为在自身发展的同时，致力于带动当地社区共同发展。华为利用ICT技术优势和管理经验，与全球各国政府、客户和非营利组织共同开展各种公益活动，包括支持ICT创新、支持社区环保活动和传统文化活动、支持当地人才培养和教育事业、向当地公益组织提供各种形式的支持，以及关爱当地弱势群体等。

在环境保护方面，华为一直坚持绿色发展战略。不仅在产品上致力于对环境的保护，还积极响应节能减排号召，不断提升运营管理水平、绿色办公、勤俭节约，使企业的运营成本和能源消耗降到最低。华为在绿色环保方面的重要目标之一，就是为客户开发高效、节能、环保的产品和解决方案，帮助客户降低运营成本，减少其碳排放及负面环境影响。为此，华为一直坚持开发业界领先的高效环保产品，并确保其产品符合甚至超越相关法律法规、标准和客户要求。

华为承担了社会责任，同时也给华为赢得了良好的口碑。

可以说华为的财务目标与战略目标保持一致，用共赢共享的理念，为相关者带来了利益的增加，真正为员工、股东、消费者、供应商着想，同时，方方面面的资源供应者也更加成就了今天的华为，实现了双赢的利益平衡局面。

六、案例讨论

本案例主要关注在华为如何通过技术创新、国际化战略以及共赢共享的理念实现，达成企业战略的实现，并且通过战略的这三个方面提升企业价值。

1. 企业战略有哪些类型？不同的战略对企业价值有何影响？
2. 华为的企业战略有何特点？华为的国际化战略对其产生了什么影响？
3. 华为是如何通过技术投资实现企业价值提升的？
4. 企业财务管理的目标是什么？华为是如何定位其财务管理目标的？
5. 华为的企业价值提升之路有哪些启示？

参考文献

［1］华为公司 2011 年至 2015 年年度报告。
［2］田涛，吴春波．下一个倒下的会不会是华为［M］．北京：中信出版社，2012．
［3］李仁良．企业价值管理——战略、融资、投资和绩效［D］．中国社会科学院研究生院，2003．
［4］王晓巍，陈慧．基于利益相关者的企业社会责任与企业价值关系研究［J］．管理科学，2011 24（6）：29－37．
［5］孙雪梅．从财务目标看华为的成功之道［J］．商业会计，2016（22）：21－23．
［6］安海．华为公司股权激励制度研究［D］．对外经济贸易大学，2014．
［7］董航．跨国公司融资结构分析［D］．首都经济贸易大学，2016．
［8］张诚．通信行业与财务战略——聚焦华为国际化征途［J］．经营管理者，2014（3X）：160－162．
［9］宗菁．财务战略与公司价值研究［D］．西南财经大学，2014．

案例 2　伊利集团企业价值评估案例分析

教学目标

如何评估上市公司价值一直是理论界长期探索的重要课题。通过对本案例的学习和讨论，一方面使学员思考影响企业价值评估的因素，掌握企业价值评估的不同方法及其选择；另一方面使学员充分了解企业价值评估的具体运用，为投资者提供价值评估分析参考，为管理者进行价值管理提供有益借鉴。

一、宏观经济背景分析

在国内乳业发展新常态下，消费升级、城镇化发展以及"二胎"政策，将继续驱动乳品行业稳步发展。在品质消费时代，大健康的食品概念已被更多消费者所接受，随着老龄化社会的来临，健康、高品质、具备营养保健功能的高附加值产品，已成为乳品企业持续成长的核心动力。但与此同时，乳品企业也将面临更多来自其他相关行业竞争者的挑战。

当前，我国虽已成为全球第三大原奶生产国，但人均原奶占有量与世界平均水平相比仍有较大差距，人均乳品消费量更是远未饱和。2013年，我国原奶人均占有量约28.4千克/年，仅为全球平均水平的1/4。即使与饮食习惯相近的日本、韩国进行对比，人均原奶占有量仍分别有106%、33%的增长空间，主要原因在于我国人均乳品消费量偏低。

随着生活水平的提升，消费者将更加重视食品安全。为此，政府将继续加强对食品的安全监管，食品质量与安全环境不断得到净化，将带动整体乳业产业链的健康持续发展。公司作为行业龙头企业，也将继续坚持以产品质量和食品安全为生存根本，对标国际领先质量管控体系，以高品质产品赢得消费者信赖。当前，国家针对上游奶业提出的供给侧结构性改革，以及婴幼儿配方乳粉产品配方注册管理和"国家品牌计划"等一系列举措，将有效促进原料乳质量和安全水平的进一步提升，提振国内优质乳品品牌形象。同时，国内乳业正值转型关键期，经历着由关注速度到追求质量、从强调制造到凸显创造、从深耕国内到布局全球的发展历程，需要以全球化的发展视野,通过创新和国际化促进转型升级。然而,自2016年第四季度开始,国内生产资料价格指数(PPI)持续上涨,乳品企业生产所需主要原辅材料如全脂奶粉、白糖、瓦楞纸、塑料等价格均呈上涨趋势,后期乳品企业也将面临采购及生产成本的上涨压力。

二、伊利集团介绍

(一) 伊利集团背景介绍

1993年2月18日,经呼和浩特市体改委批准同意,呼和浩特市回民奶食品总厂整体股份制改造成立"内蒙古伊利实业股份有限公司"。1996年3月,伊利公司发展历程中迎来了一次跨越,顺利IPO,成功在上海证券交易所挂牌,为伊利公司资本扩张、打造强势品牌、资源整合提供了有力后盾。

2005年11月,伊利公司正式成为北京2008奥运会独家乳制品赞助商,这是中国食品行业第一个成为奥运赞助商的品牌,为伊利打造强势品牌走向世界奠定了坚实基础。2009年5月,上海世博局正式宣布,伊利集团成为2010年上海世博会唯一一家符合世博标准、为上海世博会提供乳制品的企业,生产的全部产品,包括液态奶、乳饮料、酸奶、冰淇淋、奶粉等,都成为世博专供产品,而伊利集团也因此成为第一家同时服务于奥运会和世博会两大顶级盛会的中国乳品公司。2009年6月"世界品牌实验室"公布了最新的"中国500最具价值品牌"评选结果。伊利集团的品牌价值由上年的201.35亿元上升至205.45亿元,年内稳步上升4.1亿元,第6次蝉联乳品行业首位。此外,伊利集团因其品牌巨大的影响力还成功入选中国品牌研究院公布的"国家名片"名单之中。

公司拥有全国最大的优质奶源基地——内蒙古呼和浩特市、呼伦贝尔大草原、黑龙江杜尔伯特大草原,在奶源建设方面进行了一系列的创举,实行"公司+农户"的方法,建立"分散饲养、集中挤奶、优质优价、全面服务"的全新经营模式,保证了优质充足的天然奶源。截至目前,公司先后为奶源基地累计投入5亿多元,建标准奶站奶牛小区,并引进了国际一流的现代化全自动挤奶机和原奶质量检测分析系统,使奶源基地建设与管理向现代化方向迈进。

伊利公司不仅自身取得了很好的业绩,同时也产生了巨大的社会效益。奶源基地的建设带动了几十万农民脱贫致富,公司的发展为社会创造了几十万个就业岗位,同时推动了周边地区农业产业化的进程,带动了周边地区相关产业的发展,带动了各地方经济的腾飞,受到社会的广泛称赞。

(二) 公司主要业务、经营模式及行业情况

1. 公司所从事的主要业务、经营模式

(1) 经营范围。公司属于乳制品制造行业(以下简称"乳业"),主要业务涉及乳

制品的加工、制造与销售，旗下拥有液体乳、乳饮料、奶粉、冷冻饮品、酸奶等几大产品系列。

（2）经营模式。公司按照产品系列及服务划分，以事业部的形式，构建了液态奶、奶粉、冷饮、酸奶四大产品业务群和原奶保障服务群。在公司的战略统筹和专业管理下，事业部于各自业务领域内开展产、供、销运营活动。

（3）主要业绩驱动因素。近年来，公司秉承董事长潘刚提出的"伊利即品质"的信条，继续致力于100%安全、100%健康乳品的生产与服务，将严苛的质量管控标准贯穿于全产业链，以高品质的产品赢得了更多消费者的青睐。

2016年，公司通过建立贯穿全产业链的创新发展体系，精准识别并满足消费者需求，新产品销售收入占比22.7%，较上年增加约7个百分点。"金典""安慕希""畅轻""金领冠""巧乐兹""甄稀"等重点产品的收入占比49%，较上年提升3.2个百分点，创新成为驱动公司业务持续增长的源动力，公司通过搭建财务、人力、大数据等管理平台，加强了对资源的统筹规划和协同共享。同时，利用渠道精耕及供应链优化等专项行动的全面推进，提升了终端门店管理水平和渠道服务能力。

2. 公司所属行业的发展阶段、周期性特点以及公司所处的行业地位

（1）行业发展阶段与周期性特点。近年来，受经济大环境影响，全球乳品消费低迷，需求增长放缓。国内乳业经过近二十年的快速成长之后，进入平稳发展阶段。短期内，乳品行业及乳品企业面临着消费需求升级与产品同质化的矛盾，发展压力增大。但与此同时，一些创新乳品品类以及新兴渠道或分级市场的乳品消费在快速增长并逐步发展壮大，其中个别品类已成长为一支新的细分业务，需求结构升级成为国内乳品市场新的增长动力。

2016年5月，国家卫生计生委疾控局发布《中国居民膳食指南》，其中根据我国居民营养健康状况和基本需求，提出了"人均每天摄入相当于300克液体乳"的膳食平衡建议。而当前，按照凯度消费者指数（Kantar Worldpanel）监测信息，2016年中国城市家庭户均购买液态奶为58.1升，按照国家卫计委《中国家庭发展报告2015》公布的城市户均人口3.07人测算，城市人均液态奶年购买量为18.9升，不足欧美发达国家的1/5。由此判断：国内乳品市场依旧蕴育着较大的发展机遇，随着消费者饮食习惯的改变和人均消费支出能力的增加，乳业发展潜力巨大。乳品属于大众日常消费品，行业周期性特征不明。

（2）公司所处的行业地位。当前，在行业整体增速放缓的前提下，公司通过"练内功""抓机遇"，实现了业务和盈利水平双向提升。由荷兰合作银行发布2016年度"全球乳业20强"榜单显示，公司跻身全球乳业8强，继续稳居亚洲乳业首位。在2017年度Brand Finance全球乳制品品牌价值排行榜中，伊利位居全球第二，亚洲第一；特别是品牌强度指数位居全球第一。在2017年度BrandZ™最具价值中国品牌100强中，伊利位列第18名，蝉联食品行业第一。

(三) 核心竞争力分析

1. 全球化乳业资源保障能力

在董事长潘刚"用全球资源，做中国品牌"战略思想的指引下，公司以国际化视野，持续拓展和优化采购渠道，整合采购业务，提升供应商关系管理水平。同时，依托海外生产基地，逐步搭建起面向全球的物资采供管理平台。2016 年，该平台通过稳定、高效的物资采购服务和可靠、优质的原料供应，有效支持了业务发展和对多元化需求的快速响应，公司全球化乳业资源保障能力得到提升。

2. 产能布局的战略协同优势

2016 年，公司的新西兰生产基地现有产能发挥良好，所产"Pure-Nutra 培然"婴儿配方奶粉已获新西兰政府官方认证，并上市销售。随着国际化业务的不断推进和拓展，公司全球产业链布局的战略协同优势日趋凸显。

3. 卓越的品牌优势

基于多年来对产品品质的坚守和健康生活方式的倡导，结合互联网时代社群平台，公司对目标客户和品牌形象实施精准定位和传播，获得更多消费者的认同。2016 年内，已超过 11 亿人次购买"伊利"产品，在《2016 胡润品牌榜》和 BrandZ™ 最具价值中国品牌 100 强中，"伊利"品牌分别连续两年蝉联国内食品饮料行业品牌榜首，品牌价值比上年提升了 20% 以上。

2016 年，公司作为入选央视"国家品牌计划"的唯一乳制品企业，代表中国品牌进一步向世界展现中国品质的魅力。

4. 良好的渠道渗透能力

近年来推动渠道多元化发展的同时，继续推进渠道精耕，优化终端服务与管理标准，提升销售终端掌控能力。凯度调研数据显示，2016 年，公司常温液态类乳品的市场渗透率达到 77.1%，比上年提升了 0.3 个百分点。截至 2016 年年末，公司直控村级网点已达 34.2 万家，比上年提升了约 2 倍，市场渗透能力逐年增强。

5. 领先的产品创新能力

2016 年，公司通过对创新组织体系的搭建和创新管理机制的持续完善，同时借助全球技术及产品研发合作平台，不断提升企业的产品及技术创新能力。2016 年，公司"安慕希常温酸奶系列""金领冠呵护婴儿配方奶粉系列""畅轻低温益生菌酸奶系列""巧乐兹脆筒冰淇淋系列"中的多个新品上市，成为所在细分市场中的领导者，并有效带动了整体业务持续增长。在 2016 年中国国际妇女儿童博览会上，"伊利"QQ 星儿童风味酸奶凭借创新性的技术优势、概念设计、产品定位、口感良好等特点，获得"产品创新大奖"。截至 2016 年年末，公司已累计获得专利授权 2091 项，专利保护已覆盖全部业务。其中，发明专利授权数量为 454 项，同时，公司现有两项专利获得中国专利优秀奖。

6. 追求卓越、具有国际化视野的管理团队

2016 年，在基础研究、消费者洞察和大数据分析等专业平台方面，公司进行了组织架构完善和团队能力补强，并通过升级企业文化和与全球一流企业对标学习，进一步拓展了管理团队的国际化视野，在追求卓越的目标驱动下，团队管理能力不断增强。

（四）经营情况分析

2016年，国内宏观经济平稳运行，城乡居民人均可支配收入及消费能力稳步提升。随着社会保障及医疗福利体系的健全和完善，城乡收入和消费支出水平的差距日趋缩小，整体消费品市场保持平稳较快增长态势，消费结构不断升级。乳品消费升级主要表现为产品品质与需求结构升级、渠道结构升级和三四线市场消费能力升级。

——三聚氰胺之后，消费者更加关注奶源安全，并青睐于乳及乳制品的营养均衡和健康功能。因此，乳品的品质和功能升级，已成为乳品行业发展的主要趋势。凯度调研数据显示，2016年，高端白奶、常温与低温酸奶品类的消费支出分别比上年增长7.8%、43.1%、9.7%，以上品类销售增速领涨整体乳品市场。

——当前，快节奏、高压力已成为越来越多城市人群的生活新常态，健康营养的乳品与触手可得的电子商务、便利店等新兴渠道相结合，满足了上述人群的日常乳品消费需求。艾瑞电商平台数据监测显示，2016年，液态乳品B2C线上交易额比上年增长61.9%，增速明显高于网购整体水平；同时，尼尔森零研数据也显示，2016年，液态类乳品在便利店的零售额比上年增长11.3%，增速明显快于其他零售渠道。

——伴随着城镇化的持续推进，城乡居民收入差距日趋缩小，三四线城市以及乡镇市场的乳品消费能力大幅上升，乳品市场蕴含着新的消费增长机会。凯度调研数据显示，2016年，县级市及县城的液态奶消费支出比上年增长8.4%。

——消费升级为国内乳业带来了新的增长动力，但同时，也为乳品企业在增强产品创新、优化运营能力等方面，带来了新的挑战：如何识别、洞察消费者需求及变化趋势，并以消费者需求为导向，能够快速、成功实现产品创新；如何借力渠道升级趋势，主动开创新的渠道管理模式，在提升整体供应链运营能力、实现分级市场快速渗透和需求响应的同时，将线上线下营销策略进行深度融合。以上挑战，对乳品企业内部的渠道拓展、市场响应和供应链服务能力提出了更高要求。

——全球主要乳品出口国采取控产、保价策略，国际乳品供需市场总体趋紧，下半年全球原料乳价格呈回升趋势，受此影响，2016年年末国内原料乳价格出现回升势头。

——2016年，国内奶牛养殖行业继续向现代化和集约化方向推进，随着养殖水平的持续提升，国内奶源发展规划日趋科学合理，奶源供需的保障程度逐步提高。尼尔森零研数据显示，2016年，公司在整体乳品市场的零售额市占份额为20.0%，比上年增加1.1个百分点，位居市场第一。其中，公司常温液态奶零售额市占份额为31.6%，位居细分市场第一，比上年同期上升1.8个百分点；低温液态奶零售额市占份额为16.2%，比上年同期提升0.6个百分点；婴儿配方奶粉产品全渠道零售额市占份额为5.0%，比上年同期提升0.2个百分点。根据行业信息统计，2016年内，公司冷饮产品销售额蝉联全国第一。

三、伊利集团企业价值评估

为了对伊利公司价值进行准确估计,我们采用了自由现金流估值法和市场比较估值法。这两种方法都需要对未来的财务状况进行预测,上市公司业绩预测一般是在经营战略分析、会计分析和财务分析的基础上,将有关对公司的认识综合起来,对公司未来的经营业绩做出全面、长期的预测,这也是公司价值评估的基础。预测未来业绩最好的方法是进行全面财务报表预测,不仅预测盈利的预测,还作现金流量和资产负债的预测。全面预测的好处是可以通过财务报表间内在逻辑关系减少不现实的隐含假设。例如,在预测未来销售和盈利的增长时,若没有明确的考虑营运资本、固定资产和融资所必需的增长,预测过程中就可能产生对资产周转率、财务杠杆或权益资本投入等不合理的假设。

(一) 伊利集团未来经济情况预测

预测公司未来经济增长情况时,一般假设公司将持续经营,即公司寿命和现金流量的个数是无限的,因而必须假设现金流量的增长率在某一时点后将保持稳定,这样只需折现该时点前的现金流量和该时点的期末价值即可,而不需考虑之后的无限个现金流量,问题将变为判定该时点前这一确定时间段内的现金流量模式以及该时点后已保持稳定的现金流量增长率。具体而言,可以把公司的增长模式分成三类:即稳定增长模式、高速增长一段时间后迅速降至稳定增长的两阶段增长模式和高速增长一段时间后在将来的某个时期逐渐过渡模式。在对伊利集团的预测上,我们选用了两阶段增长模式,即先预测前五年的销售收入,并假设五年之后公司增长趋于稳定。

1. 对于伊利营业收入进行分析

营业收入是指企业在从事销售商品,提供劳务和让渡资产使用权等日常经营业务过程中所形成的经济利益的总流入。分为主营业务收入和其他业务收入。主营业务收入是指企业经常性的、主要业务所产生的收入。如制造业的销售产品、半成品和提供工业性劳务作业的收入;商品流通企业的销售商品收入;旅游服务业的门票收入、客户收入、营业收入、餐饮收入等。主营业务收入在企业收入中所占的比重较大,它对企业的经济效益有着举足轻重的影响。营业收入是企业补偿生产经营耗费的资金来源。营业收入的实现关系到企业在生产活动的正常进行,加强营业收入管理,可以使企业的各种耗费得到合理补偿,有利于再生产活动的顺利进行。营业收入是企业的主要经营成果,是企业取得利润的重要保障,加强营业收入管理是实现企业财务目标的重要手段之一。营业收入是企业现金流入量的重要组成部分。加强营业收入管理,可以促使企业深入研究和了解市场需求的变化,以便做出正确的经营决策,避免盲目生产,这样可以提高企业的素质,增强企业的竞争力。根据伊利2012~2016年年报汇总过去五年伊利集团的营业收入如表1所示。

表1　伊利营业收入分析

年份	营业收入（亿元）	增长率（%）
2012	419.91	12.12
2013	374.51	13.78
2014	54 436	13.93
2015	598.63	10.94
2016	603.12	0.75

资料来源：根据伊利实业集团股份有限公司2012~2016年年报综合计算。

综合五年增长率得出其几何平均数即为未来增长率为7.18%，进而以此来对未来五年伊利集团的营业收入进行估计（见表2）。

表2　伊利营业收入估计

年份	2017	2018	2019	2020	2021
营业收入（亿元）	646.42	692.84	742.58	795.90	853.05

资料来源：根据伊利实业集团股份有限公司2012~2016年年报综合计算。

2. 营业成本的分析

营业成本，也称运营成本。是指企业所销售商品或者提供劳务的成本。营业成本应当与所销售商品或者所提供劳务而取得的收入进行配比。根据伊利2012~2016年年报汇总过去五年伊利集团的营业成本如表3所示。

表3　伊利营业成本分析

年份	营业成本（亿元）	增长率（%）
2012	295.05	11.40
2013	340.83	6.80
2014	364.00	13.93
2015	383.76	5.43
2016	374.27	-2.47

资料来源：根据伊利实业集团股份有限公司2012~2016年年报综合计算。

因伊利集团结构优化使得2016年度的营业成本呈下降趋势，而这也是未来营业成本额变化趋势，综合五年变化情况，预测其未来增长率为6.79%，以此为依据对伊利未来五年的营业成本进行预测如表4所示。

表 4　　　　　　　　　　　　　伊利营业成本预测

年份	2017	2018	2019	2020	2021
营业成本（亿元）	399.69	426.83	455.81	486.35	519.37

资料来源：根据伊利实业集团股份有限公司 2012~2016 年年报综合计算。

3. 相关费用分析

费用是企业在日常活动中发生的会导致所有者权益减少、与向所有者分配利润无关的经济利益的总流出。一定会计期间会计主体经济利益的减少，是损益表要素之一。企业费用的发生会导致资产流出企业、资产损耗或负债增加，进而引起所有者权益减少。但也有例外情形，例如企业所有者抽回投资或企业向所有者分配利润，虽然会引起资产减少或负债增加，并使所有者权益减少，但不属于企业发生费用的经济业务。伊利集团的主要费用支出为销售、管理以及财务费用，2012~2016 年伊利相关费用如表 5 所示。

表 5　　　　　　　　　　　　　伊利费用分析

年份	销售费用（亿元）	管理费用（亿元）	财务费用（亿元）	三项费用总和（亿元）	营业收入占比（%）
2012	77.781	28.10	0.49	106.37	25
2013	85.46	24.06	-0.33	109.05	29
2014	100.75	31.63	1.55	133.97	25
2015	132.58	34.56	2.97	171.12	29
2016	141.14	34.57	0.24	175.95	29

资料来源：根据伊利实业集团股份有限公司 2012~2016 年年报综合计算。

通过对比过去五年的营业收入占比，可以发现费用比例逐年趋于稳定在 0.29，没有过大的变动，故可以假定无重大结构变动的情况下，伊利未来五年的费用比例也为 0.29。从而以此对伊利未来五年的费用进行预测（见表 6）。

表 6　　　　　　　　　　　　　伊利费用预测

年份	2017	2018	2019	2020	2021
相关费用（亿元）	187.46	200.92	215.35	230.81	247.38

资料来源：根据伊利实业集团股份有限公司 2012~2016 年年报综合计算。

4. 营业税金及附加

营业税金及附加：反映企业经营主要业务应负担的消费税、城市维护建设税、资源税和教育费附加、土地增值税等。填报此项指标时应注意，实行新税制后，会计上规定应交增值税不再计入"主营业务税金及附加"项，无论是一般纳税企业还是小规模纳税企业均应在"应交增值税明细表"中单独反映。根据企业会计"利润表"中对应指标的本年累计数填列。

近两年公司的营业税率较稳定，保持在0.5%左右，因此本书所预测的未来营业税率取2015年与2016年的平均值4.9%（见表7）。

表7 伊利税金分析

年 份	2017	2018	2019	2020	2021
营业税率（%）	4.9	4.9	4.9	4.9	4.9
税金及附加（亿元）	31.67	33.95	36.39	39.00	41.80

资料来源：根据伊利实业集团股份有限公司2012~2016年年报综合计算。

5. 所得税税率的确定

企业所得税是指对中华人民共和国境内的企业（居民企业及非居民企业）和其他取得收入的组织以其生产经营所得为课税对象所征收的一种所得税，计算公式为：应纳所得税额＝应纳税所得额×税率－减免税额－抵免税额

由于《关于深入实施西部大开发战略有关企业所得税问题的公告》的规定，伊利公司的适用税率在15%~17%。并且为了保护本土产业，相信在未来几年，伊利公司企业所得税的适用税率依然为15%~17%。所以我们根据谨慎性原则，假定伊利企业所得税税率为16%。

6. 折旧和摊销

由于近年来随着液态奶和常温酸奶的发展，伊利的固定资产很多都在筹建当中，仍然需要大量投资。从过去的情况来看其所占营业收入的份额，我们假设未来5年固定资产投资数目为营业收入的2%。同时建造中的工程当年会有一半转入固定资产进行折旧计算，折旧方法采用直线折旧法，折旧年限为15年，残值率为5%。现有固定资产按照折旧率为6.3%计算（见表8、表9）。

表8 伊利摊销与折旧分析 单位：亿元

年 份	2017	2018	2019	2020	2021
在建工程期初余额	9.39	10.69	11.94	13.16	14.34
新增在建工程	11.98	13.18	14.37	15.51	16.6
转固定资产	10.69	11.94	13.16	14.34	15.47
在建工程期末余额	10.69	11.94	13.16	14.34	15.47

资料来源：根据伊利实业集团股份有限公司2012~2016年年报综合计算。

表9　　　　　　　　　伊利摊销与折旧预测　　　　　　　单位：亿元

年　份	固定资产额	2017	2018	2019	2020	2021
初始固定资产原值	131.21	8.31	8.31	8.31	8.31	8.31
2016年在建工程转	10.69	0.68	0.68	0.68	0.68	0.68
2017年在建工程转	11.93		0.76	0.76	0.76	0.76
2018年在建工程转	13.15			0.83	0.83	0.83
2019年在建工程转	14.33				0.91	0.91
2020年在建工程转	15.47					0.98
2021年在建工程转	16.53					
当年折旧		8.99	9.75	10.58	11.49	12.47

资料来源：根据伊利实业集团股份有限公司2012～2016年年报综合计算。

从2012年到2016年无形资产总额增加了4.17倍，主要是因为土地使用权的增加，到2014年土地使用权占整个无形资产的96%以上，因此我们在计算无形资产摊销时，采用直线折旧法，年限为50年。并且根据资产负债表中近几年的无形资产增长幅度，我们把未来几年无形资产增长率定在15%左右（见表10）。

表10　　　　　　　　　伊利摊销与折旧预测　　　　　　　单位：亿元

年　份	2017	2018	2019	2020	2021
无形资产期初余额	9.30	10.49	11.82	13.32	15.01
新增无形资产	1.40	1.57	1.77	2.00	2.26
摊销	0.21	0.24	0.27	0.31	0.35
无形资产期末净值	10.49	11.82	13.32	15.01	16.92

资料来源：根据伊利实业集团股份有限公司2012～2016年年报综合计算。

在上文中已经算出计算自由现金流所需数据，下面我们将根据自由现金流公式，计算出企业自由现金流（见表11）。

表11　　　　　　　　伊利现金流汇总分析预测

年　份	2017	2018	2019	2020	2021
营业收入	646.42	692.84	742.58	795.90	853.05
减营业成本	399.69	426.83	455.81	486.35	519.37
利润	246.73	266.01	289.77	309.55	333.68

续表

年 份	2017	2018	2019	2020	2021
减费用	187.46	200.92	215.34	230.81	247.38
减营业税金及附加	31.67	33.95	36.39	39.00	41.80
息税前利润	27.6	31.14	38.04	39.74	44.5
减所得税	4.42	4.98	6.09	6.26	7.12
税后净营业利润	23.18	26.26	31.95	33.48	37.38
折旧	8.99	9.75	10.58	11.49	12.47
摊销	0.21	0.24	0.27	0.31	0.35
资本支出	12.85	15.59	16.95	18.3	19.55
运营成本的减少	4.88	0.5	8.91	4.12	6.28
FCFF	24.41	21.5	34.76	31.51	36.93

资料来源：根据伊利实业集团股份有限公司2012~2016年年报综合计算。

（二）自由现金流估值

1. 假设条件

采用现金流（FCFF、FCFE）对伊利集团股票价值进行预测。为了保持模型的合理可靠，假设满足以下条件：第一，超过折旧的固定资本投资和盈余资本投资预期都与企业规模的增长保持稳定的联系，企业规模的增长通过销售增长来衡量。第二，公司所面临的经营环境是确定的，不管资本市场还是公司所面临的环境都是完善且稳定的，只要人们的预期是合理的，公司所面临的宏观和行业环境便会以预定的模式发展，不会有太大的变化。第三，企业是稳定的，投资没有可逆性，投资决策一旦做出，便不得更改。企业满足持续经营假说，没有破产的威胁，既可以快速稳定增长，又可以按照一定的增长率维持相当长的时间。第四，人们具有充分的理性，可以应用一切可以利用的信息进行无偏预计，不同的人预估相差无几。第五，为了预测FCFE，假设债务比率——债务占债务与股东权益之和的百分比——表示的资本结构保持不变。

考虑到伊利公司资产负债率在60%左右，如债务继续增加，风险也会随之上升，股权成本上升幅度不易确定。但是加权平均资本成本（WACC）受资本结构影响较小，易于测算。因此，本文选取公司自由现金流量模型（FCFF）对伊利公司进行价值评估。其步骤如下：首先，用加权平均资本成本对公司自由现金流进行折现，从而得出公司经营价值。然后明确并计算得出所有对企业资产的非权益性财务索求权。其次，从公司经营价值中减去非权益性索求权，从而求得普通股的价值。用权益资本价值除以公司已发行的普通股股数即得到股价。

2. 模型的确定

在计算公司价值时，将采用两阶段模型，把预测期分为快速发展和永续增长两个阶段，并假设伊利公司经过快速发展阶段后，自由现金流可以达到永续增长阶段，销售收入和自由现金流量达到稳定状态，可以直接估算其永续价值，其基本模型可以写成：

$$V = \sum_{t=1}^{m} \frac{FCCF_t}{(1+WACC)^t} + \frac{FCCF_{m+1}/K - g_2}{1+K^m}$$

式中：$FCFF_t$ 为公司第 t 年的公司自由现金流量；g_2 为永续增长率。

$FCFF = EBIT -$ 所得税费用 $+$ 折旧及摊销 $-$ 资本支出 $-$ 营运资本变动

WACC（加权平均资金成本）根据所有者权益及负债占资本结构的百分比，再根据所有者权益及负债的成本进行加权计算，得出的综合数字。

$$WACC = 权益资本成本 \times (权益价值 \div 企业价值) + 负债成本 \\ \times (负债 \div 企业价值) \times (1 - 税率)$$

3. 资本成本的确定

自由现金流量折现模型主要就是用加权平均资本成本（WACC）对流向公司各种利益主体的现金流量进行折现，从而确定公司价值。在我国资本市场，公司经营活动资金主要由债务资金和普通股募集资金组成。计算伊利公司加权平均资本成本时可以采用以下公式：

$$WACC = 负债成本 \times (1 - 平均税率) \times 债务在公司长期资本中的占比 + 权益资本成本 \\ \times 权益资本在长期资本成本中的占比$$

（1）债务资本成本。债务资本是指企业债权人提供的短期、长期贷款，不包括应付账款、应付票据、其他应付账款等商业信用负债。债务资本成本即债务资金的到期收益率（Yield To Maturity，YTM），即债务的税前资本成本；为 t 期归还的本金。

债务的税后资本成本为：

$$K_d = P_t \times (1 - T)$$

其中：T 为企业所得税税率

伊利公司作为一家实力雄厚、信用记录优良的乳业龙头企业，其在进行债项融资时可以取得一个较为有利的融资成本。虽然存在借款期限长短从而导致利率有一定差异，但是伊利公司在实际运作中，可以充分利用其优良的授信记录，从银行取得较低成本资金。

本书根据中国人民银行 2000~2016 年公布的短期贷款年利率和中长期贷款年利率作为伊利公司税前单位债务资本成本，并依据央行每年调息情况加权平均。由此得到的短期贷款利率为 6.13%，中长期贷款利率为 6.47%。

债务资本成本率为

$$K_d = K_{dl}W_{dl} + K_{ds}W_{ds}$$

其中:K_d——债务资本成本;K_{dl},K_{ds}——长、短期平均贷款利率;W_{dl},W_{ds}——长、短期债务占的权重;有息短期负债 = 短期借款 + 一年内到期的长期负债;有息长期负债 = 长期借款 + 应付债券。

根据伊利公司 2016 年度报告中的数据,短期借款为 150 000 000.00 元,长期借款为 289 000.00 万元,应付债券为 0.00 元,一年内到期的长期负债为 0.00 元。因此:$K_d = K_{dl}W_{dl} + K_{ds}W_{ds}$ = 6.13%。

伊利公司所得税税率为 16%,计算得出债务资本成本如下:

$$K_d = P_t \times (1 - T) = 5.149\%$$

(2) 权益资本成本。威廉·夏普提出的资产定价均衡模型——CAPM (Capital Asset Pricing Model),该模型是企业的战略管理者和决策者描述资产的供求关系及价格水平的均衡模型。

该模型反映了资本市场风险与收益之间的关系,即某一证券的预期收益率与该证券 β 系数的线性相关,可以通过证券市场线来描述这种线性关系。证券市场线表达了风险与回报率之间关系,是衡量有效组合投资风险的方法。其公式为:

$$K_e = R_f + \beta(R_m - R_f)$$

其中:K_e:为某一股票预期收益率,R_f 为无风险报酬率,β 为某一股票的 β 系数,评价该股票系统性风险系数,R_m 为社会平均收益率。

①无风险报酬率。资本收益模型中无风险报酬率指无任何拖欠风险的股票或有价证券组合的报酬率。理论上来说,无风险报酬率等于 β 为零时有价证券的报酬率。但是绝大部分股票存在风险从而导致 β 值不为零,因此通过 β 来取得无风险收益率难度较大。通常认为无风险报酬率等于短期政府债券利率,因为政府债券违约风险低,信用程度很高,能够按期兑付,且利率受市场影响较小,比较稳定,适合于作为无风险报酬率。本案例无风险报酬率参照国内短期政府债券收益率,以 2016 年 11 月 20 日公布的国债 7 年期的利率平均值为参照,无风险报酬率 R_f 取值 2.7%。

②社会平均收益率。美国纽约大学著名教授阿斯沃思·达蒙德理通过研究,创新性提出了全球各国金融市场的风险补偿表,明确有 3 个因素决定补偿率大小,即所在国家经济的波动、市场结构和政治风险,达蒙德理教授创立的金融市场风险补偿率未涉及中国证券市场。经过多年发展,中国政治稳定,经济持续稳健增长,证券市场结构日臻发展完善。当然和一些发达国家(主要是美国股票市场)成熟股票市场比较,中国股票市场波动程度仍然明显大于这些市场。伊利公司在上海证券交易所挂牌上市,中国证券市场整体波动必然会影响其股价波动,因此,本书社会平均收益率将选择参照中国证券市场 1997 年以来的沪深综指年度收益率。2001 ~ 2016 年期间沪深综指年度

收益率几何平均数,社会平均收益率取值为 14.07%。

③伊利公司的 β 系数。β 系数是一种评估资产系统性风险的工具,是资本资产定价模型的主要参数,反映了一种股票随市场同向变动的幅度,代表了这种股票使市场组合进一步多样化的能力。具有高 β 值的股票一定具有超过市场风险溢价的超额回报率。为使 β 值更具参考性,本案例采用 wind 计算结果(见图1)。

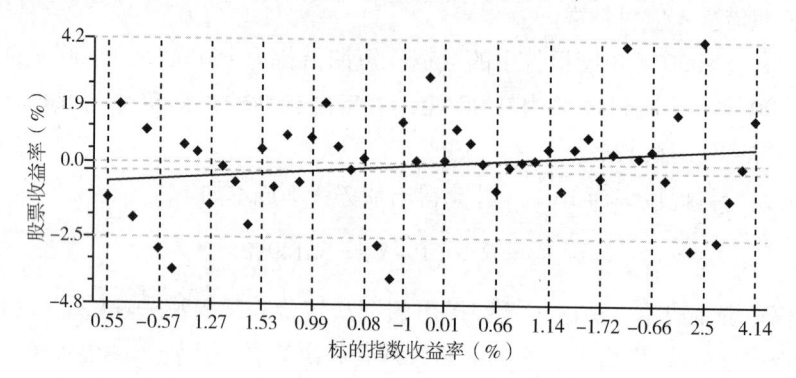

图 1 案例公司 β 值计算过程

资料来源:wind 数据库 BETA 计算器。

得出伊利公司 β 系数为 0.7941。表明上证综指收益率每增加或减少 1%,伊利公司收益率亦随之增加或减少 0.7941%。

综合以上结论,得出伊利公司权益资本成本如下:$K_e = R_f + \beta(R_m - R_f) = 11.72\%$。

(3)加权平均资本成本。因为价值评估是评估企业未来获利能力和前景。因此为了使评估价值更接近企业实际价值,将采用市场价值来确定加权平均资本成本。根据公式,计算得出伊利公司的 WACC 为 7.89%。

伊利股份有限公司企业价值 = 预测未来五年自由现金流折现价值 + 永续增长阶段折现价值 - 当年负债 = 1 179 亿元。

本案例用自由现金流模型计算出了企业未来五年的发展趋势,并在最后验证了评估结果,得出以下结论:

用自由现金流折现法对企业价值进行评估是科学有效的。自由现金流法充分考虑企业内部和外部的发展情况,再根据企业历史的财务数据预测出企业未来的经营状况。中国乳制品行业正在积极改善产业结构,控制产品成本,提高消费者的信心,相信在未来还会有很大的上升空间。

将最后的计算结果与企业现在的市场价格相比较,合理范围内的差异验证了此方法的有效性。资本市场还将不断发展,越发完善,会有更多的国际资本涌入中国市场,自由现金流法由于操作方便,标准统一,还会有更广泛的运用空间。但本书的研究还存在局限性。通过自由现金流计算出来的企业价值难以精准,不管是成本上的控制还是政策的变化等原因都会影响企业的价值,我们只能求出企业价值的近似值。在用这种方法评估企业价值时,前提是企业经营状况稳定,能在市场上找到企业的交易数据。

因此对于一些中小企业，此方法是存在局限性的。并且我们所看到的均是二手数据，难接触到企业内部的第一手直接信息。

（三）相对比较法估值

1. 市盈率法

以下根据 wind 资讯 2017 年 5 月 18 日数据，经整理得到食品行业平均市盈率，以此平均市盈率对伊利公司股价进行估值（见图 2）。根据上述测算，食品行业平均市盈率 2016 年为 24.89；2017 年预计为 21.68；2018 年为 17.81，和 DCF 法估值结果出入不大，具有一定参考价值。

排名	代码	证券简称	总市值(亿元)	流通市值(亿元)	市盈率PE TTM	市盈率PE 17E	市盈率PE 18E	市净率PB(MRQ)	企业价值(亿元)	企业价值/收入(倍)	企业价值/EBITDA(倍)
5	600887.SH	伊利股份	1,186.01	1,186.01	20.30	19.31	16.88	4.78	--	--	15.63
沪深(12)		最高值	5,677.01	5,677.01	41.66	32.28	28.44	9.56	--	--	27.40
		最低值	336.86	233.69	12.16	11.50	11.15	1.56	--	--	8.91
		中位值	1,118.17	1,118.17	22.79	20.69	17.81	4.65	--	--	15.87
		平均值	1,444.09	1,423.33	24.89	21.68	18.74	4.83	--	--	17.20
1	600519.SH	贵州茅台	5,677.01	5,677.01	31.62	27.27	22.27	7.18	--	--	20.08
2	000858.SZ	五粮液	1,805.36	1,805.36	24.15	21.75	18.60	3.56	--	--	16.02
3	002304.SZ	洋河股份	1,310.48	1,310.48	21.43	19.63	17.03	4.55	--	--	16.38
4	300498.SZ	温氏股份	1,236.70	1,236.70	12.16	11.50	11.52	3.86	--	--	8.91
6	603288.SH	海天味业	1,050.33	1,050.33	34.89	31.16	26.83	9.56	--	--	27.40
7	000895.SZ	双汇发展	716.33	716.33	17.02	14.70	13.12	4.75	--	--	11.02
8	000568.SZ	泸州老窖	680.51	680.51	31.93	27.07	21.53	5.76	--	--	26.34
9	600600.SH	青岛啤酒	441.33	233.69	41.66	32.28	28.44	2.69	--	--	14.53
10	000876.SZ	新希望	336.86	336.86	13.76	12.11	11.15	1.56	--	--	15.72

图 2　估值指数比较

资料来源：wind 数据库估值计算比较。

2. 市净率

2016 年报显示，伊利公司每股净资产为 4.39 元，根据食品行业平均市净率计算得出伊利股价为 21.25 元。

四、案例讨论

伊利股份的价值评估过程留给了人们太多的思考。本案例请学员们重点思考以下问题：

1. 企业价值的影响因素有哪些？这些因素对企业价值评估有何影响？
2. 如何计算加权平均资本成本？计算权益资本成本时，如何确定 β 值？
3. 企业价值评估的方法主要有哪些？选择不同的评估方法时应注意哪些问题？
4. 为什么采取市场法和权益法两种评估方法所得出的伊利集团价值会产生差异？你认为采用何种方法较为合理？

参考文献

[1] 国际评估准则委员会.《国际评估准则》及《国际评估准则》指南 6（2004）.

[2] 汪文忠. DCF 方法的局限性研究. 中国软科学 2007（3）：111-116.

[3] 阿斯沃里·蒙德理. 价值评估 [M]. 北京：北京大学出版社，2004.

[4] Arthur J. Keown, David F. Scott, John D. Martin, et al. 现代财务管理基础. 朱武祥译. 北京：清华大学出版社，2002：160-173.

[5] 工业和信息化部、国家发展和改革委员会文件：乳制品工业产业政策（2016 年修订）. 2016.6.

[6] 中国资产评估协会.《企业价值评估指导意见（试行）》（2004）.

案例3　华谊兄弟基于可持续增长的财务战略分析

教学目标

本案例旨在让学员了解财务战略的内涵、类型、目标以及财务战略与企业战略的关系，熟悉财务战略制定时需要考虑的因素以及影视文化行业企业财务战略制定的特殊性，充分掌握基于价值创造和增长率矩阵，并据此分析财务战略。

一、背景简介

改革开放以来，中国的文化产业发展渐入正轨。2009年4月13日中国社会科学院发布了《文化产业蓝皮书》，指出在国际金融危机中，文化产业作为中国经济的新生力量，表现出了傲人的成绩。同年9月26日，国务院出台《文化产业振兴规划》，将文化产业提升到了国家战略高度。"十三五"规划提出，文化产业要在2020年成为国民经济支柱性产业。作为文化产业重要组成部分的影视产业发展势头强劲，成为国民经济新的增长点，该行业资源消耗少、附加值高，其紧紧抓住了政策体制改革带来的利好形势以及开放的国外环境带来的先进技术，进一步走向了繁荣。科技进步为该行业带来了新的动力，"互联网+"的发展深刻促进了影视产业通过新媒体的转型发展，城镇化激增的精神文化需求释放了该行业繁荣的内生动力。在我国经济转型、消费结构升级的大背景下，影视文化行业的蓬勃发展将成为大势所趋。

随着影视行业体制改革的推进，竞争愈加激烈，如何提高影视企业的效益，寻求影视企业的可持续发展，财务战略的制定和选择成为重中之重。在企业战略系统中，财务战略处于核心位置，然而其独立性和重要性并未引起广泛关注。人们关注财务战略模式的重点偏移，往往只看重账面数字，忽略了可持续增长与价值创造。因此，为了保证企业的可持续发展，管理者不但要高瞻远瞩拟定总的发展战略，而且要将财务的可持续性与战略有机结合作为管理的基础，制定合理的财务战略，以确保现金流的安全性，促进企业的长远发展。

（一）国家政策为影视文化企业的发展铺平道路

近年来，中国影视传媒行业发展迅猛，其作为文化建设的重要部分渐渐上升至国家战略高度。随着政策法规的出台与完善，促进了我国影视文化行业的快速健康发展。2015国家文化产业政策频出。"十三五"规划提出，文化产业要在2020年成为国民经济支柱性产业。为了实现该目标，文化产业的未来增量至少要达到5万亿元，年均名义增长率至少要超过13%，这便表示传媒产业作为文化产业的重要组成部分也将在"十三五"期间保持高速增长。因此，国家充分考虑了传媒行业长期稳定发展的需要后，便提供了指导性意见，出台了相关扶持性、规范性政策（见图1）。

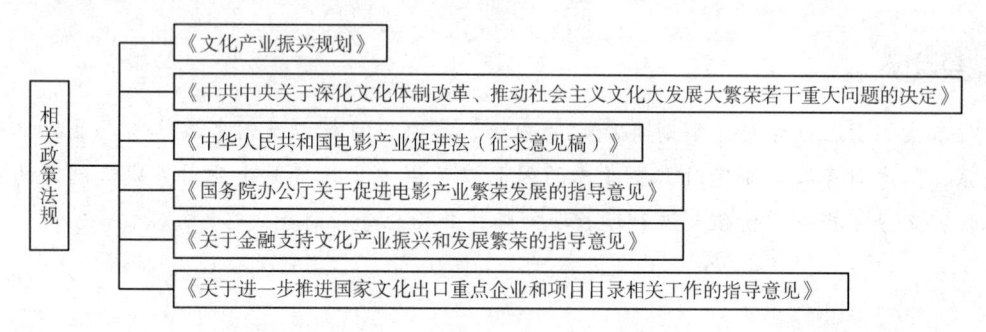

相关政策法规：
- 《文化产业振兴规划》
- 《中共中央关于深化文化体制改革、推动社会主义文化大发展大繁荣若干重大问题的决定》
- 《中华人民共和国电影产业促进法（征求意见稿）》
- 《国务院办公厅关于促进电影产业繁荣发展的指导意见》
- 《关于金融支持文化产业振兴和发展繁荣的指导意见》
- 《关于进一步推进国家文化出口重点企业和项目目录相关工作的指导意见》

图1　相关政策法规一览

资料来源：根据相关法律法规、政策性文件整理。

（二）税收优惠及政府补助政策为影视文化企业发展提供助力

为了减轻企业在财税方面的压力，进一步加快企业发展，国家还出台了所得税优惠政策和政府补助政策（见图2）。此外，电影行业可依法享受现行税收优惠政策，为促进区域经济发展，地方政府出台了贴息补助政策，电影的发行、销售拷贝、转让版权以及在农村放映取得的收入免征增值税，以支持文化产业发展。

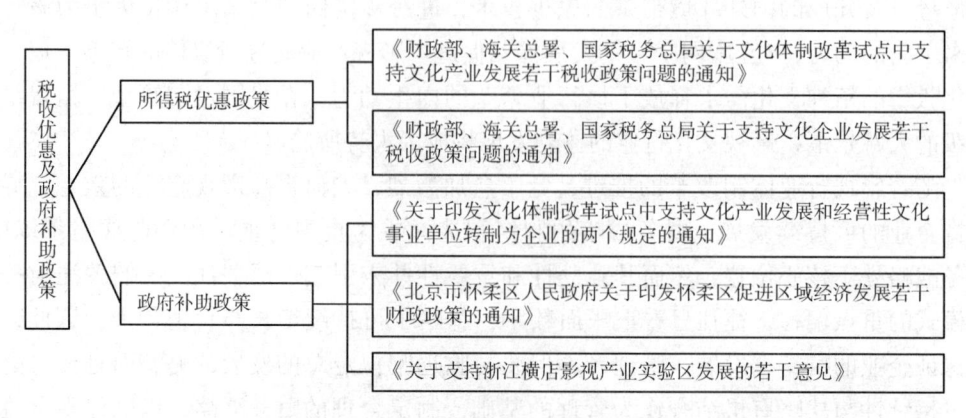

税收优惠及政府补助政策：

所得税优惠政策：
- 《财政部、海关总署、国家税务总局关于文化体制改革试点中支持文化产业发展若干税收政策问题的通知》
- 《财政部、海关总署、国家税务总局关于支持文化企业发展若干税收政策问题的通知》

政府补助政策：
- 《关于印发文化体制改革试点中支持文化产业发展和经营性文化事业单位转制为企业的两个规定的通知》
- 《北京市怀柔区人民政府关于印发怀柔区促进区域经济发展若干财政政策的通知》
- 《关于支持浙江横店影视产业实验区发展的若干意见》

图2　税收优惠及政府补助政策

资料来源：根据相关法律法规、政策性文件整理。

(三) 经济稳定增长为影视文化发展增加动力

目前，中国作为全球第二大经济体，与世界各国的经济发展紧密相连。金融危机爆发后，世界经济陷入了最困难的阶段，而此时的中国却带动了经济增长。2009~2011年，中国拉动世界经济增长的贡献程度超过了50%。2015年以来，国内外经济形势错综复杂，全球经济复苏放缓的情况下，中国却加强了宏观调控，经济运行在合理区间，偶尔有所波动。2015年，全年GDP达68万亿元，同比增长6.9%，货物贸易出口额连续三年稳居世界第一，且增速很快。

随着国家产业结构升级，文化传媒行业发展势头迅猛，国内电影票房成绩屡创新高，消费者增加了文化娱乐方面的支出。随着进一步延伸融合文化传媒产业链，文化传媒产业前途大好，未来可期。

(四) 社会文化消费较快增长

作为享受型和发展型消费的主体，影视文化行业近几年正深刻影响和改变着人们的消费方式和观念。无论从产业广度还是深度，文化消费已成为新的增长极和消费热点，文化影视产业全面进入繁盛期。

基于市场需求，影视行业更为重视观众的情感需求与欣赏品味，加深与观众的沟通交流以了解其真正需求，这也极大改善了过往影视作品与观众需求难以契合的状况。

(五) 新技术不断涌入

随着新技术的不断涌入，传统平媒被极大颠覆。新技术促进了传媒产业各个业务单元之间的整合和延伸，更为传媒产业链的发展提供了有力的技术支持。传媒行业迈向了多元化、大众化、类型化。

我国影视文化行业所面临的外部宏观环境大好（见表1）。影视文化行业作为文化建设的重要部分渐渐上升至国家战略高度，政策体制改革带来了利好消息，税收优惠及政府补助政策减轻了企业在财税方面的压力，城镇化激增的文化需求释放了该行业繁荣的内生动力，开放的国外环境带来了先进技术，科技进步为该行业带来了新的动力，"互联网+"的发展深刻促进了影视产业通过新媒体的转型发展。

表1　　　　　　　　　　　　技术环境分析表

所涉领域	具体描述
"互联网＋文化传媒"	"互联网＋文化传媒"并非简单相加，而是利用现代信息技术与互联网平台，深度融合互联网与文化传媒产业，创造出全新的发展模式。优化资源配置，提高生产效率和创新能力。以国内电影票的销售为例，互联网购票既快捷又便宜，不但满足了人们的个性化需求，还刺激了消费。
平面媒体技术	该技术已经全面数字化。主要技术有：排版技术、计算机制版、数据远程传稿以及数字化印刷、出版技术等。

续表

所涉领域	具体描述
广电媒体技术	"三网融合"与数字化技术普及,电影、电视、广播已全面进入了数字信息时代。主要技术有:3D 摄影和放映技术、卫星电视接收技术、有线电视模拟信号技术以及 IPTV 等。
网络新媒体技术	随着互联网及移动互联的发展,传统传媒产业受到了巨大的冲击,传媒产业的边界也得到了重新划分。主要技术有:搜索引擎、SNS 社交网络技术、移动端自媒体平台技术以及移动网络技术等。

资料来源:根据 Wind 行业分析整理。

二、案例概况

(一)华谊兄弟公司简介

华谊兄弟传媒股份有限公司,简称华谊兄弟,是知名的综合性民营娱乐集团。1994 年,王中军、王中磊兄弟注册了 1 500 万元资本创建公司。1998 年,公司投资冯小刚导演的《没完没了》、姜文导演的《鬼子来了》一炮而红,正式进入电影行业。此后华谊兄弟全面进军传媒产业,投资领域涉及电影、电视剧、艺人经纪、娱乐营销等多个方面。2009 年 10 月 30 日,华谊兄弟经中国证监会核准后,正式在深交所挂牌上市,股票代码为 300027。主营业务分为三大板块:影视娱乐、品牌授权与实景娱乐及互联网娱乐(见图 3)。

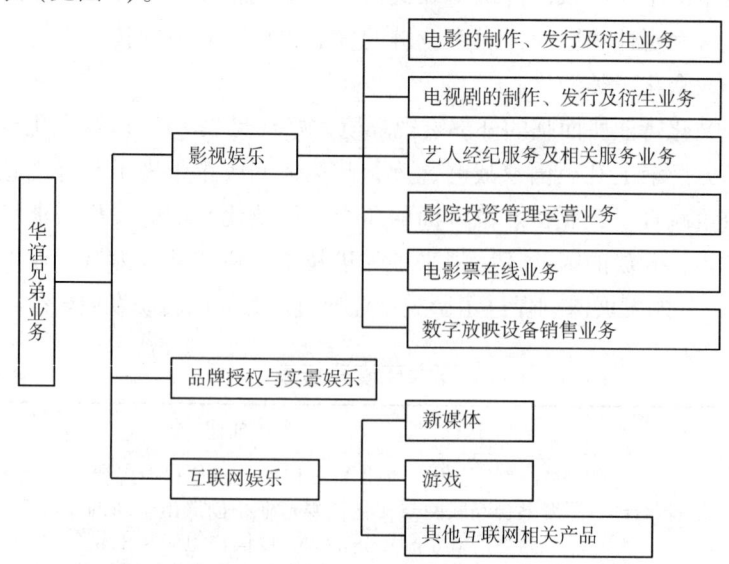

图 3 华谊兄弟主要业务板块

资料来源:2016 年华谊兄弟半年报。

截至 2016 年 6 月,华谊兄弟前十大(TOP10)股东合计持股占 48.87%,Top5 股东约 42.85%;第一大股东和第三大股东为王氏兄弟,共持股 26.79%(见图 4)。

华谊兄弟传媒股份有限公司

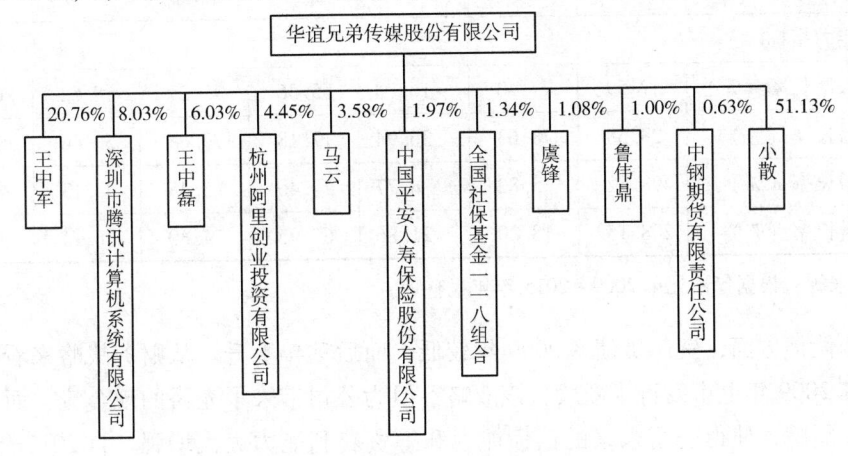

| 王中军 20.76% | 深圳市腾讯计算机系统有限公司 8.03% | 王中磊 6.03% | 杭州阿里创业投资有限公司 4.45% | 马云 3.58% | 中国平安人寿保险股份有限公司 1.97% | 全国社保基金一一八组合 1.34% | 虞锋 1.08% | 鲁伟鼎 1.00% | 中钢期货有限责任公司 0.63% | 小散 51.13% |

图 4　华谊兄弟最新股东持股信息

资料来源:2016 年华谊兄弟半年报。

短期偿债方面,由于 2009 年公司 IPO 募得了大量资金,流动比率、速动比率大幅度上升,可见华谊兄弟的短期偿债风险很小。但是当流动比率和速动比率过高时,便意味着资金闲置。自 2010 年,流动比率和速动比率逐渐下降,在 2015 年达到 1.23 和 1.1,且低于同行业平均水平,这说明华谊兄弟短期偿债能力变差(见表 2)。

表 2　各项财务能力指标

年　份	2009	2010	2011	2012	2013	2014	2015
偿债能力指标							
流动比率(倍)	7.32	3.68	2.52	1.72	1.51	1.80	1.23
速动比率(倍)	6.08	3.17	1.78	1.28	1.25	1.52	1.10
资产负债率(%)	13.25	22.34	30.68	48.65	45.36	42.15	40.03
运营能力指标							
总资产周转率(次)	0.53	0.57	0.40	0.42	0.35	0.28	0.28
应收账款周转率(次)	3.23	3.28	2.06	1.97	1.88	1.73	2.37
存货周转率(次)	2.35	4.22	2.32	2.23	3.16	3.43	5.06
流动资产周转率(次)	0.55	0.65	0.50	0.59	0.65	0.55	0.62
盈利能力指标							
净资产收益率(%)	9.70	9.82	12.53	12.56	22.20	21.50	14.85
销售净利率(%)	13.90	14.00	23.02	17.36	33.42	43.30	31.45
每股收益(元)	0.64	0.25	0.34	0.2	0.55	0.73	0.76

续表

年份	2009	2010	2011	2012	2013	2014	2015
成长性能力指标							
营业收入增长率（%）	47.59	77.40	-16.73	55.36	45.27	18.62	62.14
净利润增长率（%）	23.38	78.63	36.94	17.18	179.65	53.66	17.78
净资产增长率（%）	498.32	5.82	8.77	24.40	85.48	44.13	88.91
总资产增长率（%）	208.15	18.20	21.86	67.95	74.30	36.14	82.24

资料来源：根据华谊兄弟 2009~2015 年年报整理。

长期偿债方面，资产负债率 2009 年较低，而后逐年上升。从财务战略来看，主要是由于其 2009 年上市发行了新股，该战略不但为公司带来了充裕的现金流，而且为公司树立了品牌，使得公司未来的偿债能力和筹资获利能力大大增强。自 2012 年以后，其资产负债率虽略高于同业，但较为稳定，主要由于其持续举债并购所致。总体来说，华谊兄弟短期偿债水平稍有不足，但长期偿债能力较好。

营运方面，2011~2014 年，应收账款周转率持续回落，且低于同业水平，在 2014 年为 1.73，达到近五年最低值。而存货周转率 2012 年降到 2.23，说明华谊有存货风险。总体表明华谊兄弟未有效地利用流动资产，应强化管理水平。自 2015 年起，流动资产各营运能力指标均有所回升，趋势向好。

良好的盈利能力是企业正常经营的保证。华谊兄弟的盈利能力高于同业水平，且持续增强。2015 年，由于其大量并购进入新领域，未完全完成产业整合，故相关指标均有所下降。另外，华谊 2008 年的每股收益为 0.57，2009 年上市后有明显的上升。基本每股收益从 2010 年的 0.25 元增长到 2015 年的 0.76 元，增长了 2 倍。可以说在每股能力方面也表现不错。

成长性方面，2009 年，华谊兄弟 IPO 募集了巨额资金，总资产与净资产增长率有巨大的提高。2011 年，由于电影业务滑坡，营业收入负增长。2012 年，营业收入增长率高于净利润增长率，是因为公司增加了较多的营业成本及费用。2013 年，公司积极采取财务战略改善了这一情况，净利润增长率超过营业收入增长率，获利能力提高。2014 年，依然保持这种趋势，但增长速度减缓。2015 年，受华谊兄弟"去电影化"影响，影视业绩下滑，本来获利的电影业务缩水。

总体来说，华谊兄弟股权结构相对固定，治理结构高效，资本结构适中，长期偿债能力较好，短期偿债能力稍有不足，营业利润率和销售净利率皆高于同行业平均水平，总体持续增长，盈利能力良好。

（二）华谊兄弟财务战略的制定

1. 融资战略成效分析

华谊兄弟在融资战略方面的表现可圈可点，在创业初期以及后来发展过程中，为了保证资本的正常运营，华谊兄弟根据自身可持续发展的具体情况拟定了合理的融资方案，募集到了大量的资金。

（1）低成本多渠道融资战略引入资金。为了避免资金链断裂，更好地维持企业稳定发展以及投资需求，华谊兄弟选择了多种融资渠道，其中主要融资方式有私募股权融资、押版权银行贷款融资以及上市融资等方式。

①私募股权融资。[①] 华谊兄弟在上市前进行了四次私募股权融资（见表3），利用国际流行的"股权融资+股权回购"的操作手法，华谊兄弟先后从多个企业募得了大量的经营资本，既保全了影片版权的完整性，又掌控了公司的控股权。另外，前期投资人退出机制灵活，在此过程中取得了双赢的结果。而华谊兄弟在选择合作对象时，有意选择在拓宽市场方面或运营资本方面能为公司带来益处的标的，而非盲目选择。

表3　　　　　　　　　　　华谊兄弟私募股权融资时间表

时　间	具体融资过程
2000年3月	太合集团出资2 500万元对华谊兄弟广告公司进行增资扩股，并将公司更名为"华谊兄弟太合影视投资有限公司"，至此，太合集团与王忠军兄弟均持50%股权；一年后，王氏兄弟从太合回购5%股权，自此拥有55%股权成为实际控制人。
2004年年底	TOM集团向华谊兄弟投资1 000万美元，其中500万美元购买华谊兄弟27%的股权，另500万美元用于认购华谊兄弟年利率为6%的可转换债券。华谊以三倍的溢价回购了太合集团的剩余45%股份，此后将企业变更为"华谊兄弟传媒集团"。在大约同一时间，华谊兄弟将3%的股权以70万美元的价格转让给一家风险投资机构"信中利"。王氏兄弟在这两次私募中共获得资金1 070万美元，其二人的股权上升到70%。
2005年12月	通过引进马云所控制的中国雅虎，华谊兄弟开始了新一轮的私募。TOM减持20%股份获得了1 600万美元，其中王氏兄弟回购5%，马云接手15%。此外，王中军、王中磊二人还从"信中利"回购了2%的股权，王氏兄弟所拥有的股份上升至77%，控股地位更加强化。
2007年	与分众传媒等企业合作，共募集资金2 000万美元。

资料来源：根据华谊兄弟上市以来历年年报整理。

②押版权银行贷款融资。[②] 华谊兄弟在版权质押贷款方面做得相当出色（见表4），进一步推动了影视文化产业资本运作的创新。该种融资方式融资额度大、低成本，同时有利于企业提高风险控制意识，促进企业采取严格、科学的财务管理制度，提高资金运作能力，从而使企业管理越来越规范。目前，国内还未有完善的无形资产评价体制，在此种情形下，银行等相关金融机构并不敢贸然对影视文化产业进行贷款投资，但华谊兄弟无疑开辟了先河。

---

① 私募股权融资指面向私有非上市企业进行的权益性投资，未来可通过上市、并购或者管理层回购等方式，出售持股获利的一种融资方式。

② 版权质押贷款指企业将电影的版权以抵押的方式从银行取得贷款的一种融资方式。

表 4 华谊兄弟主要押版权银行贷款融资时间表

时间	具体融资过程
2006 年	中国信保为华谊兄弟影片《夜宴》的国外发行风险提供了相关保障，此次合作使得华谊兄弟成功地将其电影发行风险转移到了中国信保，开辟了一个创世之举。同时，为资助电影《集结号》的拍摄，公司以版权为标的质押得到了招行贷款 5 000 万元，2008 年 1 月电影票房突破 2 亿元，实现名利双收。
2008 年	质押版权，获得北京银行 1 亿元的打包贷款，标的为电视剧多个项目。
2009 年	华谊兄弟从工行取得了大量的贷款，银行方面表示将拓宽对影视文化产业的信贷支持范围。

资料来源：根据华谊兄弟上市以来历年年报整理。

③上市融资。2009 年 9 月 27 日，证监会进行第七批创业板拟上市审核，宣布华谊兄弟通过了该审核。2009 年 10 月，华谊兄弟在内地创业板成功上市，受到了投资人追捧，拟发行 A 股 0.42 亿股，实际发行总股本约达 1.68 亿股，共募集资金约为 12 亿余元，其超募比率达到了 93.61%，成为在创业板上市的最大民营影视制作集团。华谊兄弟的上市不但解决了华谊自身的资金瓶颈，而且深刻影响了我国影视文化产业的发展。

按照上市公告的资金用途，华谊兄弟年投资 6 部电影、640 集电视剧，大大超过原公司的影视剧产量，规模效益显著。同时，华谊兄弟向美国时代华纳看齐，整合发展贯穿电影上下游的产业链，集电影制作、发行、放映、营销为一体，创造全新的全娱乐王国。为了抓住国内产业高速发展的契机，华谊兄弟将公司业务模式与金牌制片人、著名导演和著名演员等重要影视资源高效结合，实现了以"华谊兄弟"为品牌的影视资源整合平台。同时，华谊兄弟向国内外娱乐传媒产业学习先进成熟的管理理念，打造了影视娱乐行业的工业化运作体系。

(2) 严控负债水平。当企业的自由资金无法负担经营或者投资压力时，银行借款便是融资首选。华谊兄弟通过多渠道融资降低了对银行的依赖，债务结构较为分散，降低了财务风险。在融资渠道方面，华谊兄弟既有内源融资，又有外源融资。总资产规模不断增长，2016 年比 2008 年增加了近 34 倍。2012 年及以后，总资产增长率持续提高。

2012～2016 年，华谊兄弟的资产负债率保持在 40%～50%，资本结构较为健康合理（见表 5）。2009 年上市后，其资产负债率大幅降至 13.25%，这是由于公司 IPO 后，权益资本增加，财务风险降低。虽然上市稀释了控股权，但是该过程是公司规模扩张的必经之路。此后资产负债率保持逐步提高。此外，长期负债率均远低于流动负债率，这表明公司负债结构主要以流动负债为主，长期偿债能力很强，债权人的安全性较高。随着华谊兄弟经营业绩的提高，经营风险的降低，近年公司的资金结构变化不大。

表 5　　　　　　　　　　　华谊兄弟资本结构变化表

年　份	2008	2009	2010	2011	2012
流动负债（万元）	30 709	22 664	45 158	75 581	162 069
非流动负债（万元）	0	0	0	0	39 253
负债合计（万元）	30 709	22 664	45 158	75 581	201 321
所有者权益（万元）	24 801	148 390	157 025	170 795	212 473
总资产（万元）	55 510	171 054	202 182	246 376	413 794
资本负债率（％）	55.32	13.25	22.34	30.68	48.65
长期负债率（％）					9.49
流动负债率（％）	55.32	13.25	22.34	30.68	39.17

年　份	2013	2014	2015	2016.6
流动负债（万元）	224 333	291 307	596 206	538 279
非流动负债（万元）	102 802	122 545	120 171	311 835
负债合计（万元）	327 135	413 852	716 377	850 114
所有者权益（万元）	394 100	568 012	1 073 021	1 031 673
总资产（万元）	721 235	981 864	1 789 398	1 881 787
资本负债率（％）	45.36	42.15	40.03	45.18
长期负债率（％）	14.25	12.48	6.72	16.57
流动负债率（％）	31.10	29.67	33.32	28.60

资料来源：根据华谊兄弟 2008～2016 年年报整理。

2. 投资战略成效分析

华谊兄弟在投资战略方面大展拳脚，为华谊兄弟的娱乐一体化发展奠定了基础。

（1）多元化投资模式多栖发展。华谊兄弟在 2009 年 10 月 30 日正式在内地创业板上市，公司从上市最初的 6 家全资或控股公司发展到 2015 年的 87 家，且始终保持绝对的主导地位。强大的并购为公司带来了迅猛的发展。华谊兄弟不仅在电影、电视剧及艺人经纪方面不断并购，在发行渠道、音乐、游戏、新媒体、主题公园及旅游方面也拥有丰富的并购经验。

（2）投资全产业链扩张模式。华谊兄弟始终秉承全产业链扩张战略，逐步形成完整产业链布局。为打造综合性影视娱乐帝国，华谊兄弟先后收购了浙江常升、永乐影视、掌趣科技、银汉科技等公司，具体细节如下。

①电视剧业务扩张。2013 年，华谊兄弟以 2.52 亿元取得了由张国立控股的浙江常升集团 70% 的股权。之所以收购该公司，是因为 2012 年华谊兄弟年营业收入、利润总额和净利润大幅增长，电影业务快速发展，而电视剧业务却相比同期呈下滑趋势。华

谊兄弟引进张国立影视团队便是为了进一步强化和充分发展电视剧业务板块。而后的2013年，华谊兄弟的电视剧相关收入比2012年增加了36.13%，这表明华谊兄弟的收购方案产生了很好的效果。

2013年12月24日，华谊兄弟开始了其本年度最后一项并购交易活动，公司以约4亿元收购了浙江永乐影视股份有限公司51%的股权，获得了该公司的控制权。而收购永乐影视，主要是因为华谊看中了其电视剧制作能力和其签约艺人，永乐的加盟使华谊兄弟的电视剧业务如虎添翼。

②互联网业务扩张。除以上收购业务，华谊兄弟的并购范围也拓宽至新媒体领域。2010年，华谊兄弟花费1亿元获取了掌趣科技22%的股权。2012年，掌趣科技成功上市，截至2016年年底，华谊兄弟从这笔投资获得了投资回报率500%的浮盈。如果要达到对掌趣科技的控股权，华谊兄弟需要以约23.77亿元人民币获得掌趣科技28.1%的股权，然而在资金方面，继续收购掌趣科技阻力较大。

2013年7月24日，华谊兄弟以"发行股份+支付现金"的形式收购银汉科技50.88%的股份，取得了该公司的控制权。华谊之所以选择银汉科技作为并购目标公司，是因为银汉科技收购费用小于掌趣科技，且华谊兄弟对于非上市公司银汉科技的话语权较大；此外，银汉科技在手机游戏市场有很高地位，为手游市场的"二把手"，其当时的市场占有率为5.9%，仅次于该行业老大腾讯9.4%。2013年10月，该公司主打游戏《时空猎人》全球收入破亿元，成为国内首款月营收亿元产品，前景看好。

3. 利润分配战略成效分析

2008~2015年，华谊兄弟的股利支付率波动较为剧烈（见图5）。2009年，公司并未分配股利，此后3年，华谊兄弟的股利支付率保持在30%左右。2012年以后，股利支付率持续下降，直到2015年降为10.2%。华谊兄弟2013年大幅降低股利支付率，该举意味着更多的收益用于内源融资，有利于满足公司可持续增长的目标。

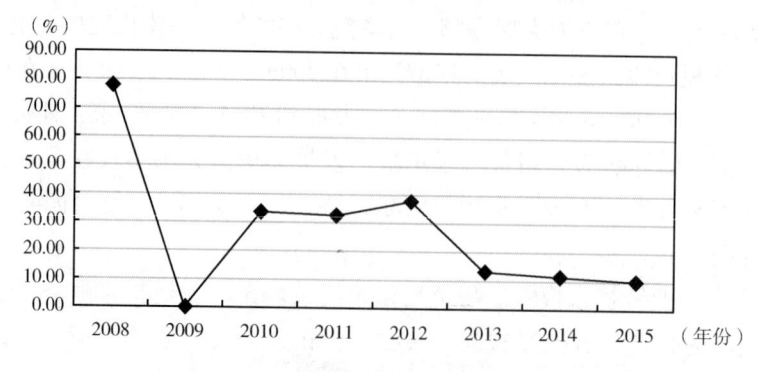

图5 2008~2015年华谊兄弟股利支付率

资料来源：根据华谊兄弟2008~2015年年报整理。

(三) 华谊兄弟财务战略存在的不足

1. 融资战略存在的问题

公司大规模的扩张，需要大量的资金，为了满足需求，华谊兄弟会采用发行债券的方式进行融资。2012年以来，公司债券融资占总的融资规模10%~40%，尤其2013年，达到了33%。虽然公司债券的发行解了燃眉之急，但是公司要承担较大的财务费用，这在一定程度上会缩减盈利空间。

2. 投资战略存在的问题

华谊兄弟近几年在实景娱乐和互联网版块大量投资，也面临着很大的风险，对于新领域的尝试，华谊兄弟需要注意对于投资项目风险的可把握程度。另外，企业并购后盈利加强，但营收增长率不是非常稳定，且短期偿债能力、流动资产营运能力有待提升。近两年华谊兄弟的投资额有大幅增加，但利润额增长较慢，2015年较之2014年净资产收益率和总资产报酬率均有所下降（见表6），这表明公司投资效益有所降低。

表6　　　　　　　　　　　　投资效率分析表

年　份	2014	2015
投资额（元）	1 058 983 509.56	4 288 776 394.04
净利润（元）	1 034 368 258.78	1 218 234 924.45
净资产收益率（%）	21.50	14.85
总资产报酬率（%）	15.02	10.80

资料来源：根据华谊兄弟2014~2015年年报整理。

3. 利润分配战略存在的问题

现金分红较低。较低的股利分配虽然有较高的利润留存，但是对投资者的吸引不大，有可能会限制公司的未来发展。因此，公司可以适时改变一下股利分配政策，综合考虑公司未来发展和投资者要求，平衡利润和投资者收益，实现公司持续发展。

三、案例讨论

华谊兄弟财务战略制定引发了许多思考，本案例请学员们重点思考以下问题：

1. 什么是财务战略？财务战略的制定对公司发展有何作用？
2. 企业应如何定位其财务战略目标？制定财务战略时需要考虑哪些因素？
3. 华谊兄弟的财务战略制定有何特点？存在哪些问题？
4. 如果您是华谊兄弟公司的战略或财务主管，您对华谊兄弟未来的财务战略制定有何建议？
5. 华谊兄弟财务战略的制定对影视文化企业有何启示？

参考文献

[1] 鲁思·本德,基思·沃德. 公司财务战略(第 3 版)[M]. 北京:清华大学出版社,2013.

[2] 田利军,郑晓红. 奥凯航空公司财务战略选择分析[J]. 财会通讯,2015(5):78-80.

[3] 顾煜,郜时良. 财务战略矩阵在港口物流企业的应用——以盐田港为例[J]. 会计之友,2016(5):12-15.

[4] 余力滔. 基于 EVA 的供电企业财务战略体系分析与探讨[J]. 商业会计,2015(2):29-31.

[5] 龚雄武. 华谊兄弟新马车战[J]. 经理人,2016(8):34-46.

[6] 孙丽华,倪庆东. 基于价值链管理视角的企业财务战略管理[J]. 山东社会科学,2016(10):126-130.

[7] 万小泉,张育,邱源. 浅析财务战略对企业绩效的影响——以华谊兄弟为例[J]. 当代经济,2015(20):22-23.

[8] 毛明洁. 基于企业生命周期理论的财务战略选择[J]. 财会通讯,2015(29):59-61.

[9] 苏凯. "互联网+"时代中小企业财务战略研究[J]. 中国乡镇企业会计,2015(1):136-137.

[10] 吴菲. 基于价值创造与可持续增长的 NJ 公司财务战略选择研究[D]. 南京理工大学,2015.

[11] 赵自强,任洁. 华谊兄弟财务战略与可持续发展能力分析[J]. 财务与会计,2016(11):33-35.

案例4　从宋城演艺融资看文化企业融资模式

教学目标

本案例旨在通过分析宋城演艺融资方式、融资渠道、融资成本和融资成本等分析和讨论，使学员掌握公司融资理论，充分认识各种融资方式和融资渠道，掌握融资成本的估算方式；充分了解公司融资决策需要考虑的各种因素，并能够对公司融资情况做出合理评价。

2015年3月17日，宋城演艺以现金及发行股份的方式购买宋城集团、刘岩等8名自然人股东合计持有的北京六间房科技有限公司100%的股权，并在此过程中募集不超过65 000万元。经交易各方协商，宋城集团所持六间房62%股权作价1 614 051 030.06元，上市公司将以现金方式向宋城集团支付交易对价刘岩等8名交易对方合计持有的六间房38%股权作价9.88亿元，上市公司将以发行股份的方式向刘岩等8名交易对方支付交易对价。以26.92元/股的发行价格（经2014年度利润分配实施调整后）计算。上市公司拟向不超过5名特定投资者发行股份募集配套资金，全部用于支付本次交易现金对价。本次募集配套资金金额不超过65 000万元，且不超过本次交易总金额（交易总金额=根据宋城集团资金实际占用期限调整后的实际交易金额+募集配套资金金额-募集配套资金中用于支付现金对价部分）的25%。剩余现金对价由上市公司自筹资金解决。本次发行股份及支付现金购买资产不以配套融资的成功实施为前提，最终配套融资发行成功与否不影响本次发行股份及支付现金购买资产行为的实施。本次交易前，宋城演艺未持有六间房的股权；本次交易完成后，六间房将成为宋城演艺的全资子公司。

这一融资方案的配套募集资金虽然是现金支付，但是宋城演艺确实利用母公司担保举债，通过银行贷款取得了6亿元的三年期长期贷款。虽然宋城演艺公司现金充沛，但却背上了大量举债，会给公司财务造成哪些影响？

一、背景简介

宋城演艺拟向不超过 5 名特定投资者发行股份募集配套资金,全部用于支付本次交易现金对价。

宋城演艺在此融资活动中因收购六间房而新增 6 亿元的三年期长期贷款,这一融资行为不仅提升了宋城演艺债务期限组合的平衡性,也一定程度上提高了宋城演艺的资产负债率。不仅如此,这一笔贷款,是按照工商银行基准利率下浮 10%,融资成本非常低,这得益于母公司宋城集团提供担保。

除了收购六间房之外,2016 年 4 月,与张家界市人民政府签署了战略合作框架协议;2016 年 6 月 22 日,宋城演艺全资子公司签订"宋城—宁乡炭河里文化主题公园"项目合作协议书;2016 年 11 月 10 日,发布公告宣布在澳大利亚黄金海岸打造澳大利亚传奇王国项目;2016 年 12 月 21 日,宋城演艺建立全资子公司战略投资美国科技公司 SPACES 并开展业务合作;2017 年 3 月 8 日,收购北京灵动时空科技有限责任公司。宋城演艺不仅加大地域扩张和行业并购,还积极寻求与地方政府、美国科技公司、海外黄金旅游区的战略合作,这些活动都需要大量资金作为源动力。虽然宋城演艺的资金状况良好,但是对于这些长期的战略合作和战略扩张,都需要长期稳定的资金支持。

(一)国家政策为文化产业融资铺平道路

文化行业现阶段整体还处于成长培育期,国家政策的引导和支持至关重要,对于受外界政策影响较大的创业板公司来说,更要坚定地响应国家产业政策。对于宋城演艺来说,随着新一轮主题公园建设热潮兴起,以及地方政府对于当地产业转型升级的需要,对于景区的设计、规划、管理的市场需求正在上升。目前,包括华强方特、海昌海洋公园等国内其他主题公园运营商已经在国内多个地方开展了轻资产运营项目。宋城演艺基于杭州本部和异地项目所积累的成功经验,未来有望大举介入主题公园项目的设计、管理输出。表 1 是国家近些年来在文化产业方面推出的优惠政策。

表 1 我国 2008 年以来在文化产业方面的政策汇总

财政部	2008.7	中央补助地方文化体育与传媒事业发展专项资金管理暂行办法	专项资金补助用于县级及县级以上公益性文化、文物、体育、广播电视、新闻出版单位基础设施维修改造、设备购置。
国务院办公厅	2009.9	文化产业振兴规划	大幅增加中央财政"扶持文化产业发展专项资金"和文化体制改革专项资金规模,不断加大对文化产业发展和文化体制改革支持的力度。
中宣部、人行、财政部等	2010.3	关于金融支持文化产业振兴和发展繁荣的指导意见	中央和地方政府财政可通过文化产业发展专项资金等,对符合条件的文化产业,给予贷款贴息和保费补贴。

续表

财政部	2012.4	《文化产业发展专项资金管理暂行办法》的通知	专项资金以项目补助、贷款贴息、保费补贴、绩效奖励等方式支持文化体制改革、培育骨干文化企业、构建现代文化产业体系、促进金融资本和文化资源对接、推进文化科技创新和文化传播立体建设、推动文化企业"走出去"等。
国务院办公厅、文化部、财政部、新闻出版广电总局、体育总局	2015.5	《关于做好政府向社会力量购买公共文化服务工作的意见》	确定了政府向社会力量购买公共文化服务工作的指导思想、基本原则和目标任务。并在此基础上进一步确定了,购买主体、承接主体、购买内容、购买机制、资金保障等具体细则。并附有政府向社会力量购买公共文化服务指导性目录。
文化部、财政部	2016.4	《关于开展引导城乡居民扩大文化消费试点工作的通知》	按照"中央引导、地方为主、社会参与、互利共赢"的原则,确定一批试点城市,充分发挥典型示范和辐射作用,以点带面,形成若干行之有效、可持续和可复制推广的促进文化消费模式。
第十二届全国人民代表大会常务委员会	2016.12	《中华人民共和国公共文化服务保障法》	确定了国家基本公共文化服务指导标准,为我国公共文化服务体系进一步建立健全,起到保驾护航的重要作用。

资料来源：根据政府有关部门官方网站资料整理。

2016年6月,文化部首次参与第三批PPP示范项目申报评审工作。这是财政部首次联合文化部正式面向文化领域征集政府与社会资本合作项目,对于充分引导社会力量、社会资本投入文化领域,集中力量发展文化产业基础建设,进一步释放大众的文化消费潜能,具有十分重要的意义。可以看到国家近期除了在税收、金融领域方面给予文化产业以优惠和补贴,也逐渐开展公共文化服务体系的PPP项目。

对于文化类上市公司来说,符合国家政策的文化产业可以在各个方面享受到国家的财政补贴和税收优惠福利。首先,把握住文化产业发展的底线和红线,绝对不能为了短期的利益而铤而走险去迎合低级趣味;其次,在国家政策的引导下,创造自身独特的创新运营发展模式,避免同质化竞争;再次,积极利用各类国家政策鼓励的融资渠道,在合理合法的范围内,申请政府补助和财政补贴;最后,与政府有关部门保持良好合作,主动参与各类公共文化建设,尤其是各类公共文化服务体系建设的PPP项目,提升企业影响力的同时,树立良好的企业形象。文化类上市公司在今后的产业升级和跨媒介跨平台跨地域文化产业运营的发展过程中,应该保持灵敏的嗅觉,紧握时代和国家脉搏,积极参与相应的新兴文化产业建设模式。

（二）多种创新融资方式不断发展

1. 无形资产抵押贷款

大部分公司在进行融资决策时的首选都是银行借贷。但是,银行借贷一般都偏向于低风险，且重资产担保的成熟制造企业，作为轻资产的文化产业公司，如何突破自身财务结构特点吸引银行借贷成为非常急迫的需求。宋城演艺无形资产在总资产中占比较大，在2015年资产中新增了35%大比例的商誉的情况下，仍然占比达到10%。查找历史数据可以发现，无形资产占比在2011~2014年为12.74%、21.37%、19.32%、18.98%。可以看出，土地使用权在无形资产中占比很大，占全部无形资产的83%，知识产权占比11%。土地抵押担保贷款已经是现代银行对房地产开发商进行借贷工作的常见方式，其适用性毋庸置疑。

文化产业创业板公司一般都有着轻资产的特征，资产组成中版权、著作权、知识产权和网络域名等占比很有可能较大，但是其发展特点决定了其缺乏从事无形资产抵押贷款的相应资质。为此，一方面要加强文化产业公司版权、著作权、知识产权等无形资产的管理，提高文化产业公司自创IP的版权保护意识，建立相应的无形资产产权管理体系，为无形资产抵押贷款业务铺平道路；另一方面要提高文化产业的经营领域多元化，延伸产业链，短时间扩大企业资产规模，争取获得相应的抵押物，或者借助关联方担保，提升信用额度。

在推进无形资产抵押贷款业务的过程中，要借鉴成功的融资案例。首先，保持对于金融机构和政府部门信息的敏锐性，积极利用无形资产抵押贷款的国家政策，并与商业银行保持良好合作；其次，在进行无形资产评估过程中，需求成熟的律师事务所和资产评估机构，利用金融中介的业务经验来实现无形资产的合理估值；再次，在推动无形资产抵押贷款的过程中，与保险机构积极合作，发挥保险的风险控制职能，降低融资失败风险；最后，"打铁还需自身硬"，除了与各类评估、法律、保险机构以及政府部门保持业务合作外，加强文化类上市公司的版权、著作权管理并提高文化产业经营的多元化和信息披露水平，是文化类上市公司推动无形资产抵押贷款的关键。

2. 资产证券化

资产证券化是资本市场走向成熟发展的重要标志，为上市公司提供更多的融资渠道。2017年2月，皖新传媒与兴业国际信托以及兴业银行展开广泛合作，利用其在安徽长丰县、阜阳市、蚌埠市、合肥市等地区已经建立完善的各种书店、图书大山等物业资产打包成为资产池，并进行巧妙的交易结构设计，建立SPV，实现风险隔离。运用物业资产池的租金收入、场地收入、物业管理收入、运营管理收入以及其他收入，提供长期稳定的现金流作为基础资产。皖新传媒的成功案例为各类文化产业公司提供了新的融资思路。众多从事文化产业的公司，可以考虑将诸如电影票房、电视剧收视率、网络剧收视率等网络媒体文化时代新兴的资金流模式，同资产证券化业务结合起来，建立类似以往景区门票、路桥收费、书店租金等构成的基础资产池，开展资产证券化业务。

此类资产证券化业务不仅能够拓宽文化产业融资渠道，促进文化产业融资多元化发展，还能够在一定程度上使融资途径同文化产业运营特点相契合，为文化产业发展量身打造融资绿色通道。而且资产证券化也是近几年国家大力支持的金融业务，符合我国建立多层次金融市场的愿景。2014年12月26日，证监会发布《资产支持专项计划备案管理办法》，开始针对企业资产证券化实施备案制，同时配套《资产证券化业务风险控制指引》和《资产证券化业务基础资产负面清单指引》，对企业资产证券化实施备"案制+负面清单"管理，资产证券化工作进入快速发展阶段。对于宋城演艺来说，结合主题公园和文艺大舞台等业务的发展特点，可以很好适用资产证券化融资，将主题公园景区及舞台的门票作为基础资产，通过一定的交易结构设计实现风险隔离，开展门票收益权资产证券化业务。虽然从收入分析中，我们发现宋城演艺的主题公园和景区公园在收入方面有着明显的季节性，但是近期宋城演艺开始进军城市演艺行业，城市演艺相对旅游演艺来说生命周期特征不明显。旅游演艺剧目取材范围有限，作品的再创作以及类型的延展难度很大，因此具有明显的生命周期；城市演艺剧目的取材则更为广泛、类型也更加多元化，并且一些剧目由于其构思精巧、底蕴深厚，往往也是经久不衰，因此生命周期的特征相对不明显。另外，宋城演艺收购六间房，通过进军互联网文艺直播，进一步弥补线下旅游项目和主题公园的季节性波动风险。这些业务布局使得宋城演艺能够提供稳定现金流的基础资产，对资产证券化业务的开展带来利好消息。

文化类上市公司应该积极根据自身业务特点，利用文化产业发展过程中的门票、收视率、阅读订阅量等现金流作为基础资产，尝试开展资产证券化业务。其中，中文在线的主要业务是以版权机构、作者为正版数字内容来源，进行内容的聚合和管理，向手机、手持终端、互联网等媒体提供数字阅读产品，中文在线可以利用其数字阅读产品和数字内容增值服务的用户流量所产生的相应费用作为稳定的现金流量资金池以开展资产证券化业务。华纳百录作为优秀的专业从事影视策划、投资制作、发行及演艺经纪的影视企业，则可以考虑利用其热播连续剧收视率产生的相应现金流作为资金池来开展资产证券化业务。另外，对于开展资产证券化业务过程中基础资产实力较小的公司，可以考虑借鉴中小企业集合债券融资的方式，联合产业链和同行业，积极开展集合资产证券化业务，突破文化类上市公司基础资产规模尚小的瓶颈。

拓宽融资渠道，将鸡蛋放在不同的篮子里，不仅能够降低对某一种金融工具的依赖性，而且能够降低融资还款压力和财务风险。对于文化产业来说，现阶段迎来了最好的发展时机，国家已经出台了大力发展文化产业的政策导向。文化部发布的《文化部"十三五"时期文化产业发展规划》指出，要加快"十三五"时期的公共文化服务体系建设，这意味着无数的PPP公共文化服务体系建设项目将要很快进行立项和开展。文化产业公司尤其是文化类上市公司应该抓住这一机遇，利用自身的产业优势同政府公共资源相结合参与PPP公共文化服务体系建设项目，进一步拓宽融资渠道，实现跨越发展。

二、案例概况

(一) 宋城演艺公司概况

1. 公司历史沿革

公司是国内最早进入主题公园与文化演艺行业的公司之一。1997年推出的艺术性与商业性高度统一的大型演艺节目《宋城千古情》经久不衰,至今已累计演出17 000多场,接待国内外游客5 000万人次。目前,公司通过异地复制、外延扩张等方式已形成了现场演艺、互联网演艺、旅游休闲三大业务板块(见图1)。

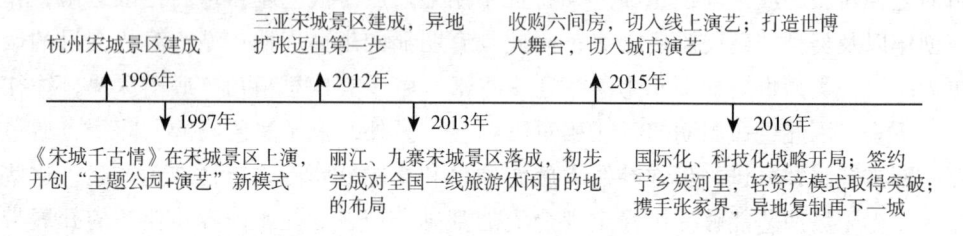

1996年	2012年	2015年
杭州宋城景区建成	三亚宋城景区建成,异地扩张迈出第一步	收购六间房,切入线上演艺;打造世博大舞台,切入城市演艺
1997年	**2013年**	**2016年**
《宋城千古情》在宋城景区上演,开创"主题公园+演艺"新模式	丽江、九寨宋城景区落成,初步完成对全国一线旅游休闲目的地的布局	国际化、科技化战略开局;签约宁乡炭河里,轻资产模式取得突破;携手张家界,异地复制再下一城

图1 宋城演艺发展历程

资料来源:宋城演艺官网。

2. 公司股权结构

图2是公司的股权结构图,自然人黄巧灵先生通过直接和间接的方式共计持有公司47.13%的股份,是公司实际控制人。同时,黄巧灵先生也是宋城千古情系列的总导演、总策划和艺术总监,是整个公司的灵魂人物。

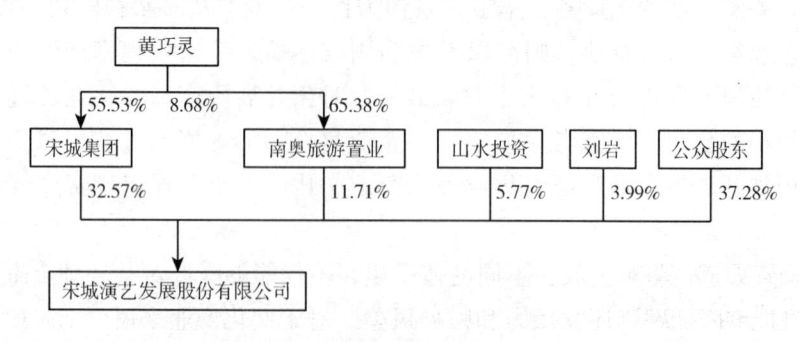

```
                        黄巧灵
              55.53%    8.68%    65.38%
          宋城集团   南奥旅游置业   山水投资   刘岩   公众股东
          32.57%      11.71%       5.77%    3.99%   37.28%
                        宋城演艺发展股份有限公司
```

图2 宋城演艺股权结构

资料来源:宋城演艺2015年度财务报告。

3. 外部环境

经济层面上,在我国经济结构转型的大环境下,互联网行业、文化行业等服务型行业成为新的经济增长点。根据国际文化消费发展经验,人均GDP达5 000美元时社会将步入成熟的度假旅游经济,而在人均GDP在1万~3万美元期间是文化消费增长最快阶段。2015年我国GDP总量达67.67万亿元,人均约合8 016美元;2020年,我国人均 GDP 有望突破 1 万美元，届时文化消费的需求将呈现爆发式增长。因此，我国正处于文化消费增长迅速阶段。

政策层面上，目前我国文化产业正受益于政策红利。近年出台的《文化产业振兴规划》《中共中央关于深化文化体制改革、推动社会主义文化大发展大繁荣若干重大问题的决定》和《中共中央关于全面深化改革若干重大问题的决定》等政策文件为文化产业发展提供了政策保障。党的十八大之后，出台了《关于加快构建现代公共文化服务体系的意见》和《国务院关于大力推进大众创业万众创新若干政策措施的意见》等文件，这些政策都为我国文化产业的发展带来了新机遇。

在文化娱乐消费大发展的今天，得益于媒体和互联网等载体的成熟技术，目前互联网演艺已与现场演艺齐头并进、相得益彰。互联网演艺打破现场演艺在时间和空间上的限制，既丰富了用户在不同场景下的娱乐需求，也使得百姓和群众开始从文化消费的观众逐渐走上文化演艺的舞台，丰富了演出的内容和层次，满足了社会各个群体的表演和观演需求。2015 年，互联网演艺市场规模达 54.3 亿元，较 2014 年增长 49.2%，用户规模达 1.79 亿人，较 2014 年增长 29.5%。2015 年曾预计 2016 年互联网演艺市场规模将达到 77.7 亿元，用户规模达到 2.27 亿人。互联网演艺作为新兴文化消费模式正处于高速发展阶段。

4. 公司战略

宋城演艺采用五年滚动战略规划方式来制定未来战略，宋城演艺已进入第五个"五年计划"。在未来五年内第一个目标是成为"世界演艺第一"并跻身"全球主题公园集团"前三；第二个目标是打造"以演艺为核心的跨媒体跨区域的泛娱乐生态圈"（见图3）。

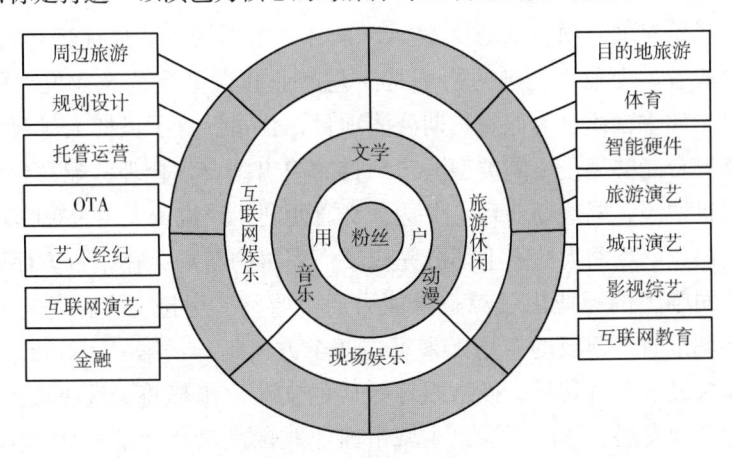

图 3 宋城演艺战略

资料来源：根据《宋城演艺 2015 年度财务报告》相关资料整理。

宋城演艺要实现战略生态圈的打造，就要对公司的资源整合能力、对战略发展的路径选择、对管理和人才激励提出更高的要求，为此公司提出：一是从过去的单业务发展向多业务协同发展转变，强化现场娱乐和互联网演艺两大主业竞争优势的同时，挖掘新的业务增长点；二是从过去全产业链生产模式向资源整合型生态转换，通过业务合作和兼并收购的方式，整合社会优质资源来建设泛娱乐生态园；三是在人才队伍建设方面从过去的偏劳动密集型向智力密集型转变，打造更加专业化、互联网化、国际化的人才团队。

公司未来将以凝聚粉丝为核心，以做大用户为基础；着力构建旅游休闲、现场娱乐、互联网娱乐三大消费场景；通过多样化的投资手段参与打造文学、动漫、音乐系列IP，利用IP连接用户和消费场景，实现用户变现和消费场景的货币化。同时，在战略执行过程中，公司将更加注重国际化，积极"走出去""引进来"。

5. 公司业务运营

剧目是城市演艺产业的基础资源。上游资源的其他要素乃至中游的剧院都需要围绕剧目展开，剧目的好坏往往决定了演出的成败。此外，好的剧目还是进行衍生品二次开发的关键（电影、周边商品等）。公司上海项目将推出具有国际水准、融合中国元素和东方魅力的全新系列演艺作品。其中包括自制剧目大型歌舞《上海千古情》，合作引进的剧目《紫磨坊》等，涵盖音乐剧、戏剧、娱乐秀三种类型，品类丰富，能够满足各阶层消费者的喜好。

剧团上承演艺作品的创作与再创作，下接演艺产品的展示与传播，是演艺产业链的中枢。公司剧团以宋城艺术团为主，六间房主播、大盛国际、宋城娱乐、嘻哈包袱铺及艺术院校是潜在的人才输送途径。另外，2014年公司参股北京演艺集团旗下的两家控股子公司中国杂技团和北京歌舞剧院，成为国有剧团混合制改革第一单。其中，北京歌舞剧院拥有国内一大批顶尖的舞蹈、歌剧、民乐和曲艺人才，这些人才资源有望增强公司剧团的实力。

专用演出场馆对演艺项目的意义重大，只有专用剧场才能保证舞台效果的完美展现。从国外经验看，专业、先进的剧场是演艺产业和大型演艺企业发展的重要基础，代表企业有日本四季剧团。为保障长期公演项目，公司签订了世博大舞台为期20年的租用合同。该舞台能够满足不同类型演艺项目的演出需要，合理分配舞台资源。并且，舞台位于浦东世博园，周边商业环境发达，交通便利，人流量大，未来收入可期。

公司在剧团、剧场两大节点上都已完成较为完善的布局，在剧目方面则稍显薄弱，未来可运用公司强大的行业内资源整合能力通过收购、引进、合作等方式进行补强。另外，公司在城市演艺领域的布局未来可向两个方向延伸：第一，城市演艺与商业的纵向。随着体验经济大行其道，极富眼球效应的文艺演出舞将为线下商业中心集聚人气，带动周边商业发展，形成"演出+城市商业"的新型商业综合体。第二，借"网红宋城"进行横向扩张。公司目前已经组建了树屋女孩偶像团体，同时还拥有8万名六间房主播。未来这些人才资源都可以嫁接到公司的城市演艺项目中，除了参与节目的演出外，还可打造成类似SNH48的艺人养成模式，延伸空间巨大。

6. 公司未来发展

首先，迪士尼开园将助推宋城景区客流量再爆发，其中，长三角区域的周边游将带来巨大效益。以杭州为例，距离上海仅170公里、一小时的高铁行程，2016年5月迪士尼开园之后，宋城相关景区客流量也将再次井喷。

其次，未来继续提升大本营（即杭州）及三亚、丽江、九寨等异地项目的实力，保持项目高增长。继续用创意思维提升各个项目的核心竞争力，充分发挥品牌优势，提高活动策划和品牌推广力度。在新形势下，探寻管理模式和营销手段，确保现有项目业绩持续良好增长。

再次，继续推动阳朔、上海等项目的建设，提高剧目策划和编创的创新和艺术性。2016年基本完成各大项目所有演出的策划和编创及景区的规划和建设工作，于2017年6月前开业，提供新的一批业绩爆发增长点。

另外，投资收购与自主投资并举，通过收并购完善布局O2O娱乐生态圈。2016年将加快海外现场娱乐及旅游项目兼并收购的步伐，积极发挥现场娱乐和TMT两大基金的战略功能。在旅游休闲层面，拓展目的地旅游网络，积极整合大中型城市周边旅游资源，进入旅游规划设计和景区代运营市场；在现场娱乐层面上，巩固旅游演艺市场，切入城市演艺；互联网娱乐领域，积极发挥六间房的平台作用，发展影视游戏以及综艺娱乐业务；以音乐、动漫、艺人经纪为抓手培养一批优质的品牌IP，构建娱乐生态循环闭环。最终，实现完善布局线上线下产业布局，构建以演艺为核心的多层次文艺消费生态圈。

最后，推动线上线下协同与融合，拓展互联网多维度娱乐生态圈。未来，公司将围绕六间房平台进行多元化布局，打造吉祥物、"偶像天团"等优质自有IP，将线下旅游区、主题公园、IP内容、影视综艺、动漫、网络剧等进行深度融合、发展。同时，公司还要联合高校资源，为六间房提供优质主播提供培训，提升六间房主播和演出的质量，并逐步推出经纪业务和周边衍生品。

（二）融资现状分析

2010年，公司于创业板挂牌上市，改变了长期高杠杆运营的状况，资产负债率由60%以上降至10%左右，远远低于文化、体育和娱乐业行业36.15%的资产负债率均值。2015年，公司在发行股份收购六间房的同时，拟定向增发募集资金不超过6.5亿元。从2015年年报来看，因举债支付收购六间房的部分现金对价，资产负债水平有所上升（见图4）。

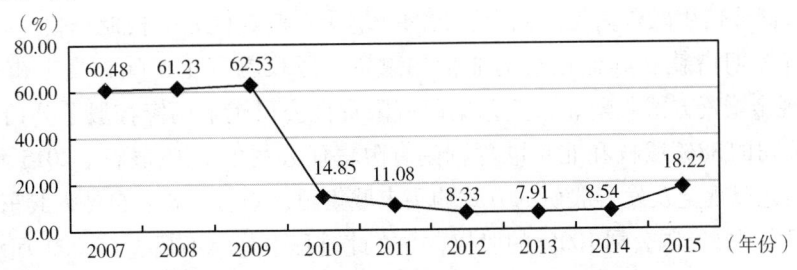

图4 2007~2015年宋城演艺资产负债率

资料来源：根据宋城演艺历年年报相关资料整理。

资产负债状况良好,应收账款和预付账款占比极低,现金流充沛。公司资产负债率处于行业低位,2015年因收购六间房引起的长期借款增加的6亿元以及同分公司的内部往来款大幅增加,资产负债率大幅上升。从资产构成上看,公司应收账款和预付账款的比例极低,显示出对下游分销商较强的控制力,现金流状况极佳。此外,目前公司商誉占比较高,因收购六间房产生的大量商誉,收购前固定资产占比最高,其比例为49%。

从负债构成上来看,举债6亿元收购六间房之后,长期借款占比最高,而在此之前,应付账款占比最高,代表了公司面对供应商具有较强的议价能力,保证公司现金流充沛,降低资金成本和周转压力。

根据对宋城演艺上市以来各大重要融资事件的整理和分析发现,宋城演艺上市以来的融资有首发、增发、间接融资等(见表2)。

表2　　　　　　　宋城演艺上市以来累计募资汇总

	金额(万元)	占比(%)
上市以来累计募资	448 399.98	100.00
直接融资	386 399.98	86.17
首发	222 600.00	49.64
股权再融资	163 799.98	36.53
配股	—	—
定向增发	163 799.98	36.53
公开增发	—	—
优先股	—	—
发债券融资	—	—
间接融资(按筹资现金流入)	62 000.00	13.83
累计取得借款收到的现金	62 000.00	13.83

资料来源:根据Wind数据库相关数据整理。

虽然其母公司宋城集团于2015年发行公司债券,但不能作为宋城演艺的债券融资渠道。银行商业信用融资为工商银行发放的一笔3年期6亿元的长期贷款。除此之外,不存在银行短期借款和其他银行商业信用融资。股权融资中,除首发上市外,包括2014年以现金增资方式收购北京演艺集团有限责任公司旗下两家控股子公司:中国杂技团有限公司的38%股权和北京歌舞剧院有限责任公司的20%股权。2015年3月17日,宋城演艺以现金及发行股份的方式购买宋城集团、刘岩等8名自然人股东合计持有的北京六间房科技有限公司100%的股权,并在此过程中募集不超过65 000万元。另外,宋城演艺曾在2010年成立过集合信托计划,此计划系由爱信信托成立的景区收益权证券化集合信托计划,当年即告结束。此举是宋城演艺在资产证券化融资领域的首次尝试。

表3列示了宋城演艺及同类公司的融资成本。

表3 融资成本估算相关数据

证券代码	证券简称	发行价格（元）	2015年每股红利D（元）	收益留存率b（%）	2016年收益率r（%）	发行费率f（%）	流动负债/总负债（%）	非流动负债/总负债（%）	债权融资比重（%）	股权融资比例（%）
300027.SZ	华谊兄弟	28.58	0.10	88.58	9.93	4.34	83.23	16.77	40.03	59.97
300133.SZ	华策影视	68.00	0.04	90.39	8.50	5.51	82.36	17.64	26.89	73.11
300144.SZ	宋城演艺	53.00	0.07	84.25	13.07	4.38	51.99	48.01	18.22	81.78
300148.SZ	天舟文化	21.88	0.04	90.46	9.54	8.72	99.51	0.49	7.03	92.97
300251.SZ	光线传媒	52.50	0.10	64.79	7.47	4.02	80.35	19.65	14.88	85.12
300291.SZ	华录百纳	45.00	0.08	78.90	6.51	6.57	99.99	0.01	17.00	83.00
300336.SZ	新文化	25.00	0.10	78.35	11.55	7.92	96.34	3.66	28.33	71.67
300364.SZ	中文在线	6.81	0.02	91.83	5.59	18.03	95.90	4.10	41.57	58.43
300426.SZ	唐德影视	22.83	0.08	80.05	12.40	8.38	99.63	0.37	39.90	60.10

资料来源：根据Wind数据库相关数据整理。

(三) 融资问题分析

1. 财务杠杆过低融资成本高筑

文化产业公司资产负债率低于创业板平均水平，是行业特点所致。而宋城演艺在文化产业公司的资产负债率也远低于平均水平（见图5）。根据MM理论，债务融资有着成本低廉、财务杠杆的优势，也不会分散公司控制管理权。因此，公司应适当提高财务杠杆水平，利用财务杠杆的税收优势，降低企业融资成本，并实现节税收益，提升企业价值。

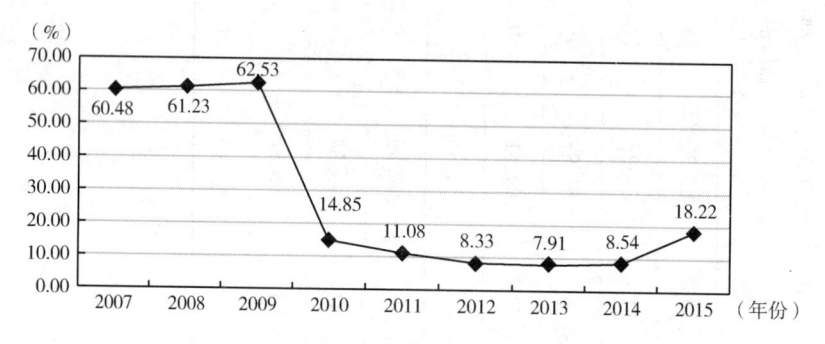

图5 城演艺历年资产负债率变化

资料来源：根据宋城演艺历年财务报告相关数据整理。

通过前面的分析可以看到，宋城演艺上市以来，资产负债率一直处于低位，即使2015年承担了6亿元的现金贷款，宋城演艺的资产负债以及流动比率仍旧低于行业平均水平。较低的资产负债率并没有为公司节约融资成本，根据前面的融资成本分析，宋城演艺因为过分依赖股权融资，使得融资成本高筑。因此，在一定程度上提高杠杆水平，不仅能够发挥债权融资过程中节税和成本低的优势，还能够为公司在保证控制权的前提下筹得扩大经营所需的资金，实现股东财富最大化。

公司可以依据长期发展战略：打造以演艺为核心的跨媒体、跨区域的泛娱乐生态圈，在进行横向和纵向收购的同时，加快异地复制和海外扩张力度，在进行相应的资本运作的同时，积极调整资本结构。2015年年底，定向发行股份并募集配套资金收购六间房的业务改善了资产负债结构。其中利用部分股份发行和部分举债的方式募集收购所需资金，利用申请银行信用贷款方式，由母公司宋城集团提供担保，实现剩余现金对价的支付。此举在实现提高债务融资比例目标的同时，也适当提高了资产负债率。在后期的业务整合和纵向收购资本运作的同时，可以继续借鉴此种方式，调整资产负债率。

综上所述，一方面资产负债率低是文化产业共性的问题，文化产业在上市之前无法得到较多的银行贷款，吸引大量的风险投资，而且在进行债券债务融资时，因为文化产业的高风险性特点，债券评级无法达到理想高位；另一方面，资产负债率低，也是创业板公司的共同特点，创业板公司尚处于企业生命周期的成长期，而且许多公司同宋城演艺相同,都是在资产负债率较高的时机选择创业板上市融资,在登陆创业板的时期,募集了大量的资金,极大地缓解了高杠杆的财务压力。除此之外,宋城演艺丰沛的现金流,足量的内源融资,使得宋城演艺长期无法提升资产负债率。但是提高资产负债率,可以降低企业的资本成本,实现节税收益,是企业提升企业价值的重要方式,适当提高资产负债率是继续提升宋城演艺的净资产收益率水平的必由之路。

2. 融资效率和资金利用率有待提高

通过前面对宋城演艺各类财务指标的分析发现,宋城演艺大部分财务指标都在正常范围内,但是总资产周转率较低,远低于同业平均水平(见图6)。

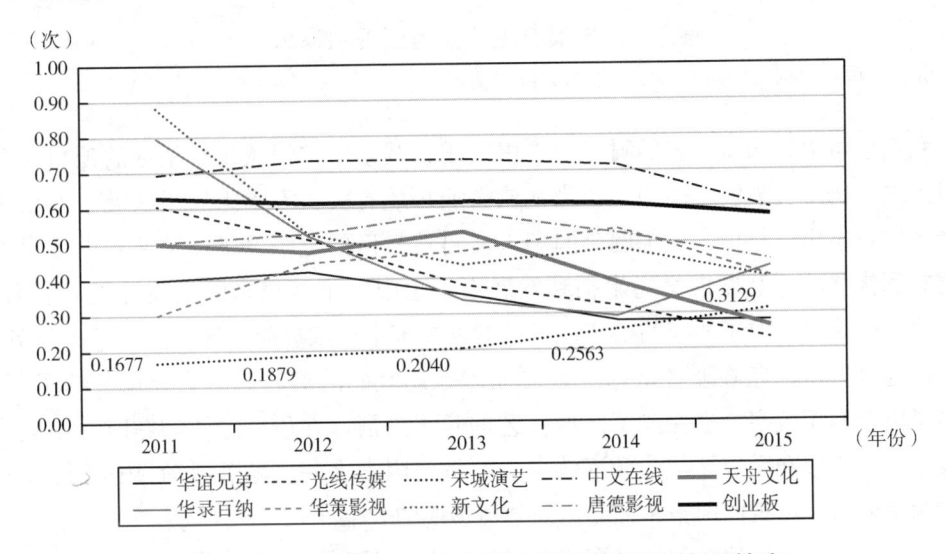

图6 业板文化类上市公司及创业板整体资产周转率

资料来源:根据 Wind 数据库相关数据整理。

2011～2014年,宋城演艺的整体资产周转率直较低,资产周转率的计算公式为营业收入比总资产,此指标能够侧面反映企业的资产管理效率,还可以揭示企业经营过程中资产总量从投入到产出的流转周期和速度,反映企业资产的利用率和管理水平。虽然在杜邦分析体系中,宋城演艺在销售净利率方面远远领先于其他同类企业,但是总资产周转率水平一直较低,说明宋城演艺在企业总资产管理水平和销售增长方面还有着强大潜力。

具体来说,一方面由于宋城演艺近几年一直处于高速扩张期,前期投资没有得到较快的资本回报,而且近期大量的兼并收购活动还没有达到投后管理经营的整合效果;另一方面,宋城演艺在融资管理过程的后期对募集资金的利用和管理效率有待提升。

杭州宋城旅游区的毛利率较高,但是2011年以来一直下降(见图7)。因此,对于三亚、丽江和九寨沟宋城旅游区的建设,不仅要紧密关注其毛利率变化,而且当毛利率以及地域主体公园旅游区的发展前景发生波动时,需要跟进资金利用水平和效率不高的原因分析。可以从图7看出,宋城演艺存在的资金利用效率低下、总资产周转能力较差的问题,与杭州景区毛利率下降以及丽江景区毛利率难以提升有直接关系。

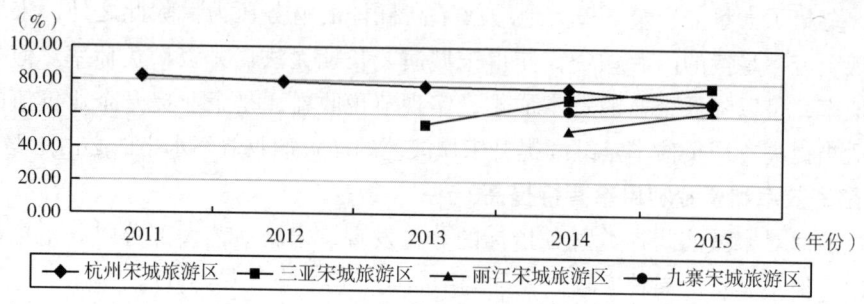

图 7　宋城演艺主要业务区毛利率水平

资料来源:根据宋城演艺历年年报相关数据整理。

我们也可以在宋城演艺的财务报告中发现,其泰山宋城旅游风景区的项目在多年的投入之后仍未实现资本回报,与当地旅游业环境有关:泰山宋城景区处于泰山旅游风景区以及泰山方特乐园等主题公园和人文自然景区的竞争之下,宋城泰山项目无法占据有利优势;而其城市交通水平和发展水平也限制了客流量的实质性提升。为此,宋城演艺公司也采取了相应的措施,表示不再投资泰山宋城旅游区,并着手进行处置。这一措施是宋城演艺在业务战略经营方面因地制宜的战略转移,为公司节约了资金,提高了资金利用效率,也保障了宋城演艺的长远发展。在研究融资问题时,不应该只着眼于融资规模和融资结构,融资效率也是重要因素之一。融资活动只有能够在短时间内为企业带来可观的回报,才能达到公司预期的效果。

由上可知,宋城演艺整体净资产负债率较好、毛利率行业内优秀的表面现象之下隐含的各区域项目发展失衡的危机。公司需要时刻注意投资方向,实行动态管理,在提升精品旅游区的长久盈利能力的同时及时对难以为继的景区进行改造和处置,提高融资资金利用效率。

三、案例讨论

资金是企业发展的血液,文化产业也不例外,经历了前十年的发展,文化产业出现了诸如发展粗犷、层次单一、产业链薄弱等问题,行业面临洗牌,企业寻求转型。宋城演艺的融资活动留给了人们太多的思考。本案例请学员们重点思考以下问题:

1. 企业融资方式和融资渠道有哪些?融资时需要考虑哪些因素?
2. 宋城演艺目前的融资结构有何特点?
3. 请结合附表的相关数据资料,评价宋城演艺的财务状况和经营情况。
4. 什么是融资成本?根据案例中的财务数据,估计宋城演艺的融资成本,并分析特点。
5. 宋城演艺的融资模式有什么问题或风险?如果你是宋城演艺的财务主管,未来融资活动应如何调整或改善？

<h2 style="text-align:center">参考文献</h2>

[1] 罗斯，威斯特菲尔德，杰富，吴世农，等. 公司理财［M］. 北京：机械工业出版社，2012.

[2] 唐毅泓. 我国文化产业融资现状及融资体系构建［J］. 理论与改革，2014.

[3] 辛阳，梁琳. 拓宽我国文化产业融资渠道的对策［J］. 经济纵横，2013.

[4] 谢伦灿. 文化产业融资的现状透视及对策分析［J］. 同济大学学报（社会科学版），2010.

[5] 周君. 中国传播与文化产业上市公司融资结构及资本结构特征研究［J］. 湘潮（下半月）（理论），2008.

[6] 谭震. 我国文化产业融资方式的创新研究［J］. 现代管理科学，2003.

[7] 杨玉娟，王禹心，唐亮. 我国文化产业融资问题研究［J］. 中国商论，2015.

[8] 陈孝明. 国内文化产业融资问题研究综述［J］. 科技和产业，2013.

[9] 吕元白，侯俊军. 我国文化产业的融资约束及解决对策［J］. 金融理论与实践，2014.

[10] 周婷，杨洋. 大金融为大文化插上资本之翼［N］. 中国证券报，2010-4-9.

案例 5　从小柜台到世界五百强
——京东如何破茧成蝶

教学目标

本案例旨在引导学员关注企业财务决策的内在逻辑和方法。一方面，学员可以思考企业投融资决策对企业价值的影响，以及如何通过营运资本管理改善企业财务状况、提升企业价值；另一方面，学员可以从多个角度把握提升企业价值的关键因素，多维度理解企业财务决策。

京东，是中国互联网史上的一个奇迹。自中关村的一个磁盘专柜起步，在电商同行多如牛毛、阿里巴巴占据先行优势的情况下，京东通过不断融资、构建投资布局以及对营运资本的管理，成功杀出一条血路。2016 年，京东首次入榜《财富》全球 500 强，反超 BAT 成为第一家入榜的中国互联网企业。从小柜台到世界五百强，京东完成了自己华丽的变身，而这一切背后的故事，需要我们仔细的观察学习。

一、案例情况

（一）公司简介

京东集团是目前我国最大的自营式电子商务企业，其业务主要涉及电商、金融和物流三大板块。公司始终秉承"客户为先"的经营理念，致力于为供应商，合作商家和消费者提供一个优质的服务平台，打造一个值得广大用户信赖和青睐的 B2C 网络购物平台。目前，京东集团旗下设有京东商城、京东金融、O2O 服务、技术研发部、财务系统及海外事业部。京东创始人刘强东担任京东集团董事长兼 CEO（见图 1）。

截至 2016 年，京东在全国范围内已经拥有 7 大物流中心、166 个大型仓库以及 4 142 个配送站和自提点，覆盖全国 44 座城市内 2 043 个区县。据京东集团日前递交给美国 SEC 的文件显示，京东集团 CEO 刘强东持有 452 044 989 股，拥有 15.8% 的股权，及 80.2% 的投票权，刘强东仍是仅次于腾讯的京东第二大股东。据文件显示，截至 2017 年 2 月 28 日，京东共拥有 2 856 708 469 股普通股。其中，A 类普通股占

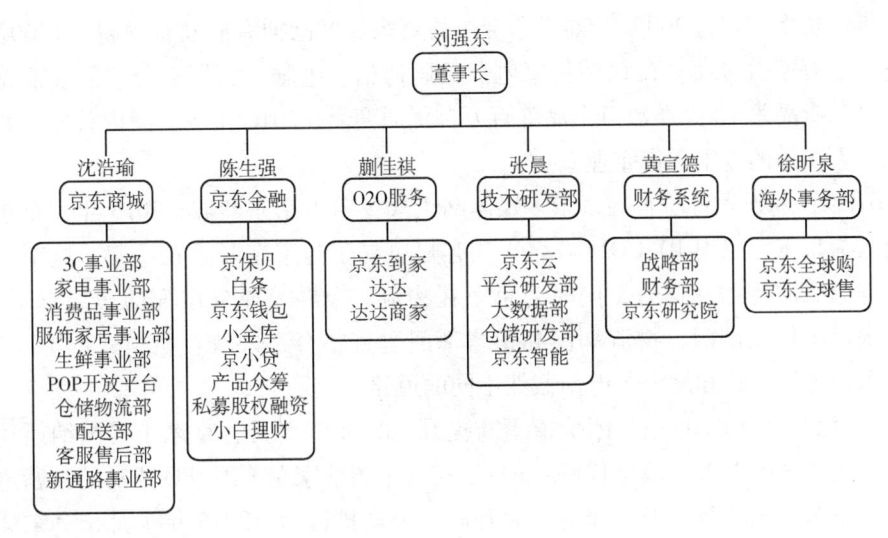

```
                              刘强东
                              董事长
   ┌──────────┬──────────┬──────────┼──────────┬──────────┬──────────┐
  沈浩瑜      陈生强      蒯佳祺      张晨        黄宣德      徐昕泉
  京东商城    京东金融    O2O服务    技术研发部  财务系统    海外事务部

  3C事业部    京保贝      京东到家    京东云      战略部      京东全球购
  家电事业部  白条        达达        平台研发部  财务部      京东全球售
  消费品事业部 京东钱包    达达商家    大数据部    京东研究院
  服饰家居事业部 小金库                仓储研发部
  生鲜事业部  京小贷                  京东智能
  POP开放平台 产品众筹
  仓储物流部  私募股权融资
  配送部      小白理财
  客服售后部
  新通路事业部
```

图1　京东集团组织架构

资料来源：新浪财经。

2 386 326 636股，B类普通股占470 381 833股。京东的第一大股东为腾讯，腾讯通过旗下黄河投资持有京东516 974 505股股票，占股18.1%，拥有4.4%的投票权。京东CEO刘强东为京东的第二大股东，共持股452 044 989股，持股比例为15.8%，拥有80%的投票权。其中，15.7%的股份通过Max Smart Limited持有，占71.7%的投票权。

目前，京东股价为35.45美元，总市值超过500亿美元，在中国互联网上市公司中，其市值仅次于腾讯、阿里巴巴和百度。同时，京东是目前我国最大的自营式电子商务企业。

（二）发展历程：从农村娃娃到世界五百强掌门人

刘强东出生于江苏省宿迁市的一个农村。1996年，他从中国人民大学毕业之后进了一家当时如日中天的日资企业——日宝来福（RBLF），业余时间干起老本行——编程。这家实行轮岗制的日资企业锻炼了刘强东，从电脑信息化到物流、采购，大部分岗位他都干过，对业务了如指掌。

1998年，24岁的刘强东离开了工作两年的日资企业，在中关村租下柜台，从卖刻录机起步开始自主创业。而这个柜台，就是京东商城的前身"京东多媒体"。2001年，京东多媒体已成为中国最大的光磁品代理商，并且在全国范围内已有十余家分公司。刘强东的个人财富也首次突破了1 000万元。在这个时候，他把京东商城定位为传统渠道商，打算复制国美、苏宁的商业模式经营IT连锁店。然而在2003年，由于非典病毒的侵袭，刘强东被迫关闭其线下的所有门店，其业务陷入全面停盘的窘境。

2004年，电子商务在中国兴起，"京东多媒体"也顺势转型至线上业务，涉足电子商务领域，正式更名为京东商城。

自2004年初正式涉足电子商务领域以来，刘强东带领着京东一直保持高速成长，连续 7 年增长率均超过 200%。刘强东带领的京东商城已拥有遍及全国超过 6 000 万注册用户,近万家供应商,在线销售家电、数码通信、电脑、家居百货、服装服饰、母婴、图书、食品等 12 大类数万个品牌百万种优质商品,2010 年成为国内首家销售额超过百亿元人民币的网络零售企业。

2007 年,刘强东将原有的京东多媒体网正式更名为京东商城;2013 年,京东商城全面改名为京东,启用 JD. COM 域名,让客户更易于与京东联系在一起,这都有利于京东品牌形象的传播和提升,同时为京东在物流、金融等业务层面的布局打下基础。刘强东决定将信息部门、物流部门和销售部门垂直整合,采取自营模式的电子商务,这使京东走上了一条和淘宝等电商截然不同的道路。

随着时间的推移,京东集团价值不断提升。2014 年 5 月,京东于美国纳斯达克证券交易所正式挂牌上市(股票代码:JD)。作为中国首家在美国 IPO 成功的自营电商集团企业,京东已成功跻身于全球前十大互联网公司排行榜。2015 年 7 月,京东凭借高成长性入选纳斯达克 100 指数和纳斯达克 100 平均加权指数。

2015 年 10 月 17 日,腾讯集团与京东集团达成战略合作协议,于北京携手推出"京腾计划",双方以各自资源和产品共同打造名为"品商"的创新模式生意平台,再次开创业内先河。据统计,2015 年京东集团市场交易额达到 4 627 亿元,净收入达到 1 813 亿元,年交易额同比增长 78%,增速是行业平均增速的 2 倍,京东商城年度活跃用户数增长至 1.536 亿户,同比增长 70%。截至 2016 年第一季度最新数据显示,京东净收入(GMV)达 1 293 亿元人民币,同比增长 55%,继续在国内激烈的电商竞争中保持着高于行业 2 倍的增长速度,这无疑是市场对其发展前景的认可。

2017 年,京东再次入榜《财富》全球 500 强,位列第 261 位,成为排名最高的中国互联网企业(见表 1)。

表 1　　　　　　　　　　京东发展历程时间表

年　份	事　件
1998	京东前身在中关村成立
2004	正式涉足电子商务领域
2007	正式更名为京东商城,并开始布局自建物流
2013	全面改名京东,启用 JD. COM 域名,同时京东金融开始独立运营
2014	美国纳斯达克证券交易所上市
2015	与腾讯集团达成战略协议,打造名为"品商"的创新模式生意平台
2015	全球购跨界电商平台上线,入选纳斯达克 100 指数
2017	入榜《财富》全球 500 强,位列第 261 位,成为排名最高的中国互联网企业

资料来源:京东年报。

二、借势而为：京东的发展壮大之路

（一）与"狼"共舞——京东誓从火中取栗

京东的长期发展不仅离不开资本的不断输入，而且离不开融资方式的明智选择。京东在美国纳斯达克上市之前，采取两种不同的融资方式——优先股融资和普通股融资。京东在初期采用了优先股融资的方式，2007~2010 年共发行 A、B、C 三轮"可赎可转优先股"，中后期由于融资金额有限，京东开始通过发售普通股进行融资。在转亏为盈后，京东果断决定在美国纳斯达克 IPO。如何在融资的过程当中保持对公司的控制权，是刘强东不得不考虑的问题。可以说，京东的融资历程就是火中取栗的过程（见表 2）。

表 2   京东融资历程

融资方式	时间	金额（万美元）	融资对象	主要用途
优先股融资	2007 年 8 月	1 000	今日资本	拓展产品品类和自建物流体系
	2009 年 1 月	2 100	今日资本、雄牛资本、梁伯韬私人公司	京东的物流仓储体系得到大幅度提高，并成立自有物流公司，计划建立以华北、华东、华南、西南、华中、东北为中心的物流体系。
	2010 年 9 月	13 800	高瓴资本为主	扩大产业规模
普通股融资	2011 年 4 月	164 300	俄罗斯 DST、老虎基金、红杉资本等	投资物流和技术研发的建设
	2012 年 11 月	30 000	OTPP 主投，老虎基金跟投	自营快递京东快递获得自营牌照，该资金用于支撑其不断扩张的物流系统的建设
	2013 年 2 月	70 000	OTPP、Kingdom Holdings Company 等	维持运营
	2014 年 3 月	21 400	腾讯	扩展业务和涉足的领域
海外上市	2014 年 5 月	178 000	美国纳斯达克上市	主要用于开拓自营生鲜市场、开拓三线以下城市，以及扩大国际业务布局

资料来源：京东年报。

1. 优先股融资

京东最初融资是从 2007 年开始。2007 年，京东从今日资本处融资 1 000 万美元。京东于 3 月 27 日发行了 1.55 亿份"A 类可赎可转优先股"，附带 1.31 亿份购股权，在

8月15日被行使,今日资本的两笔融资总额达1 000万美元。由于早期估值不准确,导致今日资本A轮获得的优先股相当于京东总股数的30%,同时享有8%的年息。自2004年正式涉足电子商务领域以来,京东一直倡导"低价正品"的口号,通过压缩产品利润以占据市场份额。在刚刚兴起的电子商务领域,为提升自身竞争优势,谋求长远利益发展,京东计划建设自己的物流体系,并扩展产品种类,因此急需资金以周转运营。在员工数仅50人,年销售额仅5 000万元人民币业绩的情况下,京东不靠投入广告,月销售额却能达到10%的增长率。很明显,京东有着极大的发展潜力,这也是能赢得今日资本1 000万美元投资的原因。这成为京东融资历程里的第一笔资金,主要用于拓展产品的品类和自建物流体系。

2008年10月,今日资本的1 000万美元已经难以维系京东的正常运转,又恰逢金融危机,京东资金难以为继。直到2009年1月,今日资本、雄牛资本及梁伯韬私人公司联合投资2 100万美元,这2 100万美元使京东完成了B轮融资,共发行2.35亿"B类可赎可转优先股"。这是金融危机后中国电子商务企业融到的第一笔资金,京东将70%的资金用于物流系统的建设。这笔投资不仅维持了公司运营,而且让京东的物流仓储体系得到大幅度提高。2009年年初,京东斥资成立自有物流公司,计划建立以华北、华东、华南、西南、华中、东北为六大中心的物流体系。

2010年9月,为扩大产业规模,京东开始C轮融资。这次共计发行了1.78亿"C类可赎可转优先股",引入最大投资方——高领资本,融入资金1.38亿美元,按照10亿美元的估值,每股价格达到0.774美元。2009年,京东年营业额约达40亿元,显示了京东在电子商务领域的巨大发展潜力。在2010年,客服中心的座席由150个增加至400个,进一步地提升了服务质量和用户体验。这笔1.38亿美元的融资是金融危机后中国电子商务企业获得的数额最大的一笔投资。

2. 普通股融资

京东采用优先股融资的方式虽好,但是融资的额度却是有限的。从2011年起,京东开始通过发售普通股来进行融资。

2011年4月,京东成功从俄罗斯投资公司DST融到第一笔价值7.46亿美元的普通股融资,老虎基金、红杉资本等实力雄厚的公司相继为京东融资,最终京东累计发售了4.49亿普通股,获得16.43亿美元用于投资物流和技术研发的建设。京东本次获得的16.43亿美元是中国互联网史上单笔数额最大的融资。

2012年11月,由OTPP主投、老虎基金跟投的3亿美元用于公司经营;2012年京东自营快递京东快递获得自营牌照,该资金用于支撑其不断扩张的物流系统的建设。

2013年2月,由于近几年京东一直都是亏损的营业状态,在上市融资并不可取的情形下,京东再次获得了由OTTP、Kingdom Holdings Company等为受投资的7亿美元的投资。

2014年3月,腾讯支付2.14亿美元现金,并将QQ网购、拍拍的电商和物流部门并入京东。易迅继续以独立品牌运营,京东会持易迅少数股权,同时持有其未来的独家全部认购权（拍拍、网购的 100% 股权和易迅的 9.9% 股权）。

3. 纳斯达克上市

为避免因上市导致的股权稀释问题，保持企业的管理权和决策权，双重股权结构模式是京东最明智的选择，于是海外上市成为京东的必由之路。在 2013 年前三个季度京东首次扭亏为盈，实现盈利 6 000 万元后，迅速申请 IPO。2014 年 5 月 22 日，京东于纽约纳斯达克挂牌上市，开盘报价 21.75 美元，融资 17.8 亿美元。资金主要用于开拓自营生鲜市场、开拓三线以下城市，以及扩大国际业务布局。

上市后，私募投资人将收回 7.96 亿股的投票权，同时京东将发售 1.38 亿新股，总股本将达到 27.6 亿股。根据招股说明书，京东上市采用的是典型的双重股权结构，发行 A 类和 B 类股两种股票，其中 A 股股票，每股只有一票的投票权，而 B 类股票，每股享有 20 份的投票权。刘强东持有的 5.65 亿股正是 B 类股票，通过计算，仅持股 20.66% 股的刘强东可以掌握大约 84% 的投票权，而其他新旧投资人持有的则是 A 类股票，共计可以持有 59.83% 的股权，却仅仅享有 12.2% 的表决权，具体京东各个股东在 IPO 后股权和投票权的比例见图 2。

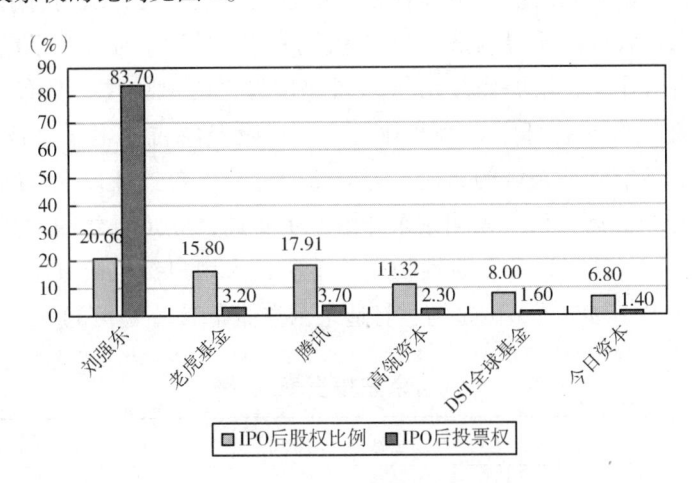

图 2　京东 IPO 后股权结构和投票权

资料来源：根据京东财务报表、招股说明书整理。

双重股权结构打破了一股一权的股票投票制度的安排，使得创始人不一定要取得 50% 以上的股权就可以通过发行不同决策权的股票实现对公司控制权的掌控。在进行股权融资时，创始人不但不需要担心控制权转移或者恶意收购等问题，而且还可以筹集到公司发展所需的大量资金，从而实现投资者和创始人的双赢。

京东在纳斯达克上市之后，发行 1.38 亿新股，加之部分投资人收回投票权，使得刘强东仅持有公司 20.66% 的股份，却因为京东的双重股权结构而牢牢掌握了 83.7% 的投票权，方便他相对自由地对公司进行管理和决策。如此一来，在保障预期收益得以实现的前提下，牢牢掌握控制权的刘强东及其团队能够更加专注于企业的经营和发展，比如自建物流、品类转型等，而不必担心控制权转移的问题。

(二) 步步为营——烽火狼烟中京东大局初成

京东集团目前主要有三个经营板块：电商、物流和金融。其中，京东电商目前自营业务占比依然过半。自营电商模式主要具有两个特点：一是其对自家的网购商品有着极强的控制力，这是京东确保货物正品的有力手段，是其建立客户信任度、树立企业信誉的保障；二是京东通过自营平台销售货物的利润来源主要是赚取商品进出的差价，而为了攫取市场份额，京东一直采用低价策略来获得价格优势，并极力扩大用户规模与交易额，锁定利润总额。同时，为了保证高质量的用户购物体验，提升客户满意度，京东自建了仓储和物流体系，力求能及时准确将商品送到消费者手中，这也是其与其他电商相比最大的不同。在此基础上，投资京东金融等平台业务，建立多产业的集群效应，并注重供应链上下游的整合利用，进一步提升运营效率。

1. 京东电商

京东自营电商盈利模式旨在更好创造客户价值，为用户提供满意的商品与服务。为此，京东进行了一系列围绕"电商平台"的投资并购活动，从而打造一个多功能全方位的购物平台。收购"千寻网络"和"迷你挑网"是为了补充自己的日用百货类业务，丰富电商平台业务，拓展商品销售范围；并购"网银在线"是布局金融产业链，京东收购网银在线等于打开了金融产业链之门；投资"古北电子科技"和"缤刻普锐"是对移动和智能硬件领域的布局，为电商业务等平台打好技术基础；投资"到家美食会"和"今夜酒店特价"说明京东开始着手布局，立足自建的物流配送体系，结合移动互联网，辅以社区性和及时性物流等手段，为用户提供极致服务体验。并购饿了么、金蝶、途牛、易车等，则是为了打造京东整体布局（见表3）。

表3　　　　　　　　　　　　京东投资表

被并购方	金额（万美元）	投资领域
千寻网络	400～500	B2C电商网站
迷你挑网	—	B2C电商网站
网银在线	1 500	在线金融
到家美食会	—	O2O
古北电子科技有限公司	1 999	智能硬件
缤刻普锐	2 100	智能硬件
到家美食会	5 000	O2O
金蝶软件	17 100	企业软件
途牛旅游	40 000	线上旅游
易车	115 000	汽车电商

资料来源：百度百科。

2. 物流体系

京东从 2007 年就开始成立自己的仓库，2009 年，京东开始成立自己的物流公司，逐渐布局全国物流系统，重点构建仓储资源，缩短中间环节，提升客户体验。到现在已经成功打造了物流三张大网，分别是：以 3C、消费品、图书为代表的中小件仓配一体化 B2C 物流网络；以大家电、家具为代表的大件仓配一体化 B2C 物流网络；以果蔬、肉类为代表的冷冻冷藏仓配一体化的 B2C 物流网络（见图 3）。

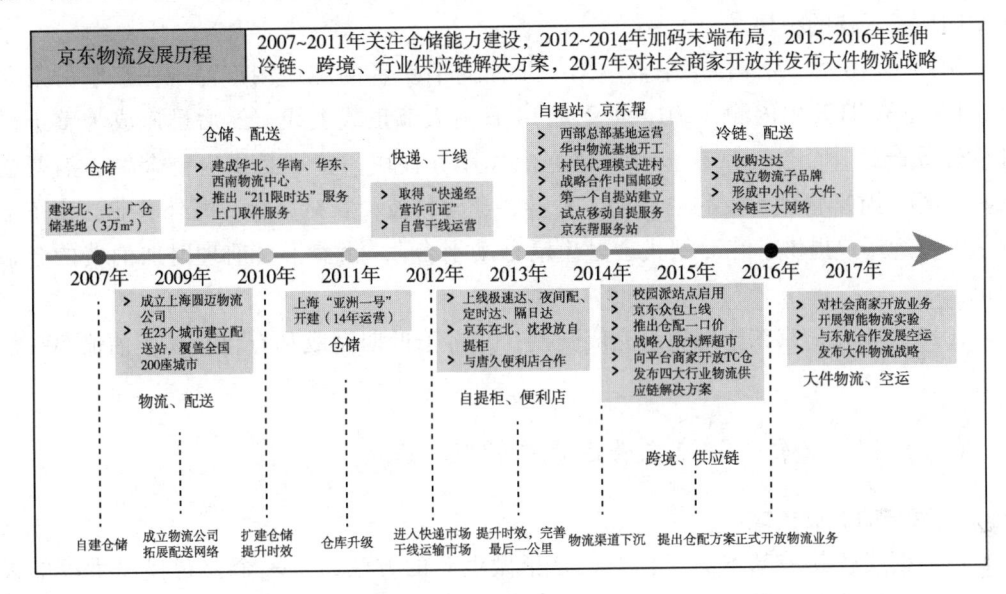

图 3 京东物流发展历程

资料来源：百度图片。

2017 年 4 月 25 日，正式成立京东物流子集团，以更好地向全社会输出京东物流的专业能力，帮助产业链上下游的合作伙伴降低供应链成本、提升流通效率，共同打造极致的客户体验。目前，京东是全球唯一拥有中小件、大件、冷链、B2B、跨境和众包（达达）六大物流网络的企业，凭借这六张大网在全球范围内的覆盖以及大数据、云计算、智能设备的引入应用，京东物流将打造一个从产品销量分析预测，到入库出库、再到运输配送各个环节无所不包，综合效率最优、算法最科学的智慧供应链服务系统。截至 2016 年 12 月 31 日，京东在全国范围内拥有 7 大物流中心，运营了 256 个大型仓库，拥有 6 906 个配送站和自提点，覆盖全国范围内的 2 655 个区县。另外，京东物流还通过一系列技术创新，研发并推广创新环保材料，全方位打造了"时效、环保、创新、智能"的绿色物流体系。

除此之外，京东还投入了大量资金打造自建物流仓储系统，包括购买土地、建造库房、购买设施、设备及系统软件研发等。根据京东的年报披露，保守估计京东用于物流体系的投资金额要超过 80 亿元人民币。

基于以上的特点，京东的投资战略体现出"专业化""重投资"的特征，具体表现为京东在仓储物流系统建设上前期投入巨大，投资对象为存货，仓库，物流交通工具，物流配送费用等项目，投资资产多为"重资产"结构。

3. 京东金融

电商做互联网金融，京东不是第一家，却是扩张速度最快的一家。从 2013 年 7 月京东金融独立运营，连续申请商业保理牌照、小贷牌照、基金支付牌照以及财务咨询牌照，2014 年 11 月，成为国内首个亿级权益类众筹平台，期间不过 1 年半，已成为京东集团增长最快的板块。

2013 年 10 月 27 日，京东金融第一个面向消费者的纯信用产品——京东白条立项，12 月 31 日开始内测，2014 年 2 月 14 日情人节正式上线，然后迅速成为整个行业的爆款产品。至今，京东金融已建立十大业务板块，分别是供应链金融、消费金融、众筹、财富管理、支付、保险、证券、金融科技、农村金融、海外事业。京东金融 APP，为用户提供了"一站式金融生活移动平台"，涵盖了目前理财加消费的金融产品。

2017 年 6 月，京东金融重组完成交割，并将于近期完成私有化交易，估值 500 亿美元。

（三）锱铢必较——京东营运资本管理之道

1. 京东的商业模式

商业模式就其最基本意义而言，是指做生意的方法，是一个公司赖以生存的模式——一种能够为企业带来收益的模式。京东将自身定位于商城，更多地以自营的形式为用户提供商品，侧重于对商品品质的控制，满足消费用户购物的核心需求，主要通过提高供应链效率（资金和货物周转率），控制成本完成利润的获取。

传统 B2C 模式的盈利主要是基于两点：第一，通过物流成本代替中间商环节的费用；第二，有效减少库存及相应的成本损失。因此这种模式的核心在于物流成本和库存成本的控制。这种商业模式成本低、结构简单，越来越多的商家选择 B2C 模式。但如何在传统 B2C 模式基础上构建一个新的商业模式，成为企业实现持续盈利的必然要求。

京东商城作为电子商务网站的领头羊，率先改进了传统的 B2C 模式。以品牌为核心，通过品牌形成自己的客户群，打下信誉基础；提高对供应商的议价能力，开征商家入场费，并且能以更低的价格采购货物；形成了自己的支付系统，脱离了对担保机构（如支付宝、财付通和易支付）的依赖，有效的加快资金的回收速度，而且可以充分利用消费者预先付款的方式进行资金融通，形成牢固的资金链；扩大商品销售量，形成规模经济优势，从而提高自己对物流商的议价能力，削减自己的物流成本，进一步增强自己的竞争力；在整个营运链条上不断优化自成本，提高自己的盈利能力。

不远的将来，B2C 市场势必呈现出几家大型电子商务网站共同竞争的局面。京东商城通过不断优化以品牌为核心的商业模式，一方面可以通过减少成本应对激烈的价格竞争；另一方面也可以通过开源节流提高自身的盈利水平。此外，这种商业模式经过不断的完善与提升同样会对自身的品牌优势起到一定的巩固作用，形成一种良性循环，京东商城的品牌优势将会更加明显，从而进一步稳定其在 B2C 市场中的领先地位。

如图 4 所示，在电商平台的基础上，通过信息技术系统收集处理数据，并将其应用于金融和物流体系的发展建设。IT 系统对于基础平台数据的收集与整理，能够为物流配送体系提供准确的定位信息，构建更全面的物流信息反馈系统，从而提高网购用户的满意度。另外，对于网购用户的订单内容数据的具体分析，对于总结不同区域用户网购偏好和特点等信息有极大帮助，据此可以协助采购部门制定采购方案，以及确定京东各地区仓储的配备情况。对于金融体系，京东的平台数据可以为京东众筹、客户理财等多款金融产品提供数据支撑，奠定京东金融个性化服务的良好基础。同时，金融、物流系统的发展壮大也更好支持电商平台的业务进行，形成良性循环，全方位一体化的商业模式。

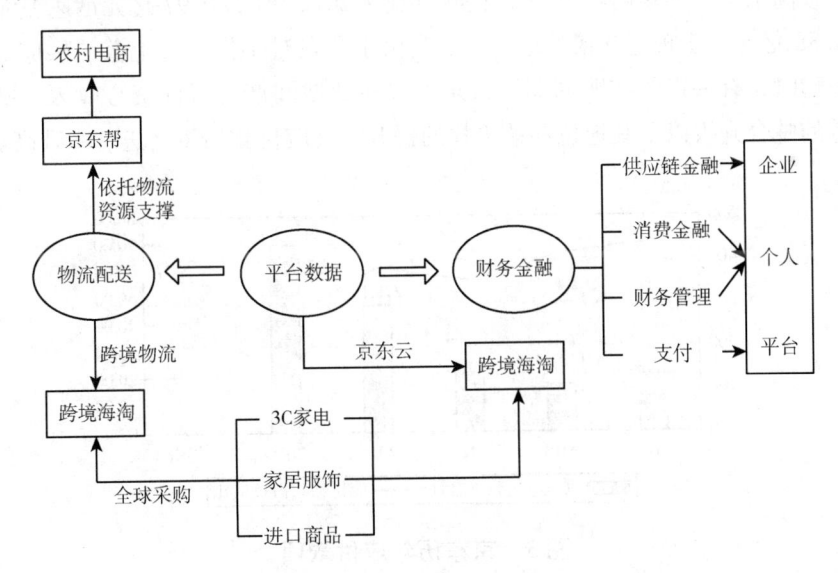

图 4　京东商业模式流程

资料来源：百度图片。

2. 商业模式的影响

（1）营业收入。京东的"专业化"投资战略导致其单一的收入结构，收入来源主要围绕电商平台。如表 4 所示，京东收入来源可分为两大类：线上自营收入，服务和其他项目收入。其中，线上自营占总收入比重均在 90% 以上，服务和其他项目收入占比非常小。但不难看出，京东近年来在调整收入来源结构，逐步扩大线上自营以外的收入来源。

表4　　　　　　　　　　　京东收入结构

年份	线上自营 金额（千万元）	线上自营 占总收入比（%）	服务和其他 金额（千万元）	服务和其他 占总收入比（%）	营业收入（千万元）	营业成本（千万元）
2012	403.35	97.47	10.46	2.53	413.81	433.32
2013	670.18	96.65	23.22	3.35	693.40	699.19
2014	1 085.49	94.38	64.53	5.62	1 150.02	1 208.15
2015	1 677.21	92.52	135.66	7.48	1 812.87	1 877.46
2016	2 377.02	91.38	224.20	8.62	2 601.22	2 622.67

资料来源：京东财务报表。

(2) 应付账款管理。从京东的财报数据可以看出，"应付账款"科目和"应付负债"科目占负债类比重很大。应付款项占总资产比重如图5所示，京东应付款项比重一直保持较高水平，多年超过50%，且绝对额从2012年的80.97亿元迅速上涨至2016年的439.88亿元，实现近9倍的增长。这是由于京东对于供应链上游的供应商或贸易商进行采购时，有一定的结账周期，京东可以在此期间产生沉淀资金收入。随着京东对供应链的整合升级以及其地位和话语权的提升，其应付款项将会进一步升高。

图5　京东历年应付款项

资料来源：根据京东2012~2016年度财务报表整理。

应付款项主要对象是京东供应链上游的供应商。京东利用自己的平台和企业规模优势，主导供应链资金话语权，利用对供应商应付款项的时一间差，获取沉淀资金收入，变相获得无息融资，降低企业财务风险。

(3) 存货管理。京东的"专业化、重资产"投资战略主要体现在京东的存货比重方面，如图6所示，京东存货占总资产比重几乎一直保持在20%以上。京东的重资产投资战略为其构建了日趋完善的物流配送体系，旨在为客户提供极致的网购服务体验，为了实现客户价值，京东还大量铺货，致使存货占用了大量资金。但目前京东的物流配送体系的高效准确性优势逐步凸显，已为其提升客户满意度，进一步打开市场起到决定性作用。

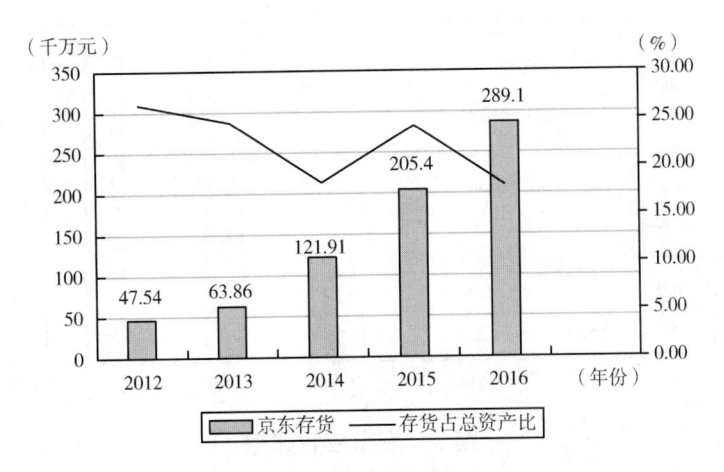

图6 京东历年存货及占比

资料来源：由京东2012~2016年度财务报表整理所得。

京东的重资产投资战略为其构建了日趋完善的物流配送体系，旨在为客户提供极致的网购服务体验，为了实现客户价值，京东还大量铺货，致使存货占用了大量资金。但目前京东的物流配送体系的高效准确性优势逐步凸显，已为其提升客户满意度，进一步打开市场起到决定性作用。

因此，随着B2C模式日趋成熟，公司应加速存货周转率，降低存货积压带来的风险。为应对转型引起的新风险，公司应该针对B2C模式在重点区域建立满足电商需求的电商物流中心，并且引进电商仓储技术，使得存货管理技术可以与B2C业务相匹配。同时，通过信息化建设形成从供应链起点到终点的信息共享中心，即通过线上平台收集和分析在营销过程中与客户发生的各种交互行为，挖掘客户需求，细分客户需求层次，预测客户消费行为，并将这些信息通过信息共享中心传递到供应方，供应方根据客户需求发货，从而减少公司与供应方的交易成本，同时减少存货在供应链上流传的时间，降低存货积压的风险。

（4）应收账款管理。京东的应收款项逐年递增，主要原因在于随着企业规模的扩大，京东与其供货商的交易额也在逐年上升。同时，2014年京东金融成立之后，京东小金库、京东白条等新产品的出现，使得京东的应收账款出现显著增长（见图7）。

随着京东商城和京东金融的不断发展，相信在未来京东的应收款项也会不断增加，而这也是京东抢占市场，积累客户源的重要举措。

三、杀出重围，京东成就商业王国

MM定理提出，企业价值是评价企业经营状况和财务战略恰当性的有力指标，也是企业在做出财务决策和打造商业模式时考虑的重要指标。

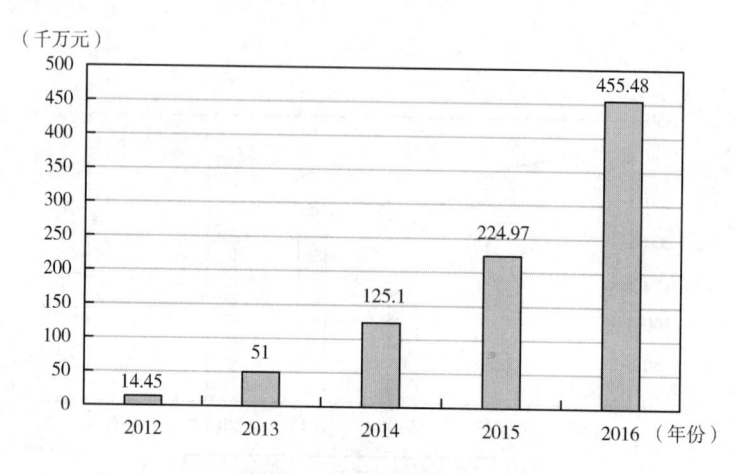

(千万元)
500 ┤
450 ┤   455.48
400 ┤
350 ┤
300 ┤
250 ┤   224.97
200 ┤
150 ┤   125.1
100 ┤
 50 ┤   51
     │   14.45
  0 └──────┬───────┬───────┬───────┬───────┬──────
         2012   2013   2014   2015   2016 (年份)

图7　京东应收账款

资料来源：由京东2012~2016年度财务报表整理所得。

京东上市以来两年的市销率保持在1.5左右，由于营业收入的大幅增长，使其企业价值估值增长幅度大。企业价值的大幅增长，一定程度上印证了京东财务决策的成功，财务决策对于企业价值具有提升作用。随着京东营业收入和成本的增加，其股东权益呈现明显的增长趋势，京东的总市值也在逐年上升（见表5）。可见，营运规模的扩大对于企业价值的提升具有显著作用。

表5　　　　　2013~2017年6月京东市值和股东权益

年　份	2013	2014	2015	2016	2017年6月
总市值（亿元）		255.5	369.06	303.37	467.96
所有者权益（亿元）	92.40	374.98	307.21	412.20	

资料来源：由京东2013~2016年度财务报表整理所得。

相比于传统零售企业，网络零售企业会通过低价优势取得消费者的青睐，再通过关键业务的运作，与供应链上下游的相关企业的合作来创造价值，获取利润。作为B2C网络零售企业，京东的关键业务集中于电商平台业务。作为电商平台业务背后的支柱，物流仓储业务和财务金融业务也是重中之重，通过对于投融资和营运资本的决策，京东将更好地打造自身的物流和金融系统，提升本企业的价值。

从中关村里一个卖磁盘的小柜台，到2014年以21.75美元的价格在纳斯达克上市，再到2017年夏天京东集团的市值突破600亿美元。一路走来，京东不断加强自身资本管理的同时，也在不断进行投融资的活动。正是对于战略的正确决策，京东才能经受住重重考验，企业价值也在节节攀高。京东在财务决策上的成功经验，对于其他电商企业乃至整个社会都有着借鉴意义，如何在激烈的商业竞争中杀出重围，值得我们深思。

四、案例讨论

1. 财务决策的内容有哪些？它对企业价值提升有何影响？
2. 财务决策主要受哪些内部外因素的影响？
3. 不同的商业模式对企业财务决策有何影响？京东的投融资决策有何特点？
4. 营运资本管理应注意哪些问题？京东的营运资本管理有何借鉴之处？
5. 京东的商业模式及价值提升之路对其他企业有何启示？

参考文献

［1］田雪莹. 京东物流配送模式优劣势及对策分析［J/OL］. 管理现代化, 2017（6）: 92 - 96.

［2］郭君臣. 电子商务企业供应链成本控制研究——以京东商城为例［J］. 财会通讯, 2017（32）: 68 - 71.

［3］崔瑜, 焦豪. 京东的四个平衡［J］. 企业管理, 2017（11）: 73 - 74.

［4］吕天奇, 王婧娇, 吕春梅. 京东物流仓储管理［J］. 商场现代化, 2017（21）: 62 - 63.

［5］罗杨子, 周方灏. 价值链理论在京东电商企业中的应用研究［J］. 中国商论, 2017（31）: 8 - 9.

［6］滕娟. 京东金融利用数据精准分析匹配用户资金需求［N］. 财会信报, 2017 - 11 - 6.

［7］徐翔. 京东: 重释仓储新价值［J］. 中国储运, 2017（11）: 48 - 49.

［8］刘焱, 路紫. 中国企业海外上市双重股权结构问题研究——以京东为例［J］. 中国注册会计师, 2017（10）: 112 - 116 + 3.

［9］黄振亚. 浅谈京东商城的发展模式［J］. 纳税, 2017（29）: 119.

［10］刘丽娜. 财务视角下京东盈利模式研究［D］. 浙江工商大学, 2017.

［11］张剑文. 京东商城的B2C电子商务盈利模式研究［D］. 兰州财经大学, 2016.

案例 6 绿地集团借壳金丰投资整体上市案例分析*

教学目标

本案例旨在引导学员思考不同的整体上市模式的适用情况，判断拟采用的整体上市模式的合理性和可行性。通过案例分析使学员掌握不同整体上市模式的优缺点，分析不同的整体上市模式对国有企业带来的影响，进一步思考如何推进我国国有企业混合所有制改革及其整体上市。

2014 年 3 月 17 日，绿地集团宣布通过置换和发行股份购买资产方式重组，置出上海金丰投资股份有限公司原有 23 亿元资产，注入绿地集团全部资产负债。截至 2015 年 8 月 18 日，绿地集团整体上市圆满收官，正式登陆 A 股。绿地作为全球业务规模最大的房地产企业实现整体上市，意味着上海国资领域最大的混合所有制改革案例成功落地，对于正在持续深入推进的新一轮国有企业改革和转型发展中的绿地而言，具有里程碑意义。该资产重组交易在实施过程中有许多值得借鉴的地方，对推进我国国有企业整体上市具有一定的参考价值。

一、背景简介

（一）国有企业混合所有制改革势在必行

改革开放以来，我国国有经济得到长足发展，但国有经济布局仍存在着数量过多、战线过长，资源配置重点不突出，规模不经济，产业结构趋同现象严重等不合理的状况，严重制约了国有经济的竞争力和控制力。大力发展混合所有制经济是解决这一问题的有效途径和办法，也是深化国企改革的突破口。2013 年 11 月 12 日，中国共产党第十八届中央委员会第三次全体会议通过《中共中央关于全面深化改革若干重大问题的决定》，提出"积极发展混合所有制经济"。2014 年《政府工作报告》进一步提出

---

* 本案例入选全国 MPAcc 教育指导委员会案例库。

"加快发展混合所有制经济"。2014年7月8日,上海市政府发布了《关于推进本市国有企业积极发展混合所有制经济的若干意见(试行)》,着眼于实现本市国有企业的混合所有制发展模式,并强调推动具备条件的企业集团实现整体上市。

(二) 相关会计规范的出台

近年来,我国针对反向收购相继出台了一系列规范,反向收购的会计处理逐步规范化,涉及反向收购的规定性文件主要有《财政部关于做好执行会计准则》《企业2008年年报工作的通知》《关于非上市公司购买上市公司股权实现间接上市会计处理的复函》。我国于2008年、2010年分别出台了《企业会计准则讲解》和《企业会计准则讲解》,对反向收购的规范逐步完善。

二、案例概况

(一) 参与合并企业概况

绿地集团和金丰投资是本案例中实现企业合并的两个参与方。合并前双方有关资料见表1。

表1　　　　　　　　　　绿地集团和金丰投资概况

	绿地集团	金丰投资
成立时间(年)	1992	1992
经营业务	房地产、建设建筑、酒店、能源、金融、汽车	房地产投资开发、流通服务、代建管理和金融服务
2013年总资产(亿元)	3 676.78	61.58
2013年营业额(亿元)	2 521.81	8.92
2011~2013年营业收入平均增长率(%)	30.6	<0
2013年净利润(亿元)	83.11	0.696
平均净资产收益率(%)	30	3.18
国内排名	国内企业500强的第55名,房地产业务排名行业第二,在中国房地产主业的综合性企业集团中排名第一位	
国际排名	在《财富》世界企业500强中位列第359位	

续表

	绿地集团	金丰投资
开发项目	新增土地储备101幅，土地投资款近800亿元，可建筑面积3 127万平方米；在海外成功布局四洲七国十一城，已确定项目投资额超100亿美元	受当地高端房地产市场持续疲软的影响，项目销售情况未达预期目标，项目建设进度因此放缓
控股股东	上海市国资委	上海地产集团（上海市国资委全资子公司）

资料来源：上海金丰投资股份有限公司《重大资产置换及发行股份购买资产暨关联交易报告书》（草案）。

通过表1可以看出，绿地集团资产规模、营业收入和净利润都保持着增长的趋势，营业收入平均增长率为30.6%，平均净资产收益率也保持在30%左右，发展势头很好，正形成"以房地产为主业，同时涉足能源、金融等领域"的多元化产业布局；而金丰投资在行业景气度下滑和政策限制的双重影响下，经营情况受到了一定影响，公司业绩下滑趋势明显。绿地集团整体上市正是想借助资本市场的平台，获取资金融通，拓宽自身业务领域，加速转型提高核心竞争力，进一步发展成为大型跨国综合性企业集团；金丰投资则面对行业环境的变化和自身欠佳的经营状况，亟须谋求业务和经营模式上的转变来获取新的利润增长点。绿地集团和上市公司均需要通过资产重组来解决各自发展过程中的瓶颈，而对于分别作为金丰投资和绿地集团的第一大股东的上海地产集团，促使二者联姻也是其进行资源整合，解决同业竞争的有效途径。

（二）整体上市的模式

绿地集团借壳金丰投资实现整体上市实际上是采用反向收购的方式，金丰投资向绿地集团股东发行股份，购买资产，绿地集团将全部资产注入上市公司，从而实现集团整体上市。相比首次公开发行股份，借壳上市的模式有成本低、速度快的优点，因此借壳上市成为许多非上市公司快捷上市的首选。由于国家对房地产行业管控较为严格，首次公开发行对于房地产行业来说较为困难，因而大部分房地产企业选择借壳上市的方式。绿地集团在借壳金丰投资之前对壳资源进行了清理，即金丰投资先通过资产置换的方式将自身资产置换出去，这为绿地集团成功借壳和上市后的经营打下了良好的基础，因此金丰投资此次资产重组包括资产置换和发行股份购买资产两部分，二者互为条件、同步实施。

1. 资产置换

上海地产集团以其持有的绿地集团股权与金丰投资全部资产及负债进行等价值置换，拟置出资产将由上海地产集团承接，或由上海地产集团指定第三方进行承接，并采用资产基础法对置换出的资产进行价值评估，以该评估结果作为定价基础。

2. 发行股份购买资产

金丰投资采用非公开发行股票的方式购买绿地集团的股权，发行对象为绿地集团全体股东，包括上海地产集团及其子公司中星集团、上海城投总公司、上海格林兰、平安创新资本、天宸股份、宁波汇盛聚智、鼎晖嘉熙等。拟置入的资产评估价值依然采用资产基础法的评估结果；上市公司发行的总股数为拟置入资产的交易价格减去拟置出资产的交易价格后再除以发行价格，各个股东按其持有绿地集团的股份比例获取股份。

（三）合并及上市进程描述

2015年8月18日，金丰投资更名绿地控股，绿地集团整体上市收官。有关合并及上市进程见表2。

表2　　　　　　　　　　合并及上市过程

时间	合并及上市事项	信息披露
2013/11/15	绿地集团为优化股权结构为上市做准备，引进战略投资者，经过公开挂牌，确定鼎晖嘉熙、平安创新资本、珠海普罗、宁波汇盛聚智、国投协力五家机构投资者为本次增资的对象。2014年1月，完成股权变更	2013年11月15日《绿地控股集团有限公司拟增资的企业价值评估报告》
2014/3/17	金丰投资披露《重大资产置换及发行股份购买资产暨关联交易预案》，公司拟通过资产置换和发行股份购买资产方式进行重组，拟注入绿地集团100%股权，预估值达655亿元	2014年3月17日《重大资产置换及发行股份购买资产暨关联交易预案》
2014/6/13	金丰投资董事会于2014年6月13日审议通过了《关于公司重大资产置换及发行股份购买资产暨关联交易方案的议案》等议案，双方对该交易的具体方案达成一致意见。该重组方案涉及资产置换与发行股份购买资产两部分，二者互为条件、同步实施	2014年6月13日《关于公司重大资产置换及发行股份购买资产暨关联交易方案的议案》
2014/6/27	金丰投资发布《关于重大资产重组有关问题获上海市国资委批复的公告》	2014年6月27日《关于重大资产重组有关问题获上海市国资委批复的公告》
2014/8/20	《上海金丰投资股份有限公司发行股份购买资产核准》获批，绿地借壳上市再取得实质性进展。但上市具体时间仍未落实	2014年8月21日《关于收到〈中国证监会行政许可申请受理通知书〉的公告》

续表

时间	合并及上市事项	信息披露
2015/4/23	公司重大资产重组事项获得中国证监会上市公司并购重组审核委员会有条件通过	2015年4月24日《关于公司重大资产重组事项获得中国证监会并购重组委审核通过暨公司股票复牌的公告》
2015/8/18	8月18日，绿地集团在上海证券交易所交易大厅举行股票上市仪式，A股公司金丰投资更名为绿地控股	

资料来源：根据相关资料整理。

2015年6月30日，金丰投资发布《重大资产置换及发行股份购买资产暨关联交易实施情况暨新增股份报告书》，披露绿地集团的股权过户手续及相关工商登记已经完成，上海市工商行政管理局已核准了绿地集团的股东变更，并签发了新的《企业法人营业执照》。此次变更后，上市公司为绿地集团的唯一股东，绿地集团成为金丰投资的全资子公司。2015年8月18日，绿地集团在上海证券交易所交易大厅举行股票上市仪式，A股公司金丰投资更名为绿地控股，绿地集团实现整体上市。

上绿地集团的三大主要股东分别为上海地产集团（含其子公司中星集团）、上海城投总公司和上海格林兰，三者持股比较为接近，上海市国资委通过上海地产集团和上海城投总公司持有重组后的上市公司46.37%的股权，成为实际控制人。

（四）合并后控制关系描述

合并前，绿地集团股权结构整理见图1，金丰投资股权结构整理见图2。合并后控股比例情况见图3。

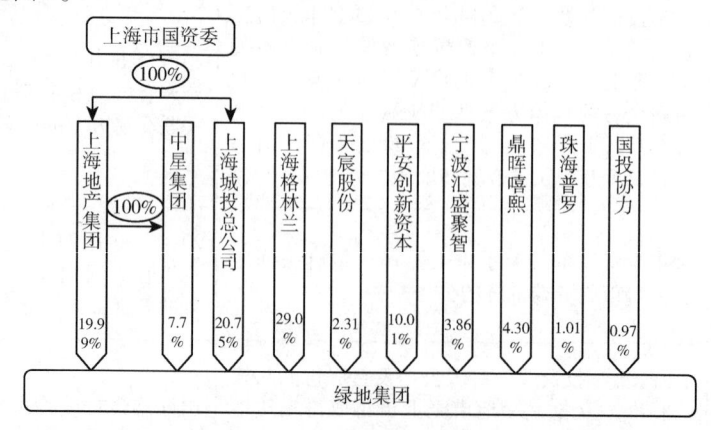

图1 绿地集团股权结构

资料来源：上海金丰投资股份有限公司《重大资产置换及发行股份购买资产暨关联交易报告书》（草案），下文中简称草案。

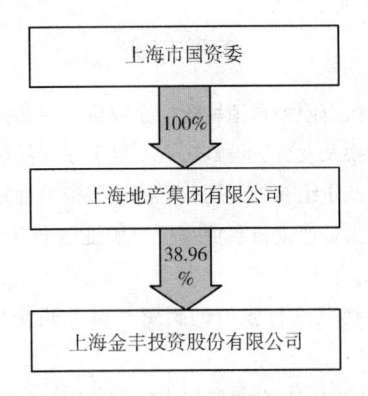

图 2　金丰投资股份有限公司股权结构

资料来源：上海金丰投资股份有限公司《重大资产置换及发行股份购买资产暨关联交易报告书》（草案）与金丰投资 2013 年资产负债表。

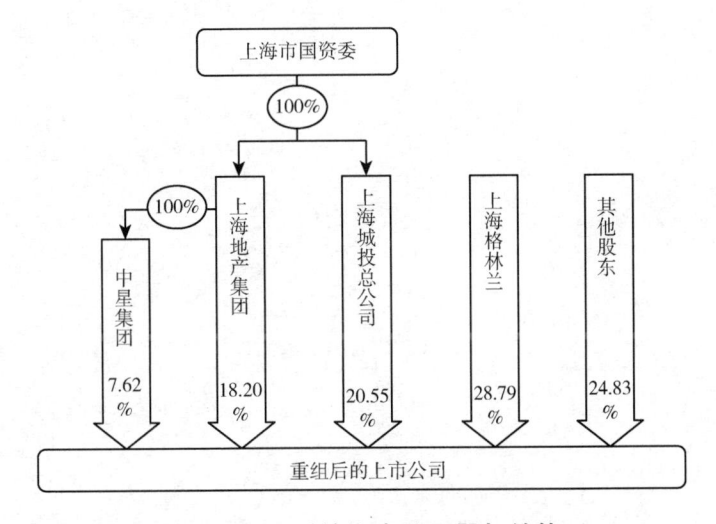

图 3　重组后的上市公司股权结构

资料来源：上海金丰投资股份有限公司《重大资产置换及发行股份购买资产暨关联交易报告书》。

三、案例讨论

绿地集团借壳金丰投资成功完成整体上市，引发太多思考。请结合绿地集团的整体上市，重点思考如下问题：

1. 企业上市的方式有哪些？各种方式有何适用条件或特点？
2. 国有企业如何选择恰当的整体上市模式？案例企业的上市模式有何特点？
3. 如何推进混合所有制改革，实现公司股权结构的优化？
4. 怎样选择恰当方法对目标企业进行合理估值？
5. 新形势下国有出资人机构如何适时转变国有资产的监管体制？

参考文献

［1］金丰投资《绿地控股集团有限公司拟增资的企业价值评估报告》(2013年11月15日)。
［2］金丰投资《重大资产置换及发行股份购买资产暨关联交易预案》(2014年3月17日)。
［3］金丰投资《关于重大资产重组有关问题获上海市国资委批复的公告》(2014年6月27日)。
［4］金丰投资《关于公司重大资产重组事项获得中国证监会并购重组委审核通过暨公司股票复牌的公告》(2015年4月24日)。
［5］金丰投资《重大资产置换及发行股份购买资产暨关联交易实施情况暨新增股份报告书》(2015年6月30日)。
［6］金丰投资《非公开发行股票发行结果暨股本变动公告》(2015年7月3日)。
［7］绿地集团《2015年半年度报告》(2015年8月25日)。

案例7 深天马 TFT/AMOLED 生产线项目投资分析与评价

教学目标

投资项目财务分析是在项目投资决策阶段，对拟建项目进行全面的技术经济分析论证，是项目决策的重要依据，也是防范投资风险的重要措施。本案例旨在引导学员了解项目投资分析与财务评价的一般流程，掌握企业项目投资决策方法，以提高项目评价的可靠性和决策的科学性。

伴随着"工业化"到"信息时代"的转变，人们对物质的需求也发生着转型。小型的、便携的即时通讯与信息处理工具的市场日益火热，市场竞争也日益激烈，推动着产品的研发与不断地升级。在大批手机、平板火热销售的背后，有一个经常被大众忽略的中上游市场：面板市场。显示屏是任何电子设备都必不可少的输出设备，电子设备市场的膨胀理所应当的推动着面板市场的火热，我国面板生产技术落后于发达国家，尤其是主要依附于进口的高档电子设备生产所需的面板。不过，近年我国出现了一批龙头企业，面板技术在研发制造方面取得了突破，试图打破国内面板市场的垄断格局。

一、公司简介与案例背景

（一）深天马简介

天马微电子股份有限公司成立于1983年，1995年在深圳证券交易所上市（证券简称：深天马A，证券代码：000050），是一家在全球范围内提供显示解决方案和快速服务支持的创新型科技企业。

公司服务于移动智能终端消费类显示市场和专业类显示市场，产品广泛应用于智能手机、平板电脑、智能穿戴、车载显示、医疗显示、工业控制、航空显示和智能家居等众多领域，并通过 TIANMA 与 NLT 品牌为客户提供最佳的产品体验。2015年，公司中小尺寸模组出货量继续保持全球领先，并在高端医疗、航空娱乐、航海等领域市场份额排名全球第一，多款产品支持客户实现全球首发，产品质量在多个品牌客户排名第一。公司致力于不断创新，更好服务客户与应用领域的差异化需求。

技术方面，公司自主掌握包括 LTPS-TFT、AM-OLED、Oxide-TFT、柔性显示、3D 显示、透明显示以及 IN-CELL/ON-CELL 一体式触控等领先技术。公司设有 TFT-LCD 关键材料及技术国家工程实验室、国家级企业技术中心、博士后流动工作站，并承担国家发改委、科技部、工信部等多个重大国家级专题项目。公司在先进技术方面的长期积累和持续投入为应用领域的创新发展奠定基础。

持续供货能力方面，公司产线组合完善并不断加大对全球先进技术和高端产线的布局，现经营管理 4.5 代 a-Si、5 代 a-Si、5.5 代 LTPS、5.5 代 AM-OLED、6 代 LTPS、6 代 LTPS AM-OLED 等多条产线。其中，厦门 5.5 代 LTPS 产线为中国第一条生产线，并率先实现满产满销；上海 5.5 代 AM-OLED 产线已量产出货；厦门 6 代 LTPS 产线在中国大陆率先点亮并即将投入量产；武汉 6 代 LTPS AM-OLED 产线正建设中。公司产业基地分布在深圳、上海、成都、武汉、厦门、日本等六地，并在美国、德国、韩国等主要发达国家和中国台湾、中国香港等地区设有全球营销网络、技术服务支持平台。

公司以激情、高效、共赢为核心价值观，以创造精彩、引领视界为使命，以成为备受社会尊重和员工热爱的全球显示领域领先企业为愿景，以科技为本，创新服务于全球显示市场。

（二）近年来重大事项

2014 年 9 月，天马微电子完成了一系列的兼并收购，包括武汉天马 90% 股权，深圳中航光电子 100% 股权、上海中航光电子 100% 股权、上海天马 70% 股权、美国天马 10% 股权以及成都天马 40% 股权。募集配套资金非公开发行的最终发行价格为 14.60 元/股，发行数量为 120 932 133 股，募集资金总额为 1 765 609 141.80 元，扣除发行费用 33 780 964.55 元后实际募集资金净额为 1 731 828 177.25 元。这次重大资产重组，目的便是取得一系列对中小液晶显示屏具有研发、生产能力的资产标的，以便后续的一系列项目得以完成，抢占中小显示屏的市场份额。公司在以上实际控制的子公司开展了多个项目，主题均是中小显示屏的开发生产。近年来，实施了以下项目：上海天马第 4.5 代 TFT-LCD 生产线建设、武汉天马第 4.5 代 TFT-LCD、CF 生产线建设、上海中航光电子第 5 代 TFT-LCD 生产线收购、受托厦门天马第 5.5 代 LTPS 生产线建造项目管理、武汉天马 G6 项目以及上海天马 AMOLED 中试线项目。从近三年来的一系列重大项目可以看出，深天马 A 的业务构成十分清晰明了，就是一直致力于中小尺寸领域的深耕，力图技术上的领先与市场的高占有率。

（三）案例背景

平板显示产业是电子信息领域重要的基础性产业和战略性产业，对于促进社会就业、拉动经济增长、调整产业结构、转变发展方式和维护国家安全具有十分重要的作用。大力发展 LTPS 技术对增强平板显示产业的核心竞争力、推进整个电子信息产业转型都具有重要的意义，国家相关部门一直以来都高度重视 LTPS 技术的发展。市场上看，随着消费者对移动娱乐需求持续成长以及移动服务体系完善，导致便携式智能终端（如智能手机、平板电脑）的普及化以及便携式智能终端（如智能手机、平板电脑）向大屏化、高分辨率、高精细度、广视角、超薄化等持续提升，全球消费类中小尺寸显示市场规模将持续提升，而全球 6 代 LTPS（低温多晶硅）生产线的布局和生产规模在一定程度上满足不了市场需求。深天马为了应对市场需求，决定投资 120 亿元人民币进入该项目，抢占中小显示器行业的市场份额，保持行业领先地位。

面对全球液晶面板广阔市场需求以及公司战略发展需要，为进一步增强企业核心竞争力，促进产业升级，将企业做大做强，形成产业聚集效应，在充分调研和论证的基础上，天马微电子股份有限公司（以下简称"公司"）拟通过向全资子公司武汉天马微电子有限公司（以下简称"武汉天马"）增资的方式投资新建第 6 代低温多晶硅（LTPS）TFT－LCD 及彩色滤光片（CF）生产线项目（以下简称"项目"），项目始于 2014 年，目前仍在建设期。本次项目投资拟投资 120 亿元，在武汉建设第 6 代低温多晶硅 TFT－LCD 及彩色滤光片（CF）生产线。公告显示，深天马 A 拟对武汉天马分期增资 60 亿元，另外 60 亿元由武汉天马申请银团贷款。本次投资规模约为增资前武汉天马净资产的 7 倍。投产后，预计形成月加工第 6 代 LTPS TFT 玻璃基板 3 万张、彩色滤光片 3 万张的产能，年产显示模组 8 210 万块。目前产品拟定为中小尺寸液晶显示屏及模组，主要应用在中高端智能手机、差异化平板电脑等领域。2016 年 5 月，为加速实现全球领先战略，把握 AMOLED 应用领域快速增长的机会，同时也由于成本和市场方面的需求，公司决定在对先进技术、行业格局及项目风险进行深入分析研究及市场调研验证的基础上，拟充分发挥在技术、工艺、运营、管理、人才和客户等方面的丰富经验和领先优势，将武汉天马 G6 项目后段未完成的剩余 40% 的 TFT－LCD 生产线进行优化，成为以 LTPS 为驱动基板的 AMOLED 生产线。

二、项目投资分析与财务评价

（一）项目投资决策分析

投资项目财务分析是在项目投资决策阶段，既是对拟建项目进行全面的技术经济分析论证，又是项目决策的重要依据，同样也是防范投资风险的重要措施。投资项目财务分析作为投资项目周期中最重要环节，作为投资项目前期工作的重要内容，包括项目前期对与拟建项目有关的自然、社会、经济、技术资料的调查、分析与预测研究，构造、评价和选择可行的投资方案，论证项目投资的必要性，项目对主题的适用性、风险性，技术上的适用性和经济型，经济上的营利性以及投资条件上的可能性和可行性，从而为投资决策提供全面、系统和客观的依据。财务评价是在国家现行财税制度和价格体系的前提下，从项目的角度出发，计算项目范围内的财务效益和费用，分析项目的盈利能力和清偿能力，评价项目在财务上的可行性。

1. TFT–LCD 与 AMOLED 市场分析

（1）TFT–LCD 市场分析。2014 年，国内以高端智能手机为导向的国内主要智能手机厂商均开始积极采用 LTPS TFT–LCD 产品。然而，目前国内智能手机厂商使用的 LTPS TFT–LCD 和 Oxide TFT–LCD 主要由海外厂商供应。国内显示面板厂商中，能够实现 LTPS TFT–LCD 批量出货的只有厦门天马、深超光电等少数企业，市场占有率不足 6%。

市场人士指出，随着国内智能手机等终端厂商积极向高端市场迈进，LTPS 等新技术产品的市场需求将快速释放，并带动相关元器件的国产化需求持续增长，国内显示面板厂商将面临巨大的发展机遇。深天马 A 本次募集资金投资于 LTPS TFT–LCD 及 CF 生产线，市场前景广阔。对于国产面板商打破技术垄断具有重要意义。

受益于消费者对移动娱乐需求的持续增长以及移动服务体系的日益完善（如 4G、内容丰富）等，便携式智能终端（如智能手机、平板电脑）逐步普及化并向大屏化、高分辨率、高精细度、广视角、超薄化等持续提升，将带动中小尺寸显示市场快速扩容。

根据 Display search 等市场调研机构的统计数据，全球消费类中小尺寸显示市场规模预计将从 2013 年的 24.40 亿片增长至 2020 年的 33.87 亿片，复合增长率达到 5%。

第 6 代 TFT–LCD 生产线系目前 LTPS TFT–LCD 产品的最高世代生产线。即便在未来的几年市场上对于中小显示屏有从 TFT–LCD 向 AMOLED 转变的需求偏好，但国内市场约 2/3 的下游企业仍会选择 TFT–LCD 作为其产品的面板来源，主要还是出于成本方面的考虑。因此，国内对于 TFT–LCD 的需求前景还是比较广阔的。又鉴于国内面板制造商的产能略显不足，大部分还需要进口，天马建设第六代 TFT–LCD 生产线能在很大程度上迎合国内市场，实现国内市场面板价格的平衡。

（2）AMOLED 市场分析。

①智能手机带来 AMOLED 替代性应用空间。截至 2016 年，AMOLED 屏幕市场表现良好，我们从三组数据中可以看出智能手机市场对 AMOLED 的热情较高。第一，三星表示，市场对公司旗舰产品 Galaxy S6/S6 Edge 的需求远超出市场预期，公司现预计这两款智能手机总销量将突破 7 000 万台，较市场此前预期的 5 500 万台高出将近 30%。第二，三星显示 2016 年第一季度出货规模超过 8 000 万片，全球排名第一，同比增长超过 50%。预计 2016 年全年出货量最多的将是三星的 AMOLED 面板，而 2015 年是京东方的 TFT–LCD 面板。第三，在第一季度发布的 50 多款智能手机新机中，接近 1/3 采用了 AMOLED 屏幕。此外，从第三方的统计数据来看。随着三星手机的热卖，以及三星改变策略开始外卖 AMOLED 显示屏后，AMOLED 出货量一路飙升，趋势向好，已经快接近于 LTPS TFT–LCD 的出货量。更重要的是，苹果决定最快于 2017 年采用 AMOLED 显示屏，将进一步催化 AMOLED 加速渗透。就智能手机用 AMOLED 来看，2015 年出货量在 2.55 亿片左右，预估 2019 年将飙增至 7.5 亿片，将近为 2015 年出货量的 3 倍，年复合成长率达 32%；相应地，市场规模将从 2015 年的 93 亿美元增加至 2019 年的 293 亿美元，年复合成长率达 33%。而液晶面板出货量，预估将从 2015 年的

11.7亿片下滑至2019年的8.7亿片;而市场规模则将从2015年的188亿美元萎缩至2019年的124亿美元(见表1)。

表1　2015~2019年智能手机用AMOLED市场规模测算

年 份		2015	2016	2017	2018	2019
AMOLED 硬屏	出货量(百万张)	243	324	330	340	361
	单价(美元)	35.0	30.0	27.0	34.6	22.4
	市场规模(百万美元)	8 404	9 712	8 920	8 348	8 073
AMOLED 软屏	出货量(百万张)	12	25	138	278	389
	单价(美元)	70.0	65.5	63.2	28.8	54.6
	市场规模(百万美元)	829	1 668	8 732	16 352	21 260
TFT-LCD	出货量(百万张)	1 167	1 125	1 051	962	871
	单价(美元)	16.1	15.6	15.1	14.7	14.2
	市场规模(百万美元)	18 787	17 572	15 927	14 134	12 366

资料来源:智研咨询发布的《2017~2022年中国AMOLED市场分析预测及发展趋势研究报告》。

②可穿戴设备和VR带来AMOLED成长性应用空间。如果说AMOLED于智能手机市场是一种替代性的应用机会,那么于可穿戴设备和VR则是成长性的应用机会。由于可穿戴设备和VR还处于行业的发展初期,近几年的市场弹性没有智能手机高,2015~2019年市场规模合计在45亿美元左右;但VR和可穿戴设备有望成为继智能手机之后的计算平台,我们看好AMOLED在新产业趋势下的长期成长机会(见图1)。

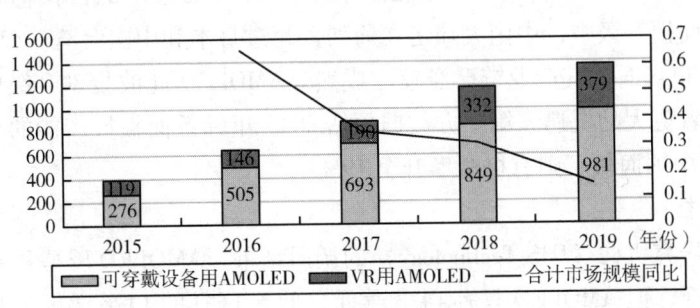

图1　2015~2019年可穿戴和VR用AMOLED市场规模

资料来源:智研咨询发布的《2017~2022年中国AMOLED市场分析预测及发展趋势研究报告》。

③AMOLED市场空间预测。第一,AMOLED较为确定的应用市场是智能手机、VR和可穿戴设备;在PC以及更大尺寸的电视领域的应用仍待发酵。从第三方数据来看,若将PC/电视等中大尺寸的应用考虑在内,AMOLED市场空间在700亿美元左右。我们出于谨慎原则,仅对确定性高的市场应用空间进行统计,认为AMOLED市场规模将

从 2015 年的 97 亿美元增长至 2019 年的 307 亿美元，2015~2019 年市场规模合计将近千亿美元，其中智能手机应用是主力，占到 90% 以上。第二，AMOLED 产业链分为上游的设备厂商、材料厂商和零组件厂商，中游是面板厂商，下游应用包括智能手机、可穿戴设备、VR/AR、电视、PC、平板等各类终端。产业崛起上游最先开始受益，但上游技术门槛较高，大陆在上游这一环节最弱。大陆投资主要集中在中游面板环节，与较为封闭的上游不相匹配。参考韩国的经验，中游面板先行，面板国产化的需求将刺激上游的发展。第三，2016 年全球中小尺寸 AMOLED 面板产能达到 590 万平方米，同比增长约 15.7%。预期在各面板厂积极扩充产能下，2019 年中小尺寸 AMOLED 面板产能面积将达到 1 440 万平方米。其中，2016 年苹果宣布将采用 AMOLED 屏幕，主要厂商相继开始扩产，扩产的产能集中在 2018 年释放，2018 年产能同比增幅高达 45.9%。2015~2019 年产能的年复合增长率高达 30%。

图 2　2015~2019 年 AMOLED 产能面积测算

资料来源：根据万德数据库与中国产业信息网已有数据测算。

2016 年全球中小尺寸 AMOLED 面板产能中，韩系面板厂的占比仍独占鳌头，达 93%。在此波面板升级中，中国大陆走在前列，超过日本和中国台湾。相比 LCD 时代，大陆切入 LCD 市场时，其产业链已经较为成熟。AMOLED 此波技术升级中，中国仅次于韩国，面临着更大的机遇。第三方数据预估 2019 年韩系面板厂产能的全球占比将下滑至 71%，而中国面板厂则有机会攀升至 19%。

2. 价格分析

根据市场研究机构（IHS Technology）的调研结果，AMOLED 屏幕和 LCD 在生产成本上都有所下降，但 AMOLED 只有 14.3 美元，低于 LCD 的 14.6 美元（以 5 英寸屏幕为例），2015 年第四季度 AMOLED 的成本还需要 17.1 美元（LCD 为 15.7 美元），这个降幅不小。价格降低也就意味着 AMOLED 屏幕将迎来属于自己的新时代，未来它将不再是高端智能手机的专属，而是会飞进寻常百姓家。

根据以上市场分析可得出结论，在 2017 年，市场对于 AMOLED 的需求会大幅度上升，但国内的几家投资于 AMOLED 的大型公司所建设的生产线，在 2017 年几乎不可能大规模投产。而国内大多数智能手机制造商把主打机型的屏幕定位到了 AMOLED 上，这就导致国内手机制造商对于屏幕，太过依赖于海外的供给。

对于 AMOLED 的研发，三星已经做了近十年，日本之前也尝试过对 AMOLED 进行研发，但由于技术困难各种因素放弃了，只有三星等韩国企业坚持下来。国内的智能手机厂商，为了迎合国内市场的需求，非常依赖于在韩国进口 AMOLED 面板。因此，国内的手机厂商一方面是对三星强大的依赖，另一方面又不敢放弃这个合作伙伴，担心的是过了这阵子，三星有可能不再支持自己。目前来看，三星每天可生产 AMOLED 屏幕的数量约为 100 万片左右，年产能在 3 亿片左右，其中，三星就要占掉 2/3 的产量，真正提供给其他手机厂商的屏幕数量在 1 亿片左右，然而这根本就不能满足国内手机市场的巨大需求。

按照此前市场预估，OPPO 今年出货量会在 8 000 万~9 000 万台，vivo 的出货量约为 6 000 万台~7 000 万台，单就这两家厂商，每年就有一半左右的产品会使用 AMOLED 屏幕。因此，在市场上造成了严重的供需不平衡，这就能解释 AMOLED 在中国市场的高边际贡献。

近些年在市场上表现出来的边际贡献（见表2），导致了中国市场的 AMOLED 投资热，这样的高边际贡献多半是由于供货垄断所致，在国内面板生产商 AMOLED 项目投产后（2018 年），边际贡献率会慢慢接近普通水平，稳定在 40% 左右，预计 AMOLED 单张面板在 5 年之后会维持在 23~24 美元，单张变动成本会在 13 美元左右。

表2 根据边际贡献率预测 AMOLED 成本及市价

AMOLED	2015 年	2016 年	2017 年	2018 年
变动成本（美元）	17.1	14.3	14.1	13.9
市价（美元）	35	30	27	24.6
边际贡献率（%）	51	52	48	43

资料来源：根据中国产业信息网已有数据预测。

3. 总结

总体来说，国内市场对于 AMOLED 正处在一个打破垄断的格局下，国内面板生产商谁先拿下这一项目，就可尽早在市场上分一杯羹。目前国内最大的柔性 AMOLED 投资项目是京东方成都第 6 代 LTPS/AMOLED 生产线项目该生产线早在去年上半年已经公布，一期项目投资额为 220 亿元，2016 年 2 月底在 6 代线上继续加码，增加投资 245 亿元建设二期项目。尽管京东方公告并没有明确指出生产柔性 AMOLED 显示屏，只是称生产 AMOLED 显示产品，主攻中小尺寸高端显示市场，但是京东方副总裁一直对外宣称，在成都建设的第 6 代 AMOLED 生产线主要产品为中小尺寸的柔性可弯折 AMOLED 面板。在第 6 代 LTPS/AMOLED 生产线项目投资上，天马比京东方更为谨慎。去年天马公布拟 120 亿元投建武汉第 6 代生产线时，并不是 LTPS/AMOLED，而是 LTPS LCD。武汉天马第 6 代生产线规划本来就是针对 LTPS/AMOLED，但是由于资金的问题，先对外公布为 LTPS LCD。2016 年 5 月天马开始改口，发布公告称，武汉天马第 6 代 LTPS 显示器面板生产线项目进展顺利，将对其后段生产线的部分设备进行优化，改为以 LTPS 为驱动基板的 AMOLED 生产线。此项投资应该说是迎合了市场的大方向，逐步实现市场供需平衡，从市场分析上看，具有一定的获利空间。但是，仅仅对市场行情预测和对价格预测还是不全面的，AMOLED 显示屏项目不像光伏项目一样，只要有一个主要的技术负责人就能把产业管理起来，AMOLED 项目需要一个团队。如果没有一个有经验的团队，AMOLED 项目要落成很难所以在各项指标不太成熟的情况下，强行上马 OLED 项目，只会浪费人力、物力和财力。因此，还需要对深天马 A 的项目团队实例进行评估，才能进一步合理确定在未来可获得的收益。再者，投资 AMOLED 具有很大风险，就目前而言，在技术或成本乃至性价比信赖度等多方面，没有确凿的 AMOLED 会全面取代 TFT – LCD 成为未来市场的标配。而且，还有新的选择，例如苹果已收购了美国 Micro LED 显示技术公司 LuxVue Technology，展示抢进微发光二极体（Micro LED）显示技术的企图心。对于深天马 A 这次项目投资，还需要进行一系列财务评价，来评估其对 AMOLED 的投资是否合理。

（二）项目财务状况预测

1. 投资估算

一般来说，建设项目的投资总额，指的就是企业为使建设项目完全达到设计生产能力，由建设前期准备的工作开始，到项目建成投产后开展正常经营所投入的全部现实资金，包含两个方面内容：一是建设投资，二是流动资金投资。

从 2014 年年末拟建设武汉天马的 G6 项目以来，到 2016 年 5 月将其改为 AMOLED 生产线，拟对武汉天马的投资总额并未发生改变，从拟建设到竣工估计的建设资金和流动资金投资总额约 120 亿元人民币。

2. 资金筹措

企业筹款的形式一般有银行贷款，发行债券，发行股票等方式。银团贷款的形式是服务对象为有巨额资金需求的大中型企业、企业集团和国家重点建设项目的一种筹款形式，指的是由两家或两家以上银行基于相同贷款条件，依据同一贷款协议，按约定时间和比例，通过代理行向借款人提供的本外币贷款或授信业务。

武汉天马公司计划向集团公司增资 60 亿元加银团贷款 60 亿元来筹措所需的 120 亿元的资金。银团贷款主要用于国家重点项目的建设，风险较低，侧面反映了资本市场对项目的看好。其中，60 亿元的对武汉天马的增资，其资金部分来源于 2015 年深天马 A 向境内特定投资者非公开发行人民币普通股 269 360 269 股，扣除发行费用后募集净额人民币 4 721 449 993.58 元，其中承诺投资与 G6 项目的有 47.28 亿元，12.72 亿元来自于母公司的自有资金。

截至 2016 年第三季度，工程的完工比在 7.93%，使用资金 951 073 439 元，未使用完成定增筹集的权益性资本金，未发生利息的资本化。

3. 现金流量预测

投资项目的现金流量由以下三部分组成：第一，原始投资。即开始投资时发生的现金流量，主要为现金流出量。一般包括：固定资产投资，即房屋和建筑物、机器设备等的购入或建造、运输、安装成本等；流动资产投资，即由于新增固定资产而增加的营运资金；其他投资费用，与固定资产投资有关的其他费用，如筹建费用、职工培训费；原有固定资产的变现收入，表现为现金流入，常见于固定资产更新投资。第二，固定资产使用中的现金流量。是固定资产在投产后，由于正常业务所引起的现金流量。营业收入是主要的现金流入量；发生的成本费用是主要的流出量。需要注意的是折旧，虽然折旧在会计核算中确认为费用，但是，这部分资金并没有流出企业，所以不能作为现金的流出量。第三，固定资产清理的现金流量。这是指固定资产使用期满，进行清理阶段发生的现金流量，包括收回固定资产的残值、收回原垫付的流动资金等，都是企业的现金流入。现金净流量 = 各年的现金流入量 − 各年的现金流出量 = 销售收入 − 付现成本 − 所得税 = 净利润 + 固定资产的折旧额

（1）成本费用预测。按照《企业会计准则》有关要求，费用指的是在企业日常生产经营过程中发生、会导致所有者权益减少、与向所有者分配利润有关的经济利益的总流出。按照成本属性可为生产费用和期间费用，并将产品生产费用计入生产成本，期间费用计入当期损益。

①直接材料：直接材料所发生的费用是直接用于生产产品、组成产品实体的原料、半成品、有助于产品形成的辅助材料和其他直接材料构成。IHS 研究显示，2015 年整体 AMOLED 材料市场，包括微金属光罩的 RGB OLED（FMM RGB）和 WOLED 的类型，将年增 54%，达 6.58 亿美元。到 2019 年，AMOLED 材料市场预计将达 20 亿美元，2014~2019 年的年复合成长率为 37%。材料价格不断上涨，

②直接人工：直接人工是指企业生产一线工人工资，并按照一定比例提取的职工福利费组成。包含工资、福利费及"三险一金"。福利费用一般按工资 14% 提取。"三险一金"主要包括养老保险、失业保险、医疗保险及住房公积金，提缴比例分别为 21%、2%、10%、12%。该项目总定员 3 000 人，人员工资（含福利费）按 4 万元/人/年计算。

③燃料及动力：燃料及动力指产品生产过程中外购和自产的燃料及动力费。该项目燃料来源为天然气。动力来源包括区内转供水电气、热电厂蒸汽和电业局供电等。按照能源动力的采购成本单价即用量，大致估算投产后每年因项目所耗费的能源费用为 4.66 亿元。

④制造费用：制造费用指企业在生产经营过程中为组织和管理生产所发生的各种间接费用。主要包括：生产部门管理人员和非生产人员的工资等薪酬及车间发生的机物料消耗。该项目制造费用包括 AMOLED 生产线固定资产折旧、无形资产摊销及水电费等。该项目的固定资产可以看作一个资产组，按照投资总额采用平均年限法计算折旧，综合折旧年限为 20 年，残值率按照 3% 计算：年折旧额 = 120 亿 × 0.97/20 = 5.82（亿元）。

(2) 汇率与增量期间费用预测。当前宏观经济形势表明,中国经济处在下行通道,M2 激增,出现对内贬值对外增值的现象,但 M2 增速放缓,汇率要逐渐恢复到正常的价值区间,人民币在未来 10~20 年内预期会不断对外贬值。由于面板市场仍是主要依赖于进口,国内市场的定价受汇率影响较大,在考虑未来现金流量时,要考虑汇率的风险敞口。此处按照 1∶7 进行近似计算。

利润表期间费用与营业税金及附加的增减变动与营业收入的增减变动成比例:2015 年合并营业收入为 10 530 002 724 元,期间费用与营业税金及附加合计 1 609 737 756 元,预计营业收入 =0.6(年产能)×24×7 =100.8(亿元),则期间费用与营业税金及附加合计增加 100.8/105.3×16.1 =15.4(亿元)。

每年增量成本估计 5.82(折旧)+1.2(增量薪酬)+0.6(年产能)×14(变动成本:美元)×7(汇率风险敞口)+4.66(动力预计)+15.4(增量期间费用及营业税金及附加)=85.88(亿元)。

4. 收入与税费估计

根据上文对 AMOLED 的市场分析预测,AMOLED 单张面板在 5 年之后会维持在 23~24 美元,再根据深天马在项目公告书中报出的生产线的年产能,我们可大致估算每年增量收入,估计为产能与预计国际市场售价的乘积折算为人民币的价格,即 0.6×24×7 =100.8(亿元)。根据 2.3 中估算的每年度增量成本,可得税前利润为 100.8 − 85.88 = 14.92(亿元)。

考虑 25% 的所得税后,调整的增量利润为:税后增量利润 =(100.8 − 85.88)×(1 − 0.25)= 11.19(亿元)。

5. 项目还款资金来源

(1) 利润,即企业年度实现的净利润。(2) 折旧,即当年计入成本的房屋、设备、运输等设备计提的折旧。

每年增量现金流量即为项目偿还贷款来源扣除价外税影响后的金额,每年利润增量为 11.19 亿元,折旧额为 5.82 亿元,我们假设公司所有成本费用均已开票,所有销售也均已开票。价外税近似为利润乘以税率 =11.19×0.17 =1.9 023(亿元)。如此测算,每年增量现金流量为 15.1 077 亿元。

(三) 项目财务评价

财务评价,又称财务分析,主要是根据国家有关财务税收制度和价格体系,在投资主体的角度,对投资项目给企业带来的经济效果的一种分析方法,重点研究项目盈利能力、偿债能力以及抗风险能力,进而衡量项目在财务上的可行性。财务分析主要的分析方法有回收期法、净现值法、内部收益率法等。根据现有数据的调查分析,多数企业采用净现值法和内部收益率发来研究项目在财务上的可行性分析。一般而言,决策者按照财务评价指标综合分析项目投资的可行性。

投资项目评价指标是从多种角度反映投资项目是否经济可行,大体分为三类:一是按照是否考虑时间价值,可以分为静态评价指标和动态评价指标。静态评价指标是在计算过程中不考虑时间价值因素,包括投资收益率和静态投资回收期;动态评价指标是在计算过程中充分考虑时间价值的指标,包括净现值,内部收益率。二是按照指标的性质不同,可以分为正指标和反指标,其中投资回收期属于反指标。三是按照指标在决策中的重要性分类,分为主要指标、次要指标和辅助指标。其中,净现值和内部收益率是评价项目主要指标,静态投资回收期属于次要指标,投资收益率属于辅助指标。

1. 静态投资回收期

静态投资回收期是指项目投产后每年净收益抵偿全部投资,包括固定资产和流动资金说需要的时间,反映了项目对投资的回收能力。

静态投资回收期=投资总额/年净收益(年净现金流入量)。

因为折旧额不影响现金流量,所以在进行计算时,要在增量利润中加回增量折旧,增值税虽是价外税,不影响企业利润,但是影响每一年的现金流量,此处要扣减17%的对增量利润征税对现金流量的抵减额。

$120/(11.19+5.82-11.19\times0.17)=7.94$(年)

2. 净现值

在项目计算期内,按行业基准折现率或其他设定的折现率计算的各年净现金流量现值的代数和。按此方法对项目进行评估,重点在于正确估计项目所用资金的资本成本。按照深天马A的筹资方式,采用了60亿元人民币增资,60亿元人民币银团贷款的方式,银团贷款资本成本按照平均贷款利率=5%计算,60亿元深天马A对武汉天马增资的资金来源,其中47.28亿元来自集团公司定向增发募集的资金,12.72亿元来自集团公司自有资金,这部分自有资金又是企业留存收益带来的现金余量、举债和所有者投入资金共同作用而形成的。根据深天马A的资产负债率(8 380 358 043/21 628 692 218=38.7%)来看,可假设12.72亿元中有1 272 000 000×38.7%=492 855 292.55(元)的资金来源于举债,假设举债资本成本略高于同期银行贷款利率,为6%;权益资本成本为股东期望报酬率,市场上该行业投资者的期望的证券投资报酬率,根据第三方的有关数据,假设为12%。

则WACC(加权平均资本成本)=6 000 000 000/12 000 000 000×5%+492 855 292.55/12 000 000 000×6%+77 911 470 744/12 000 000 000×12%+4 728 000 000/12 000 000 000×12%=0.5×5%+0.041×6%+0.065×12%+0.394×12%=8.25%。

此时,根据上文计算得来的投产期后每年增量现金流量,假设在未来20年内保持不变,可计算净现值。2015年,G6项目正式开工建造,可假设2015年为第T年,项目使用资金量为535 386 446元。根据项目的最新跟进,在武汉市所建造的G6项目厂房的一期工程M1在2016年3月开工建造,9月完成,根据2016年半年报显示,G6项目2016年上半年耗用资金415 686 993元。根据完工百分比法,估计2016年G6项目M1耗用资金831 373 986元,M2耗用415 686 993元,合计1 247 060 979元。2017年资金使用量为12 000 000 000-1 247 060 979-535 386 446=10 217 552 575(元),

NPV = $\sum$ 1 510 770 000/(1 + 8.25%)^i (i = 3…22) − 10 217 552 575/(1 + 8.25%)^2 − 1 247 060 979/(1 + 8.25%) − 535 386 446 = 1 357 258 775.61 > 0。

由计算可知（见表 3），在 G6 项目投产期到期之前，可给企业带来正向净现值。

表 3　　　　　　　　　　　　净现值

￥1 357 258 775.61	折现率	0.0825
净现值↗	2015 年	−535 386 446
	2016 年	−1 247 060 979
	2017 年	−10 217 552 575
	2018 年	1 510 770 000
	2019 年	1 510 770 000
	2020 年	1 510 770 000
	2021 年	1 510 770 000
	2022 年	1 510 770 000
	2023 年	1 510 770 000
	2024 年	1 510 770 000
	2025 年	1 510 770 000
	2026 年	1 510 770 000
	2027 年	1 510 770 000
	2028 年	1 510 770 000
	2029 年	1 510 770 000
	2030 年	1 510 770 000
	2031 年	1 510 770 000
	2032 年	1 510 770 000
	2033 年	1 510 770 000
	2034 年	1 510 770 000
	2035 年	1 510 770 000

3. 内部收益率

内部收益率是一个宏观概念指标，最通俗的理解为项目投资收益能承受的货币贬值，或通货膨胀的能力。如内部收益率 10%，表示该项目操作过程中每年能承受货币最大贬值 10%，或通货膨胀 10%。

同时内部收益率也表示项目操作过程中抗风险能力，如内部收益率 10%，表示该项目操作过程中每年能承受最大风险为 10%。另外，如果项目操作中需要贷款，则内部收益率可表示最大能承受的利率，若在项目经济测算中已包含贷款利息，则表示未来项目操作过程中贷款利息的最大上浮值。

通常情况内部收益率以8%为基准。原因在于我国近年通货膨胀率在7%~8%之间（官方数据在4%~5%）。若等于8%则表示项目操作完成时，除"自己"拿的"工资"外没有赚钱，但还是具有可行性的。若低于8%则表示等项目操作完成时有很大的可能性是亏本了。因为通货膨胀，你以后赚的钱折到现在时就很有可能包不住你现在投入的成本。投资回报期较长的项目对内部收益率指标尤为重要。比如酒店建设一般投资回收期在10~15年，大型旅游开发投资经营期50年以上。这是内部收益率最通俗、最实际的意义。

计算步骤：（1）在计算净现值的基础上，如果净现值是正值，就要采用这个净现值计算中更高的折现率来测算，直到测算的净现值正值近于零。（2）再继续提高折现率，直到测算出一个净现值为负值。如果负值过大，就降低折现率后再测算到接近于零的负值。（3）根据接近于零的相邻正负两个净现值的折现率，用线性插值法求得内部收益率。

计算G6项目的内部收益率IRR（见表4）：

$$0 = \sum 1\,510\,770\,000/(1+IRR)^i (i=3\cdots 22) - 10\,217\,552\,575/(1+IRR)^2 - 1\,247\,060\,979/(1+IRR) - 535\,386\,446$$

计算得出，IRR = 10.19%。

计算得到此次项目投资的内部收益率10.19%，超过了投入资金的加权平均资本成本。企业用银团贷款的形式加大了财务杠杆，为企业形象带来提升的同时又给股东带了超额收益，为股东财富带来了市场增加值。

表4　　　　　　　　　项目内含报酬率计算表

折现率	0.0825
2015年	-535,386,446
2016年	-1,247,060,979
2017年	-10,217,552,575
2018年	1,510,770,000
2019年	1,510,770,000
2020年	1,510,770,000
2021年	1,510,770,000
2022年	1,510,770,000
2023年	1,510,770,000
2024年	1,510,770,000
2025年	1,510,770,000
2026年	1,510,770,000
2027年	1,510,770,000
2028年	1,510,770,000
2029年	1,510,770,000
2030年	1,510,770,000
2031年	1,510,770,000
2032年	1,510,770,000
2033年	1,510,770,000
2034年	1,510,770,000
2035年	1,510,770,000

计算结果 = 0.10189046

资料来源：根据上文数据整理计算。

三、案例讨论

深天马 A 斥巨资投入 G6 项目的决策过程中，以对细分领域未来市场的预测为基础，根据预测的市场表现，对项目回笼现金流的能力做出判断，从而形成体系较完整的财务评价。这一过程，可以为未实操过重大企业决策的案例学员们带来太多思考。请学员们重点思考以下问题：

1. 行业分析的一般步骤有哪些？深天马进行投资决策时，应从什么角度进行行业分析、竞争分析和自身因素分析？

2. 项目投资决策的方法主要有哪些？企业在选择各种方法时应主要考虑哪些因素？

3. 深天马进行投资项目分析时，是如何利用全面预算进行现金流测算的？

4. 折现率的选择对项目投资决策有何影响？深天马是如何确定评价投资项目折现率的？

5. 通常企业应如何进行项目投资的财务评价？深天马公司是如何对该投资项目进行财务评价的？

参考文献

[1] 中投证券-深天马 A-000050-20160824。

[2] 国金证券-深天马 A-000050-20160825。

[3] 吉林石化公司苯乙烯项目投资分析与财务评价 [D]. 吉林大学硕士论文. 李超群. 2012.

[4] 深天马 A：2014 年年度报告。

[5] 深天马 A：2015 年年度报告。

[6] 深天马 A：2016 年半年度报告。

[7] 深天马 A：2016 年第三季度报告。

[8] 押注 AMOLED 天马胜算几何？中国电子报，2016（5）.

[9] AMOLED 或引领中小屏市场的变革. 中国高新技术产业导报，2014-7-28.

案例8　财务共享助力协鑫集团战略布局

教学目标

本案例旨在分析协鑫集团财务共享服务中心建立过程，以及财务共享对企业集团战略布局的影响。通过本案例，一方面使学员思考企业实施财务共享服务的动因和建立条件，掌握建立财务共享服务中心在业务范围、角色定位、选址等方面的实务选择；另一方面使学员充分了解财务共享助力企业集团战略布局的方式。

财务共享服务中心是一种创新型财务管理方式，作为大型民营集团在财务共享领域的领头者，协鑫集团财务共享平台已成功由"成本中心"转变为"黄埔军校"和"利润中心"，不仅实现了财务为集团战略布局的服务，更是以国内首家以财务共享服务成立的独立法人而一枝独秀。协鑫集团的业务具有多元化和全球化的特点，2010年起集团试图利用资本市场快速扩张，但当时松散的财务体系成了战略路上的"绊脚石"。各子公司单独核算在成本效率和统筹管控上都不经济，为达到资本市场和集团战略对财务的要求，企业引入了财务共享服务。协鑫集团是否适合实施财务共享服务？如果适合，那么财务共享服务中心的角色定位是什么、选择何种模式类型、哪些业务适合纳入、该选用何种信息系统、地址选定在哪里、组织架构怎么搭建、未来规划是什么？

一、背景简介

（一）理论背景

财务共享是指企业（集团）将下属单位相同的财务职能集中，由一个相对独立的财务机构利用统一标准化流程来为其提供财务服务，即各单位共享一个机构的财务服务。它起源于20世纪80年代，由美国通用、福特等大型制造企业集团提出。如同福特基于分工和专业化的流水线生产工厂一样，财务共享中心如同一个管理企业财务的工厂，财务活动被标准化规范化的同时，财务人员也更加专业化和分工细化。目前，财富100强企业中，已有超过80%建立了财务共享服务中心。在我国，近年来，随着经济全球化、监管政策的趋同以及信息化的快速发展，越来越多的企业开始关注、规划和实施财务共享。

（二）制度背景

2013年12月9日财政部印发的《企业会计信息化工作规范》通知，第三十四条指出："分公司、子公司数量多、分布广的大型企业、企业集团应当探索利用信息技术促进会计工作的集中，逐步建立财务共享服务中心。实行会计工作集中的企业以及企业分支机构，应当为外部会计监督机构及时查询和调阅异地储存的会计资料提供必要条件。"2014年，财政部在《财政部关于全面推进管理会计体系建设的指导意见》亦提出，鼓励大型企业和企业集团充分利用专业化分工和信息技术优势，建立财务共享服务中心，加快会计职能从重核算到重管理决策的拓展，促进管理会计工作的有效展开。此外，国务院国资委在《关于加强中央企业财务信息化工作的通知》中要求具备条件的企业应当在集团层面探索开展会计集中核算和共享会计服务。在我国，大型企业集团大多为国企，研究国企财务共享服务发展的案例和文章都比较多。因此，本案例决定另换角度：以协鑫集团为例向学员介绍大型民营企业集团的财务共享服务中心建设情况。

二、案例概况

（一）协鑫财务共享服务中心诞生的背景

1. 协鑫集团情况简介

协鑫（集团）控股有限公司集团是一家以新能源、清洁能源及相关产业为主的国际化综合性能源集团，是全球领先的光伏材料制造商及新能源开发、建设、运营商。目前其旗下布局电力、光伏、油气、金融四大产业群，在全球拥有60多个生产基地，资产总额近1 300亿元，员工近30 000名。作为中国500强企业，协鑫集团连续七年位列中国新能源行业榜首，2015全球新能源企业500强第11位，是全球太阳能理事会主席单位、亚洲光伏产业协会主席单位。

26年精心经营使成立于1990年的协鑫集团蜕变为拥有2家A股、1家新三板、2家港股上市公司的新能源巨擘。旗下上市公司为：徐州同鑫光电科技股份有限公司（835088.OC）、协鑫集成科技股份有限公司（2506.SZ）、×ST霞客（002015.SZ）、保利协鑫能源控股有限公司（3800.HK）和协鑫新能源控股有限公司（0451.HK）。协鑫集团分支机构遍布中国、中国香港、中国台湾及美国、日本、加拿大、澳大利亚、新加坡、印度尼西亚、埃塞俄比亚、吉布提等世界各地。

2. 集团战略发展要求财务管理升级

协鑫集团能够在今天如此星光熠熠，很大程度上要归功于集团战略的成功推进。我们简单回顾一下协鑫集团战略发展布局，就能很明显意识到2010年这一关键时间节点：企业完成了战略转型并向新能源扩张迈进，在光伏、LED、电池等新能源领域充分延伸，打出一套套组合拳。但是如此大规模的动作需要大量资源的支撑，仅仅依靠集团自身资本难以撑起这么大量级的扩张，因此协鑫集团将目光瞄向了资本市场。

协鑫集团发展早期的财务管理模式比较分散，集团财务部仅负责集团的会计核算与管理等，分、子公司及海外分支机构分别设立独立的财务部口，由总部外派财务人员并设立相应岗位进行财务核算，包括日常的费用报销、凭证装订、资产核算、税务管理、报表的编制等，然后将财务信息上报于集团总部进行合并。从2007年保利协鑫能源控股有限公司（3800.HK）计划上市开始，集团管理层就开始体会到财务的重要性和自身财务管理工作与资本市场的差距。到了2010年，集团试图利用资本市场支持新能源扩张战略，这种分散性财务体统又成了阻挡企业战略步伐的一块"绊脚石"，主要表现为集团管控力度不足、财务风险偏高、各子公司核算标准不一、规范性差，如此种种都难以达到资本市场的要求，更难以支撑企业战略扩张。

（1）业务多元化全球化，财务规范性差。随着协鑫集团能源行业相关多元化的产业发展，从投资经营燃煤燃气热电联产、燃煤发电、垃圾发电、风力发电、生物质发电、太阳能发电等电力业务，到规模化投资多晶硅和硅片等光伏材料产业，以及正在建设中的天然气勘探、开发、仓储、配送、终端业务，覆盖了能源行业多个产业。而且，协鑫集团分支机构遍布中国大陆31个省（市、自治区）、中国香港、中国台湾及美国、日本、加拿大、澳大利亚、新加坡、印度尼西亚、埃塞俄比亚、吉布提等世界各地。不同行业规范，不同国家（地区）核算规则，不同人员素质，使得不同企业的财务管理质量不一，集团整体财务规范性差。

（2）核算标准不一，集团管控力度弱。各个行业特点差异很大，管理层的要求不一，难以形成统一的财务核算规范，同时各个公司、各个行业没有形成统一的基础数据，没有统一的核算标准，财务数据可比性不足。因此，虽然集团能获取各个分、子公司的财务数据，但是却无法直截了当地获取集团整体的财务信息，将各家财务信息逐一归集调整至统一标准的工作既繁琐又耗时，因而集团管理层无法及时有效地对集团财务进行强力管控。

与资本市场未接轨，财务风险大。环保电力业务2007年11月在香港主板上市，多晶硅业务2009年加入保利协鑫，2010年起协鑫集团希望对接资本市场的步伐加速。政府和社会对上市公司的诸多监管和管理要求，迫使集团会计核算标准和财务管理水平快速提升。如果集团继续维持其分散式财务管理，财务管理效率和质量都令人担忧。财务管理如果出现了问题，不仅现有集团旗下上市公司的股价走跌，集团整体财务链缩紧，集团未来筹划的战略性行动也将受到影响。降低财务风险，加强财务管控，完成与资本市场的标准对接是协鑫集团2010年的重要课题。

综上所述，加强和规范财务管控已是集团财经条线顶层设计下不可缺少的一环。在此情况下，为了集团战略扩张、财务管控的提升、财务风险的防范和会计核算的一体化，财务共享服务中心（平台）应需而生。

3. 集中化为财务共享铺平道路

协鑫集团财务管理优化的步伐一直没有间断，在2010年准备开始着手打造财务共享中心之前，ERP和现金池的建设已经将企业财务进行了集中化。

资金是企业生产经营的"血液"，是企业生存发展的"命脉"，资金存量充足、结构合理、运用顺畅是企业集团成长壮大和实现战略目标的重要保障。企业集团资金集中管理，是指将整个集团的资金归集到集团总部，在集团总部设立专职部门代表集团公司实施对整个集团资金的统一调度、管理、运用和监控。协鑫集团资金集中管理采用的"现金池"模式，即企业集团和其成员企业均在商业银行开立实际账户，集团账户作为结算业务主账户或称一级结算账户，成员企业开立的账户作为二级结算账户，企业可根据集团资金集中管理目标，与合作银行商定资金上划和下拨规则，从而实现集团内资金在一二级结算账户之间的流动和配置。成员单位开设的二级结算账户可采用收支合一的形式，也可采用"收支两条线"的形式；账户收入的资金上划至集团一级结算账户可逐笔自动上划，也可以按日定时上划。"现金池"这种资金管理模式的最大特点是高效，能降低对外融资和汇兑成本。实行"现金池"模式的企业需要审视合作银行的服务质量和服务收费，需要在企业集团内部、企业集团与合作银行之间形成强劲的信息沟通机制。启动现金流归集后，一方面，财务团队不仅设计一体化方案，搭建了一体化平台——协鑫投资有限公司，而且通过分公司每周上报的资金计划和集团现金集中管理，大大减少了现金沉淀；另一方面，也提高了企业面对银行时的议价能力，授信额度增加了20亿元，仅第一年就节约财务成本4 000多万元，相当于当时旗下4个电厂的利润。

截至2010年，ERP系统上马，资金也集中管理，财务标准化的基础具备，协鑫财务共享中心的建立也顺势被提上了日程。

（二）协鑫财务共享服务中心的创建之路

1. 可行性分析与角色定位

协鑫企业财务共享服务中心经过了调研、试点、部分推进和全面铺开的过程。调研结果认为，由于协鑫集团符合大型化、全球化、多产业化条件，因此如果将各分、子公司财务归集至财务共享服务中心处理，能形成良好的规模效应，不仅利于节约财务成本，也有利于母公司对分、子公司加强管控，还有利于新设企业的快速建立和扩张。因此从理论上来讲有较强的可行性。集团决定将电力板块作为首块试验田，根据电力板块财务共享调研制定了上线计划及共享服务制度。同年，协鑫集团财务共享服务中心在徐州试点成立，服务于徐州、连云港地区的7家电力企业；将徐州地区电力企业的付款、收款、应收、应付、存货、总账、报表等规模核算工作集中到会计共享服务中心进行集中处理。经过两年的模块整合和流程优化，电力板块试点工作取得成功，2012年5月，财务共享服务中心向光伏板块提供共享服务，而后进入快速拓展全面铺开阶段，截至2016年6月，财务共享服务平台接入集团子公司数量达到342家，集团主要业务均纳入共享服务。

试点板块的成功使得财务共享推广开来，此时集团管理层开始对财务共享服务中心的角色和功能进行定位与设计。整体而言，协鑫集团设计了三个层次的财务服务：战略财务、共享财务和业务财务（见图1）。底层财务是业务财务，负责日常的营运成本控制和分析；上层则是战略财务，负责整个集团的战略决策和业务转型方面的财务支持；共享财务位于战略财务和业务财务之间，扮演着承上启下的角色。三层财务服务相互协调，共同完成三大任务：一是为集团内部公司提供高效合规的会计服务；二是设置多通道、多职级可成长的职业规划，进行财务及管理两个方面的人才培养，打造集团内部的"黄埔军校"；三是收集相应信息，打造数据中心。

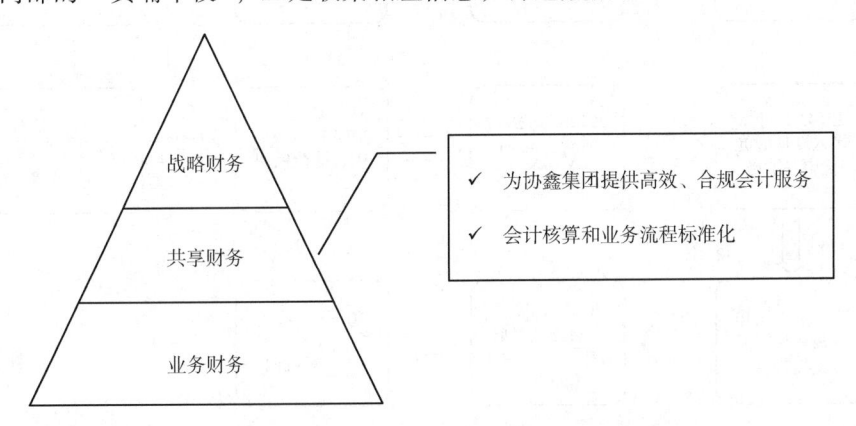

图1　财务共享服务中心的职责定位

（金字塔图：战略财务 / 共享财务 / 业务财务）
- 为协鑫集团提供高效、合规会计服务
- 会计核算和业务流程标准化

2. 变革摩擦与顶层推进

财务共享服务将原有财务体系打乱重组，将财务分工和流程重新定义，原有财务组织结构也被打破，是一场财务管理模式的大转型，推行之初员工往往难以迅速接受。此外，财务共享服务中心大幅度增加了财务管理的透明度，有些下属公司难免会抵触。

所以协鑫集团财务共享服务中心建立过程也比较艰辛，财务共享是在大家不认可的情况下由管理层"强硬"推进的。例如，徐州地区的企业要接入财务共享服务中心需要他们相应的财务人员到苏州的中心工作，但当地的财务人员有的不愿意到苏州，当地企业的领导就重新调整这类人员的工作。

总之，协鑫财务共享服务中心的初期建设，要归功于管理层的大力支持和强力推动。后来，随着共享服务中心流程标准化的打造和效果的显现，各层财务人员由原来的不适应不理解、被动接受转变为主动接受、积极推进，财务共享中心的建设越发顺利。

3. 纳入财务共享的业务层次逐步升级

协鑫集团财务共享业务的纳入，包含企业业务和会计业务两个方面，显现出先点后面、先易后难、先初级后高级、先简单后复杂的特点。

从企业业务范围扩张来看，协鑫集团财务共享中心是从2010年由电力板块的共享开始，到2012年逐步向其他业务板块扩充，涵盖集团所有板块（光伏、电力、天然气、金融和地产），集团主要业务均纳入共享服务。2015年，财务共享服务平台完成集团下智慧能源、光伏、油气、新能源的标准化手册编制工作；完善绩效考核管理制度，引入积分制管理机制，以考核推进工作效率，提高数据质量。截至 2016 年 6 月，财务共享服务平台接入集团子公司数量达到 342 家，并成为国内首家以财务共享服务成立的独立法人。协鑫集团财务共享服务中心业务范围发展过程见图 2。

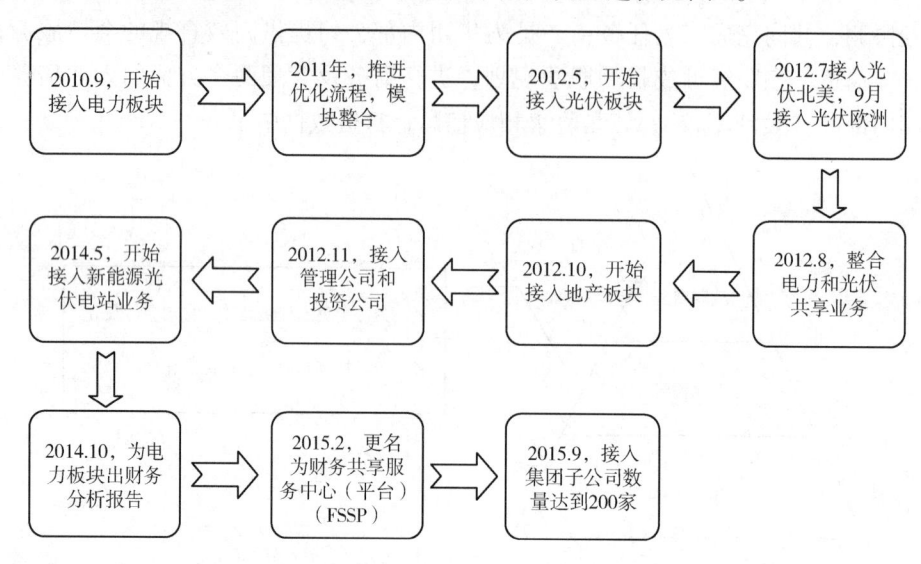

```
2010.9，开始       2011年，推进      2012.5，开始       2012.7接入光
接入电力板块   →   优化流程，模  →  接入光伏板块  →   伏北美，9月
                   块整合                              接入光伏欧洲
                                                            ↓
2014.5，开始       2012.11，接入      2012.10，开始      2012.8，整合
接入新能源光  ←   管理公司和    ←   接入地产板块  ←   电力和光伏
伏电站业务         投资公司                              共享业务
    ↓
2014.10，为电      2015.2，更名       2015.9，接入
力板块出财务  →   为财务共享服  →   集团子公司
分析报告           务中心（平台）     数量达到200家
                   （FSSP）
```

图 2　协鑫集团财务共享服务中心业务范围发展

资料来源：根据相关资料整理。

从核算的会计业务范围来看，协鑫集团财务共享服务中心职能逐步升级，由简单核算向复杂化会计分析扩展（见图 3）。在其建设初期，仅将具有一定规模、易于集中核算的业务纳入与整合，并且整合审批流，衔接现场业务端与共享财务端的工作，规范财务共享服务中心业务操作，并对纳入财务共享的业务进行业务规范初级化整理。进入平稳运行期后，企业对财务共享服务中心又提出了更高的要求，即在提供标准化服务的同时，也要兼顾集团及板块的管理需求。通过对财务共享服务中心先进技术与集中管理优势，将整个集团的会计核算、资金结算的延伸业务纳入财务共享服务范围，而从实现"同一个协鑫，同一种语言，同一个标准"，也提供更多的数据集中、信息共享等延伸服务。未来，协鑫集团打算将财务共享服务中心逐步发展至税务服务、报表分析及预算控制管理。

4. 选址变迁及其原因

考虑到成本收益问题，协鑫财务共享中心也经历了三迁。选址从徐州转移至南京，并最终定址苏州（见图 4）。

协鑫集团的总部虽然在香港，但是其生产基地分散在全世界各地，在中国内地尤其集中于江浙地区。2010 年选择徐州是因为当时财务共享仅处于试点阶段，业务覆盖范围也仅限于徐州地区，随着后来财务共享业务的展开，徐州不再合适。迁至南京，主要是考虑到业务覆盖面，南京作为省会城市交通更加便利、信息更加及时、资源更

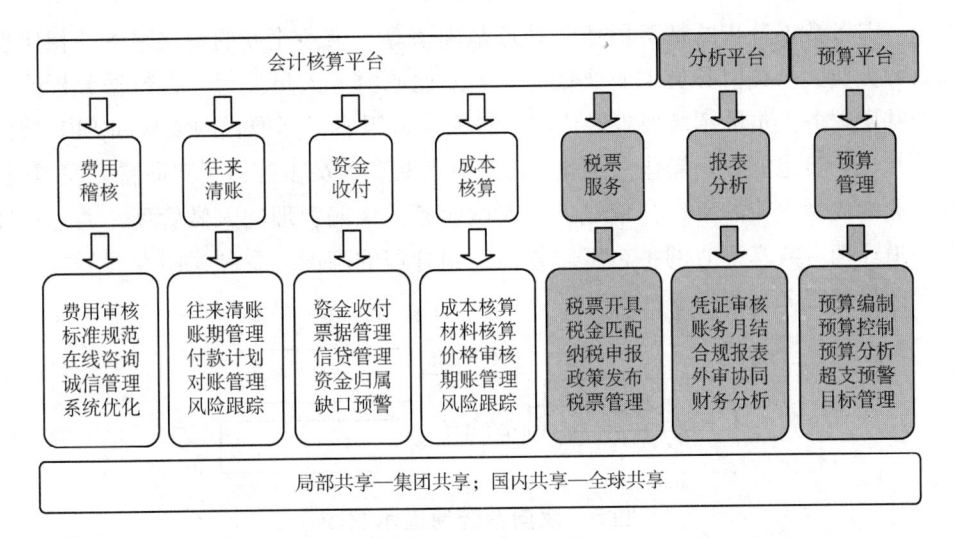

图3 协鑫集团财务共享业务职能规划（标灰部分在建）

资料来源：根据相关资料整理。

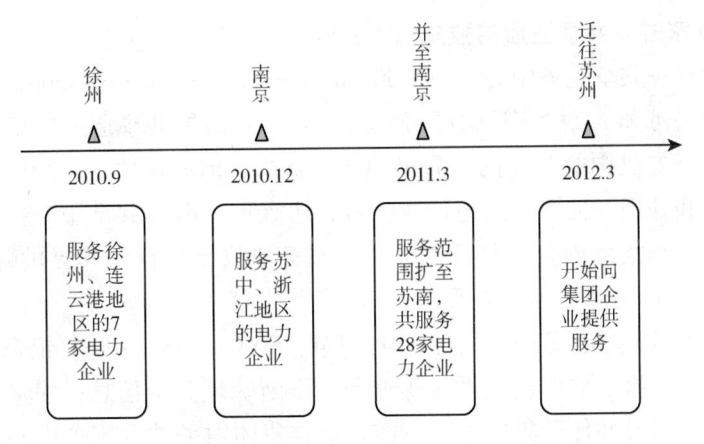

图4 协鑫集团财务共享服务中心选址变迁过程

资料来源：根据相关资料整理。

加充沛。再定址苏州，是由于其在制造业上的优势更为明显，苏州工业园区集中了协鑫集团的众多产业，而且苏州地区财务共享服务氛围和互联网氛围浓郁，地价租金相对便宜，教育资源更加丰富，能够提供更多的人才后备以填补共享中心的人才缺口。

5. 人才培养与员工发展通道

财务共享服务中心模式的特征是：将相对重复并且业务量较大的会计处理交由财务共享中心完成，从而实现财务管理的标准化、规范化，提高财务业务效率，降低财务管理成本，使得财务人员从基础会计核算中解放出来，将精力用来关注企业的财务管理和分析工作。共享中心整合了各个分公司的基础财务工作，推动了集团信息化系统的优化，打造了标准化的财务处理流程，为数据分析和集团管理决策提供科学、专业的数据支持。与此对应，财务共享中心的员工也出现了不同的分工：负责标准化流程制定、财务数据分析的精英财务和处理基础核算、录入业务的基层财务。相比于原普通财务人员,精英财务员工职业技能要求要比原财务人员高得多,数据分析能力更高;而基层财务人员的招聘要求要比原财务人员低很多,标准化的流程和 ERP 软件让零财务知识人员也能轻松操作。因此,协鑫财务共享为员工打造了双向晋升发展通道,即让专业的人做专业的事,让偏业务的人做业务,让偏管理的人做管理,通过合理的发展渠道让两者共享中心的平台上合作,站到管理的高度,看到集团发展的方向,为企业集团发展服务(见图5)。

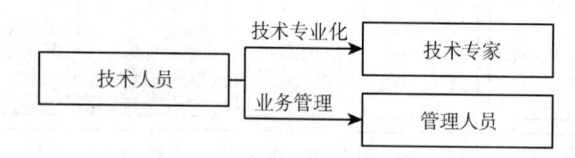

图5 双向晋升通道示意图

(三)协鑫财务共享服务中心现状

1. 国内首家财务共享注册的独立法人公司

协鑫集团财务共享服务中心 [GCL Financial Shared Service Platform,FSSP;企业平台:保利协鑫(苏州)财务咨询有限公司],是实施财务共享服务的机构。就集团而言,是将下属分支机构的共同的、简单的、重复的、标准化的业务集中到该中心,进行统一的核算和处理。独立法人地位意味着,协鑫集团财务共享服务中心成为自主经营的单独主体,与集团内企业签订财务共享服务协议,收费为其提供财务共享服务,FSSP 与集团子公司之间是客户关系。

协鑫集团财务共享服务中心结合 ERP、PM、EAM、CIS、MES、银企直连以及即将引入的预算和合并报表的海波龙系统等业务,不断疏理基础信息,使整个集团信息化系统有了更大的提升并便于集团集中管控。协鑫集团财务共享服务中心业务范围涵盖资金管理、会计核算、编制集团内各子公司财务报表和管理报表、财务分析等。财务共享服务中心采用"三位一体"发展策略,协助全集团财务政策的统一、财务业务处理规则的统一、优化 ERP 流程、优化管理报表和利用各类新技术,向专业财务、业务财务和战略财务协同发展,努力打造成不断创新、业务精湛的精英团队。

2. 协鑫财务共享服务中心整体架构

经过近六年的运营,协鑫集团财务共享服务中心形成整体架构(见图6)。其中,数据中心负责企业层级的部分合并报表、财务分析、集团业务的数据分析,以及会计、税收政策的研究等业务;技术支持部负责共享流程的标准化、系统优化、凭证审核,以及各种专项工作如资金池业务、银企直联等的推进;能源事业部负责新能源事业部下的资金结算、银行账户管理、信贷与票据管理、采购与销售业务、集团内部往来与交易核对、费用报销、成本核算、资产与税务核算、财务报表等业务;光伏事业部负责光伏事业部下的资金结算、银行账户管理、信贷与票据管理、采购与销售业务、集团内部往来与交易核对、费用报销、成本核算、资产与税务核算、财务报表等业务；电力事业部负责电力事业部下的资金结算、银行账户管理、信贷与票据管理、采购与销售业务、集团内部往来与交易核对、费用报销、成本核算、资产与税务核算、财务报表等业务；质量控制部负责平台整体运营的质量管理，监控各项业务处理的质量、开展绩效分析、监控预警平台异常情况，以及保证平台持续高效运转；信息管理部负责信息系统的实施、维护，业务信息化需要搜集、分析及提报，新业务解决方案的制定及实施，对最终用户定期的信息系统应用培训；人事行政部负责平台的人员招聘、人事管理、薪酬绩效、培训及其他行政工作。

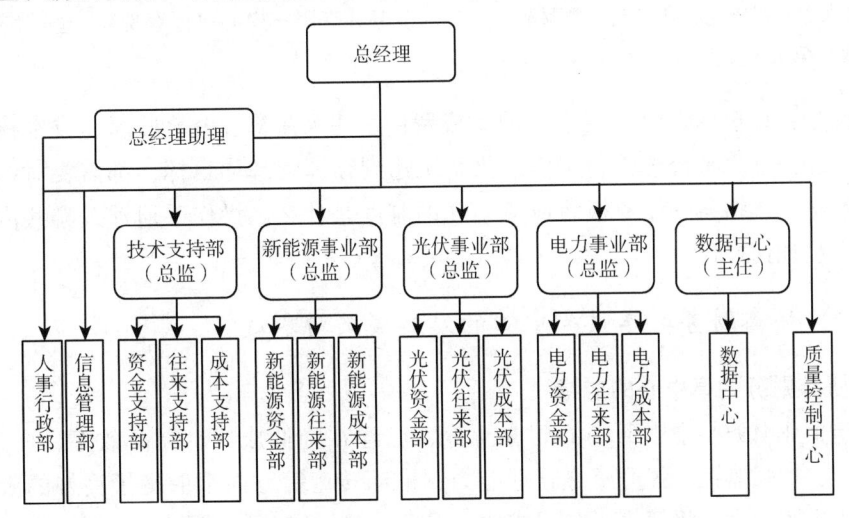

图6　协鑫集团财务共享服务中心整体架构

资料来源：张庆龙、聂兴凯：《中国财务共享服务中心典型案例》，电子工程出版社2016年版，第129页。

3. 协鑫财务共享服务中心的标准化工作

为适应协鑫集团的快速发展，规范前端业务流程及基础财务管理工作，自2014年起，财务共享服务中心组建各板块"业务流程标准化"编写及推进小组，历经一年时间完成了各版块业务流程标准化工作。该标准以流程为中心规范财务基础管理操作，确定财务共享服务中心工作标准，明确财务职责划分，规范考核指标，提高工作效率，实现管理的快速复制。通过财务共享业务流程标准化规定，不仅使会计处理更加统一，而且还成功将会计人员分层，仅需要制定标准的高级会计人才和底层基础业务操作者，即可完成财务处理工作（见表1）。

表1　　协鑫集团财务共享业务流程标准化编写结构

流程范围及目的	流程遵守制度
	流程遵守操作手册
	流程涉及业务单据

续表

流程设计及工作标准	流程图
	工作标准
	流程关键事项及考核说明
流程单据描述	操作过程描述
	流程参与人、审核要素
	表单、附件列表、核算规则

资料来源：张庆龙、聂兴凯、潘丽靖：《中国财务共享服务中心典型案例》，电子工业出版社2016年版，第133页。

无论是会计核算平台需要进行的集成费用、往来清算、资金收付、成本核算和税票服务，还是预算平台想要利用信息化系统达到预算管理你目标，都需要对业务流程进行标准化，包括某一业务板块应该遵守的制度是什么、操作手册涉及哪些内容、具体工作人员如何操作。

（四）协鑫财务共享服务中心的发展成果与不足

1. 协鑫财务共享中心的成绩

协鑫企业财务共享服务中心建立至今，已经在降低成本、提高效率、提升质量、业务整合、加强监控、提升资金管理能力，推动转型等方面都取得了良好的效果，成功为企业集团助力，将两家子公司成功上市：在2014年深交所复牌保利协鑫成功并购森泰（0451.HK），更名为协鑫新能源；在2015年协鑫并购超日太阳能并更名为协鑫集成（002506.SZ），在深交所复牌。财务共享服务中心的建立，财务业务的规范化标准化，将协鑫集团的财务管理水平成功与资本市场对接，为集团实现新能源快速扩张的战略目标加砖添瓦。

缩减财务人员，降低成本。财务共享服务中心（平台）通过流程梳理，消除非增值作业及多于和重复的流程节点，将业务细化、流程标准化、操作简单化，从而缩减了财务人员的数量。现在集团下属每个企业只需配备2~3个人：1个财务经理，负责财务管理；1个财务助理，负责凭证扫描等基础性工作，制造业再加上1个成本管控人员，其他财务工作均归集至财务共享服务中心。同时，由于将财务人员集中办公，财务工作集中处理，降低了管理成本。此外，通过财务共享平台的规模效应，降低了人力成本。协鑫集团财务共享平台历经6年的发展，目前财务共享服务中心（平台）达到每人处理近两家企业的账务，将集团整体财经条线人员数量大大减少。以协鑫集团热电厂举例：协鑫旗下有20多家热电厂，如果每个热电厂都要配备一个成本分析员，就得有20多名，如果全部纳入共享平台，只需要2~3名即可。

流程标准，效率提升。无论是流程化和标准化的建设，还是会计基础数据清理，都提升了协鑫集团账目处理的工作效率，资金一键式集中支付、报表实时生成、业务端到财务端凭证自动生成就是典型代表。随着"互联网+"的发展，以及云服务的兴起，越来越多的信息技术被运用到业务中，信息与业务的融合也越来越深入，预算自动控制、交叉验证及自动预警等提升了自动化程度，提升了效率。在此之前，协鑫集团下属近300家企业，在会计核算方面各唱各的调，即使同一项业务处理方式也各不相同，使得财务效益难以衡量，企业之间无法进行对标，集团也无法发现企业间的差异。而采用统一标准后，一旦发现较大的差异，软件系统会发出警示，相关人员会因此进行专案分析，找出问题根源并加以改进，从而推动企业强化成本控制，优化财务管理，真正做到以数据推动管理进步。

质量提升，财务风险减小。协鑫集团财务共享服务中心（平台）聚集了各类专业人才，成立会计政策、税收政策解读小组，规范基础的会计核算业务，改变了因人员素质不齐而出现的政策解读偏差、制度执行不统一的情况；梳理了全集团的会计基础数据，清理冗余、无效的数据，保证会计信息的准确性和可比性；加强制度体系建设，建立各产业的标准化流程，细化操作手册，尽可能地减少人为理解的误差；同时在管理职能活动中，强化质量控制、质量保证、质量改进，真正把质量作为财务共享服务中心（平台）的生命线。

业务整合，集团管控和资金管理能力增强。"同一个协鑫，同一种语言，同一个标准。"这是目前协鑫集团财务共享服务中心（平台）的流程目标，要求集团上下统一标准、统一流程、统一操作模式。信息化系统为集团提供全方位的数据支撑，标准化的建设不断地推动系统的优化与整合，协鑫集团先后完成了ERP系统与项目管理系统、电子采购系统、人力资源系统等业务系统的整合，通过ERP与海波龙系统实现全面预算管理与控制、自动报表生成、商业智能分析、自动预警等。在信息化和标准化的辅助下，集团管理层能够实时了解集团整体的财务信息，及时做出财务决策。尤其是资金管理方面，专业的资金管理系统大大加强了集团对资金的掌控能力：一键式资金支付、网络化票据管理、信贷管理实时监控、资金归属归集和自动化缺口预警等，使集团范围内资金的整合与调控更加及时准确，充分盘活了资金存量，有效提高了资金使用效率，降低了财务成本和资金风险，更有利于集团范围内资金资源的优化配置。

推动转型，支撑企业战略扩张。财务共享服务中心（平台）通过对简单重复的会计作业进行整合，将所有的核算业务和资金支付业务统一到财务共享服务中心（平台），利用规模优势，释放财务部门的生产力，使得集团财务人员可以集中精力，将工作重点放在预算管理、财务分析、决策支持等附加值较高的财务管理活动中，从而推动整个企业集团的财务管理转型。财务共享服务中心还有一大好处，就是新公司成立时，财务体系的构建变得非常容易，很多基础财务管理工作都可以通过财务共享服务中心来完成。

经过5年的发展和创新，协鑫集团财务共享服务中心逐渐成为集团财务管理中不可或缺的组成部分，同时也为集团财务管理团队源源不断输送人才。不仅如此，协鑫集团的财务共享服务中心已经成为独立的法人，通过付费的方式服务于整个集团，从原来的成本中心变成一个利润中心。

2. 财务共享革命尚未成功

虽然是国内首家以财务共享注册的独立法人公司，但协鑫集团财务共享中心目前全部是为集团内公司服务，由"同事关系"向"雇佣关系"的转变仍旧不明显，独立盈利的能力也不突出。除此之外，协鑫集团财务共享中心还存在以下不足需要改进：

侧重于核算，核心价值财务工作不足。协鑫集团财务共享中心已经运营了近 6 年，但截至目前 60%的工作仍然是基础性的，侧重于会计核算，在控制决策分析上相对较少。协鑫集团财务共享服务中心虽说已经比较完善，但是其职能仍然是基础性的，财务报表分析、预算管理分析等决策相关、管理相关的职能目前只处于构想和初步尝试阶段。为使财务共享服务中心发挥出最大的效用，仍然需要依靠计算机软件技术的发展，以及后端高级财务人员对会计处理流程的进一步优化和标准化。协鑫集团子公司众多且分布各地，业务类型也比较多样，进行业务整合和流程梳理存在着很大的难度，这将充分考验企业推动的决心与财务的智慧。

人才培养周期长，输送压力大。协鑫集团的人才培养主要分为两种：第一种是基础操作层面，每年从大学里进行校园招聘，然后入职培训，这部分人只要操作熟练就可以轮岗。1~3 年时间后，集团开始对其进行专业化打造，根据其接受程度和技能逐级调整。第二种是从社会上招聘有经验的财务人员，一般是 5 年以上工作经验、中等职称，有能力从事后端工作，进行会计审核和财务分析。这些人将经过 3 年以上的管理技能培训，才能达到满足共享服务中心要求的技能状态。由于协鑫集团庞大的规模，财务共享服务中心现今服务的集团内企业多达 200 家，而财务共享服务在集团内的推进速度又非常快，短短 6 年内就全面铺开，因此现今集团内部对能符合财务共享服务要求的会计人才缺口巨大，供不应求。

多版信息系统共存，带来潜在风险。财务共享服务中心使用的是协鑫用友 NC 系统，但不同业务板块采用的软件版本不一，因此财务共享服务中心时常要面对版本切换的问题。集团直属公司和电力、新能源、地产板块采用的是用友的 NC5.02 的系统，这一系统应用的是一些基础模块，包括财务基础方面的会计总账、应收、应付、存货、核算报销、固定资产、现金管理，和业务基础方面的采购管理、销售管理、库存管理、燃料管理等。这一系统最上端还将实现预算编制和预算对业务的管控，最终实现全面预算管理。光伏板块属于制造型产业，与电力板块相比业务比较复杂，采用 NC5.7 的系统，在供应链管理上增加了内部交易、委托加工、合同管理，以及资金管理方面的信用证管理、保函管理、存款管理，实现了网页版的员工报销，并将管理会计功能融入进来。由于协鑫的业务繁多，涉及的子公司众多，因此各个业务板块出现了信息系统版本不一的问题。虽然目前对 NC 的使用已经集中在三个版本（NC5.02、NC5.7、NC6），但这仍然会带来无法统一平台、统一登录等问题，影响了财务数据的可比性，增大了错用系统的概率。如果不能及时解决，软件将会成为协鑫集团财务共享服务中心进一步发展的瓶颈。

信息只完成对接，但尚未整合未充足利用。财务共享中心目前虽然已经将所有板块和公司的数据对接进入财务共享服务中心，但是对这些财务信息只是进行了粗略的核算处理，并没有将其进行归集和分析，未做成大数据的信息库。对于这些沉淀下来的业务和财务数据，如果能够借助大数据分析技术，将财务共享服务与大数据相结合，必定能够获得更多的商业信息，创造更多的商业价值，对公司战略决策提供更强大的支持。

推广速度快，考验落地能力。从传统财务到财务共享服务模式的转型无疑是一场变革，其给财务组织带来了角色上的变化和管理上的挑战，如从"企业管家"到"二等公民"的转型；沟通技巧和服务意识变得更为重要；把握个性化服务和标准化流程的平衡点困难等。而协鑫财务共享服务中心在不到 6 年时间中飞速发展，从顶层设计上看，虽然其结构设计颇为完善，并且编制了详细的财务共享业务流程手册。但是，从下往上来看，由被动接受到主动接受毕竟需要一段消化时间，过快的推广扩张对共享服务中心的落地能力提供了严峻的挑战。

风险更加集中。核算的集中同时意味着风险的集中，如果财务共享中心的数据资料出现泄漏，整个集团的财务机密都会一次性泄漏，将给集团带来巨大的潜在风险；目前协鑫集团财务共享只建立了苏州这一单一中心，并没有建立备灾中心，使得风险更加集中。此外，以苏州地区服务全球的分公司、子公司，时差问题、语言文化、交流沟通也会带来一些困扰，同时对财务共享服务中心工作人员提出了更高的要求。中国企业应重视数据安全，保障数据传输渠道，提高沟通渠道的安全性和传输效率。

三、案例讨论

本案例由于缺乏集团内部数据，以及无法实际接触其财务共享服务中心工作，只通过各方资料进行总结分析，因而具有通过一定的局限性。不过，通过协鑫集团财务共享服务中心建设情况的分析，学员们应该对财务共享服务中心建设有了一定的了解。请学员结合案例材料重点思考以下问题：

1. 什么是财务共享服务？财务共享服务能为企业带来哪些好处？

2. 财务共享中心的适用范围和业务范围是什么？对选址有何要求？建设过程中可能面临的困难有哪些？

3. 协鑫集团的财务共享服务中心是如何为集团战略服务的？

4. 你认为协鑫集团财务共享服务中心是否能发展为向集团外企业提供财务处理服务的独立公司？就国内商业环境和共享中心状况而言，展开对外业务的难度在哪里？

5. 协鑫集团作为一家民营企业，其财务共享服务中心的建设经验对国有企业有何借鉴之处？

参考文献

［1］协鑫集团官方网站及公开新闻．

［2］北京国家会计学院．中国企业财务共享调研报告．2015．

［3］安永咨询．中国企业财务共享服务调查报告．2015．

［4］ACCA，德勤管理咨询．中国企业财务共享服务现状调研报告．2013．

［5］张庆龙．中国财务共享服务中心典型案例．北京：电子工业出版社，2016．

［6］李桂荣，刘卓然．财务共享、财务职能转型与财务人员角色转变［J］．会计之友，2017（10）．

［7］陈潇怡，李颖．大数据时代企业集团财务共享服务的创建［J/OL］．财会月刊，2017（4）．

［8］王运运，胡本源．财务共享服务中心建设流程探究［J/OL］．财会月刊，2017（1）．

［9］时广军，张艳．国外财务共享研究：回顾与展望［J］．财会研究，2016（11）．

［10］孙甲．TCL集团财务共享服务模式的案例研究［D］．广西师范大学，2016．

［11］王德宇．财务共享服务与企业管理研究［J］．山东社会科学，2015（5）．

［12］任洁．我国企业集团财务共享服务中心的优化研究［D］．陕西科技大学，2015．

［13］何瑛，周访．我国企业集团实施财务共享服务的关键因素的实证研究［J］．会计研究，2013（10）．

［14］李文涛．集团企业财务共享服务中心的探讨与实践［J］．国际商务财会，2011（10）．

案例9　格力电器高额现金股利引发的思考

教学目标

格力电器作为家电行业连续几年实施高额现金分红的代表，受到了社会的广泛关注。通过本案例的教学和讨论，可以使学员理解股利政策相关理论、股利政策的影响因素以及不同股利政策对公司的影响，进一步把握高派现股利政策的成因及影响。

格力电器董事长董明珠女士号称"为了成就格力，放弃8 000万年薪""为格力耗尽一生，却只拿500万年薪"。她曾多次公开表示格力电器将长期坚持高现金分红。纵观格力电器自上市以来的表现，其分红情况也的确如其所述。最近几年其高现金分红的势头更是只增不减。格力电器母公司2016年度分红总额竟然占了净利润总额的70.22%。

作为成熟期的企业，尤其是在电器行业，格力电器比例如此之高的股利分派政策相当吸引眼球。格力电器如此之高的分红究竟是对公司发展的考虑还是决策者自身对公司利益的觊觎？格力电器近年来的股利分配政策及其对公司财务的影响值得我们深思。

一、格力电器基本情况

（一）公司简介

珠海格力电器股份有限公司成立于1991年，1996年11月18日在深圳证券交易所上市，公司的股票简称为"格力电器"，注册资本为6 015 730 878元。

格力电器是目前全球最大的集研发、生产、销售、服务于一体的国有控股专业化空调企业。同时，也是唯一成为"世界名牌"的中国空调业品牌，公司产品产销量连续多年全球领先。公司拥有格力、TOSOT两大品牌，主营家用空调、中央空调、空气能热水器、生活电器、工业制品、手机等产品。下辖凌达压缩机、格力电工、凯邦电机、新元电子、智能装备、精密模具、再生资源等子公司，覆盖了从上游零部件生产到下游废弃产品回收的全产业链条。格力家用空调产销量自1995年起连续22年位居中国空调行业第一,自 2005 年起连续 12 年领跑全球。根据《产业在线》数据,2016 年格力家用空调国内市场占有率达到 42.73%;根据《暖通空调资讯》数据,格力商用空调国内市场占有率达到 16.2%,连续 5 年保持第一。

格力电器的母公司是珠海格力集团有限公司,珠海市国资委是其最终的实际控制人。

(二) 格力电器行业地位

格力电器的实力不可小觑,在中国家电行业中,格力电器多年来名列前茅,空调市场的份额已经达到最高位置,格力的空调可以说上是家喻户晓。截至目前,格力电器市值达 2 477 亿元,在行业中排名第二,仅次于美的集团,远远高于家电的行业平均水平。格力电器的净资产和净利润也分别位居行业第二,远远高于市场平均水平。通过下面的表格我们可以看出,格力电器在市盈率、净利率、ROE 等指标也是远远名列行业前列(见表 1)。

表 1　　　　　　　　格力电器与家电行业指标对比

	总市值（亿元）	净资产（亿元）	净利润（亿）	市盈率	市净率	毛利率	净利率（%）	ROE（%）
格力电器	2 477	589	40.1	15.42	4.28	34.37	13.60	7.19
家电行业	232	73.8	2.77	20.92	3.14	25.26	6.12	15.00
行业排名	2/50	2/50	2/50	2/50	24/50	13/50	7/50	3/50

资料来源:根据 Wind 数据库数据计算整理所得。

表 2 所示是家电行业前五大企业,分别是美的电集团、格力电器、青岛海尔、TCL 集团和老板电器,其中格力电器市值 2 476.68 亿元,仅次于美的集团 2 805.87 亿元,远远超过第三名青岛海尔 917 亿元,大约是青岛海尔的 2.5 倍之多。

表 2　　　　　　　　家电行业五大企业市值　　　　　　　　单位:亿元

类型	美的集团	格力电器	青岛海尔	TCL 集团	老板电器
总市值	2 805.87	2 476.68	917.69	418.93	412.64

资料来源:根据 Wind 数据库数据计算整理。

(三) 主营业务

格力电器的主营业务收入来源是家电制造,毛利率高达 37.01%。其中,空调产品的收入最多,达 881 亿元,占整个主营收入的 94.52%,毛利率为 38.54%。大部分收入来自内销,达769亿元,占总营业收入的82.56%,毛利率高达41.21%;外销收入162亿元,占17.44%,毛利率较低,为17.15%(见表3)。

表3　　　　　　　　　　　　格力电器主营项目分类

2016/12/31	主营构成	主营收入（亿元）	收入比例（%）	主营成本（亿元）	成本比例（%）	主营利润（亿元）	利润比例（%）	毛利率（%）
按行业分类	家电制造	932	100	587	100	345	100	37.01
按产品分类	空调	881	94.52	541	100	339	100	38.54
	其他	33.8	3.63	—	—	—	—	—
	生活电器	17.2	1.84	—	—	—	—	—
按地区分类	内销	769	82.56	452	77.06	317	91.92	41.21
	外销	162	17.44	135	22.94	27.9	8.08	17.15

资料来源:根据格力电器2016年财务报告数据计算整理所得。

（四）股本结构

格力电器的股本结构由流通受限股份和已经流通股份两部分构成,格力电器当前总股本为601 573.09万股,其中,受限流通股份4 512.85万股,占比0.75%;流通A股为597 060.24万股,占总股本99.25%（见表4）。

表4　　　　　　　　　　　　格力电器股本结构

股份流通受限表	数值（万股）	占比（%）
未流通股份	—	—
流通受限股份	4 512.85	0.75
已流通股份	597 060.24	99.25
总股本	601 573.09	100.00

资料来源:根据格力电器2016年财务报告数据计算整理所得。

（五）前十大股东

格力电器的前十大股东一直以来的变化不是很大,截至目前,格力电器的最大持股股东为珠海格力集团有限公司,持股1 096 255 624股,占总股本比例为18.22%,对格力电器具有控制权力。最大的个人股东是格力电器的总经理董明珠,持股44 448 492股,占比0.74%（见表5）。

表5　　　　　　　　　　格力电器前十大股东

名次	股东名称	持股数（股）	占总股本持股比例（%）
1	珠海格力集团有限公司	1 096 255 624	18.22
2	河北京海担保投资有限公司	535 761 933	8.91
3	前海人寿保险股份有限公司——海利年年	247 905 586	4.12
4	香港中央结算有限公司	242 104 888	4.02
5	中央汇金资产管理有限责任公司	84 483 000	1.4
6	UBS AG	65 739 553	1.09
7	全国社保基金一零八组合	50 784 290	0.84
8	高瓴资本管理有限公司——HCM中国基金	50 457 100	0.84
9	董明珠	44 448 492	0.74
10	全国社保基金一零一组合	38 917 406	0.65
	合　计	2 456 857 872	40.83

资料来源：根据格力电器2016年财务报告数据计算整理所得。

二、经营状况

（一）公司规模

表6是格力电器近几年的资产和净资产的情况。

表6　　　　　　格力电器近五年资产和所有者权益　　　　　单位：亿元

报告日期	2016/12/31	2015/12/31	2014/12/31	2013/12/31	2012/12/31
资产总计	1 824	1 617	1 562	1 337	1 076
股东权益合计	549	486	451	354	276
总市值	2 476.7	1 344.6	1 116.6	982.4	767

资料来源：根据格力电器2012~2016年财务报告数据计算整理所得。

格力电器2012年年末的资产总计1 076亿元，净资产276亿元。之后的五年中，公司的资产和净资产总计逐年增加，截至2016年年末，公司资产达到1 824亿元，净资产达到549亿元，公司规模在行业内比较大，具有雄厚的资产基础。

2012~2016年，格力电器公司资产总计、股东权益、总市值这三个项目在逐年的增长。其中，资产总计和股东权益合计的增长率比较稳定，而总市值在2015~2016年的增长率达到了84%，将近前三年平均增长率的4倍。总市值的异常上涨可能带来公司被高估的风险，但与此同时也表明了市场投资者对格力电器的发展还是十分看好的。

（二）公司盈利能力

表7是格力电器2012～2016年的盈利能力指标，包括加权净资产收益率、毛利率和净利率三个指标。

表7　　　　　　　　　格力电器近五年盈利能力指标　　　　　　　　单位：%

报告日期	2016/12/31	2015/12/31	2014/12/31	2013/12/31	2012/12/31
加权净资产收益率	30.41	27.31	35.23	35.77	31.38
毛利率	32.7	32.46	36.1	32.24	26.29
净利率	14.33	12.91	10.35	9.22	7.5

资料来源：根据格力电器2012-2016年财务报告数据计算整理所得。

格力电器公司的盈利能力很强，其加权净资产收益率平均值在30%左右。意味着每100元的净资产可以创造出30元左右的净利润。公司的毛利率平均值也在30%以上，净利率平均值在10%以上。此外，公司盈利能力的发展趋势也十分令人满意。2012～2016年公司的净利率一直在平稳上升。

（三）短期偿债能力

表8是格力电器近五年的短期偿债能力比率变化情况：

表8　　　　　　　　　格力电器近五年短期偿债能力指标

报告日期	2012-12-31	2013-12-31	2014-12-31	2015-12-31	2016-12-31
流动比率	1.08	1.08	1.11	1.07	1.13
速动比率	0.86	0.94	1.03	0.99	1.06
现金比率	0.81	0.89	0.97	0.92	0.99
现金流量比率	0.23	0.13	0.17	0.39	0.12

资料来源：根据格力电器2012～2016年财务报告数据计算整理所得。

格力电器的短期偿债能力较强。从2012年年末到2016年年末的5年内，公司有足够的流动资产覆盖经营所需要的流动负债。流动比率一直保持在1以上，速动比率和现金比率也在不断增长，近三年也是在1左右。近5年公司的平均现金流量比率为0.2，企业经营活动中的现金流量可以覆盖企业20%的流动负债。格力公司接近1的现金比率也反映出公司闲置的现金资产比较多，可能会使公司的货币资金丧失其机会成本。

（四）长期偿债能力

表9列示了格力电器的长期偿债能力指标。

表9　　　　　　　　　格力电器近五年长期偿债能力指标

报告日期	2012-12-31	2013-12-31	2014-12-31	2015-12-31	2016-12-31
资产负债率（%）	74.36	73.47	71.11	69.96	69.88
长期资本负债率（%）	4.14	4.80	5.78	1.05	1.05
权益乘数	3.90	3.77	3.46	3.33	3.32

资料来源：根据格力电器2012~2016年财务报告数据计算整理所得。

格力电器对于其负债的还本能力比较弱，存在着不小的还本压力。近五年格力电器的资产负债率虽然稍有下降，但其资产负债率却始终维持在70%左右。虽然公司中负债占了资产总额的70%左右，但是从长期资本负债率来看，公司负债中绝大多数是流动负债，非流动负债的占比非常低。这是家电行业公司的共同特点，其竞争对手美的集团、青岛海尔也存在这种特点。

格力电器财务费用为负，公司并没有偿还利息的压力。格力电器没有金融负债，其债务以无息的经营负债为主。高额的负债也从侧面反映了格力电器的市场占有率高、在上下游企业中信用良好等信息。

（五）公司的营运能力

表10、表11分别是格力电器和美的集团2012年~2016年的营运能力比率。

表10　　　　　　　格力电器近五年营运能力指标　　　　　　　单位：次

报告日期	2012/12/31	2013/12/31	2014/12/31	2015/12/31	2016/12/31
应收账款周转率	73.52	71.37	61.08	35.28	37.09
存货周转率	4.21	5.3	8.1	7.31	7.88
总资产周转率	1.03	0.98	0.95	0.61	0.63
流动资产周转率	1.27	1.26	1.23	0.81	0.82

资料来源：根据格力电器2012~2016年财务报告数据计算整理所得。

表11　　　　　　　美的集团近五年营运能力指标　　　　　　　单位：次

报告日期	2012/12/31	2013/12/31	2014/12/31	2015/12/31	2016/12/31
应收账款周转率	10.38	13.6	16.39	14.03	13.35
存货周转率	5.35	6.5	6.99	8.06	8.87
总资产周转率	1.15	1.31	1.3	1.11	1.06
流动资产周转率	1.77	2	1.87	1.54	1.49

资料来源：根据美的集团2012~2016年财务报告数据计算整理所得。

格力电器应收账款的周转状况要比美的集团应收账款周转率的数据好得多。虽然格力电器应收账款周转率在近五年有明显的下滑,但是其周转率却远远高过美的集团近 20 次。格力电器大部分的赊销账款都能收到,坏账少,对方付款速度快,信誉良好,质量上乘。其他三项营运能力指标与美的集团并无明显差距。

公司存货周转速度变快,适销对路,有利于存货及时变现,减轻库存压力。存货周转率从 4.2 上升到 8 附近,周转天数减少。总资产周转率、流动资产周转率和应收转款周转率有下降的趋势,值得其管理人员关注。

(六) 格力电器的成长能力

格力电器近五年表现出了比较强的盈利能力,但是由于经营环境的不确定,要想继续保持更好的发展状况还需要不断调整其营业战略。2012~2016 年主营业务收入增长率只有 2015 年为负增长,其他各年增速均超过 10%,但是与其竞争对手美的集团相比(见表 12、表 13),其主营业务收入增长率还是有比较明显的差距。其他三项增长率一直保持在相对较好的水平。

表 12　　　　　　　格力电器近五年成长能力指标　　　　　　　单位:%

报告日期	2013/12/31	2014/12/31	2015/12/31	2016/12/31
主营业务收入增长率	19.44	16.12	-29.04	10.8
净利润增长率	46.87	30.33	-11.43	22.98
净资产增长率	28.59	27.25	7.61	13.09
总资产增长率	24.3	16.85	3.5	12.78

资料来源:根据格力电器 2012~2016 年财务报告数据计算整理所得。

表 13　　　　　　　美的集团近五年成长能力指标　　　　　　　单位:%

报告日期	2013/12/31	2014/12/31	2015/12/31	2016/12/31
主营业务收入增长率	17.91	17.11	-2.28	14.88
净利润增长率	35.12	40.36	16.99	16.42
净资产增长率	17.84	17.02	22.52	23.1
总资产增长率	10.5	24.08	7.11	32.41

资料来源:根据美的集团 2012~2016 年财务报告数据计算整理所得。

三、格力电器的股利分配政策及实施情况

(一) 格力电器的利润分配政策

1. 公司的利润分配应重视对投资者的合理投资回报,利润分配政策应保持连续性和稳定性

按照公司章程规定,公司可以采取现金方式、股票方式或现金与股票相结合的方

式分配股利,可以进行中期现金分红。

2. 现金分红的条件和比例

在公司现金流满足公司正常经营和长期发展的前提下,公司最近3年以现金方式累计分配的利润不少于最近3年实现的年均可分配利润的30%,具体分红比例由公司董事会根据中国证监会的有关规定和公司经营情况拟定,由公司股东大会审议决定。

3. 发放股票股利的条件

根据累计可供分配利润、公积金及现金流状况,在保证足额现金分红及公司股本规模合理的前提下,公司可以采取股票股利的方式进行利润分配。

4. 同时采取现金及股票股利分配时的现金分红比例

如公司同时采取现金及股票股利分配利润的,在满足公司正常生产经营的资金需求情况下,公司实施差异化现金分红政策:(1)公司发展阶段属成熟期且无重大资金支出安排的,进行利润分配时,现金分红在本次利润分配中所占比例最低应达到80%;(2)公司发展阶段属成熟期且有重大资金支出安排的,进行利润分配时,现金分红在本次利润分配中所占比例最低应达到40%;(3)公司发展阶段属成长期且有重大资金支出安排的,进行利润分配时,现金分红在本次利润分配中所占比例最低应达到20%;(4)公司发展阶段不易区分但有重大资金支出安排的,可以按照前项规定处理。股东大会授权董事会每年在综合考虑公司所处行业特点、发展阶段、自身经营模式、盈利水平以及是否有重大资金支出安排等因素,根据上述原则提出当年利润分配方案。

(二)格力电器的股利分配情况

1. 近七年的现金股利分配预案

(1)2012年度利润分配方案。2012年度,格力电器母公司向全体股东每10股派发现金10.00元(含税,扣税后9.00元),股权登记日为2013年7月10日,除权除息日为2013年7月11日。股利支付率40.76%,分红率4.03%,分红总额300 786.54万元。

(2)2013年度利润分配方案。2013年度,格力电器母公司向全体股东每10股派发现金15.00元(含税,扣税后13.50元),股权登记日为2014年06月05日,除权除息日为2014年6月6日。股利支付率41.50%,分红率4.86%,分红总额451 179.82万元。

(3)2014年度利润分配方案。2014年度,格力电器母公司向全体股东每10转增10.00派发现金股利30.00元(含税,扣税后27.00元),股权登记日为2015年7月2日,除权除息日为2015年7月3日。股利支付率63.75%,分红率5.03%,分红总额902 359.62万元。

(4)2015年度利润分配方案。2015年度,格力电器母公司向全体股东每10股派发现金15.00元(含税,扣税后13.50元),股权登记日为2016年7月6日,除权除息日为2016年7月7日。股利支付率72%,分红率7.80%,分红总额902 359.64万元。

（5）2016年度利润分配预案。2016年度，格力电器母公司向全体股东每10股派发现金18.00元（含税，扣税后16.20元），股权登记日为2016年7月4日，除权除息日为2016年7月5日。股利支付率70.22%，分红总额1 082 831.56万元（见表14、表15）。

表14　　　　　　　　　　格力电器股利分配预案

披露日期	会计年度	分配预案	实施状况
2017/4/27	2016	以公司总股本601 573.0 878万股为基数，每10股派发现金红利18元	实施
2016/4/29	2015	以公司总股本601 573.0 878万股为基数，每10股派发现金红利15元	实施
2015/4/28	2014	以公司总股本300 786.5 439万股为基数，每10股派发现金红利30元	实施
2014/4/25	2013	以公司总股本300 786.5 439万股为基数，每10股派发现金红利15元	实施
2013/4/27	2012	以公司总股本300 786.5 439万股为基数，每10股派发现金红利10元	实施
2012/4/25	2011	以公司总股本300 786.5 439万股为基数，每10股派发现金红利5元	实施
2011/3/24	2010	以公司总股本281 788.8 750万股为基数，每10股派发现金红利3元	实施

资料来源：根据格力电器2010～2016年财务报告数据计算整理所得。

表15　　　　　　　　　　格力电器股利分配实施情况

报告期	净利润（万元）	现金分红总额（万元）	期末未分配利润（万元）	股利支付率（%）
2016/12/31	1 542 096.50	1 082 831.56	4 407 494.96	70.22
2015/12/31	1 253 244.28	902 359.63	3 773 718.75	72
2014/12/31	1 415 517.00	902 359.63	3 484 132.40	63.75
2013/12/31	1 087 067.00	451 179.82	2 539 556.39	41.5
2012/12/31	737 967.00	300 786.54	1 757 227.70	40.76
2011/12/31	523 694.00	150 393.27	1 215 549.80	28.72
2010/12/31	427 572.00	84 536.66	803 047.60	19.77

资料来源：根据格力电器2010～2016年财务报告数据计算整理所得。

2. 2014 年的股利分配方案

2014 年度分红方案实施：公积金每 10 股转增 10 股；股票股利是在企业所有者权益未发生变化的情况下，权益在股东账户之间的流转。即将股东权益中留存收益转化为实收资本或股本。

四、案例讨论

1. 股利分配政策的类型有哪些？各有什么适用条件？
2. 公司在选择或确定股利政策时应主要考虑哪些因素？
3. 格力电器近年来采取了什么样的股利政策？有何特点？
4. 你认为格力公司现行的股利政策是否合理？
5. 格力公司的股利分配政策对其他公司有何启示？

参考文献

［1］2010～2016 年，格力年报、半年报、季报等财务报告；董事会会议决议公告、股东大会决议公告；格力对各类问询函、关注函的答复；其他各类有关公告。

［2］根据讨论题目有关问题，在公开网络上搜索相关材料信息。

［3］中国注册会计师协会．财务成本管理［M］．北京：中国财政经济出版社，2017．

［4］斯蒂芬·A·罗斯公司理财［M］．吴世农，沈艺峰等译．北京：机械工业出版社，2000．

［5］王冰．我国上市公司的高派现股利政策研究［D］．河南大学，2016．

［6］廖妍姣．股利分配政策研究——以贵州茅台为例［J］．商，2014（2）：29．

［7］陆位忠，林川．现金股利分配倾向、公司业绩与大股东减持规模［J］．财贸研究，2013（3）．

案例 10　AB 地铁集团全面预算管理及其信息化之路

教学目标

本案例旨在通过对 AB 地铁集团全面预算及其信息化实施的分析与讨论，使学员了解全面预算管理以及信息化建设的内涵、意义及推进措施，掌握全面预算管理的编制方法和实际作用，了解全面预算信息化实施的制约因素及实施步骤，理解实施全面预算信息化需要注意的事项。

全面预算管理是一种有效的企业管理办法，集计划、控制、协调、激励等功能于一体。它以实现企业战略规划和经营目标为目的，采用预算方法对预算期内所有经营活动、投资活动和财务活动进行统筹安排，并对预算执行过程和结果进行控制、核算、分析、考评、奖惩，从而对企业资源进行有效配置，对企业的长期发展和壮大起着非常重要的推动作用。它有效实现了企业的内部控制和内部管理，可以提升企业战略管理能力，实现企业业绩信息全面获取，帮助企业建立有效的考核制，对企业提高资源的使用率和配置率也有着很大的实际意义。

在当今信息技术飞速发展的大背景下，面对瞬息万变的外部市场环境，企业之间的竞争愈加激烈。随着企业的规模加大，业务量增多、指标间勾稽关系更加复杂，传统预算技术在信息时效性、预算编制的可行性、预算监控的有效性等各个方面的缺陷日益凸显。为满足现代企业全面预算管理要求，有效解决传统预算技术的缺陷，将全面预算管理与信息技术相结合，构建全面预算管理信息系统，实现预算管理信息化是保障全面预算管理高效实施的必然选择。全面预算管理信息系统充分实现预算编制、监督控制、分析调整、绩效考核的一体化，有利于提高企业全面预算管理的质量和效率。

本案例通过对 AB 地铁集团全面预算管理信息化建设与实施的过程，分析全面预算管理的现状及出现的问题，阐述信息化预算的必然趋势、建设全面预算管理信息系统的作用和要求，并且详细剖析了 AB 地铁集团通过信息化手段完善该企业全面预算管理的具体措施，希望学员通过本案例的学习能深刻了解全面预算管理和信息化建设。

一、背景简介

(一) 理论背景

传统预算管理在过去大多国有企业的实际运用和执行过程中，显现众多弊端，主要表现在两点。一是传统预算的财务特性突出，难以与公司战略规划相对接。预算与战略可以看成是面对同一价值增值问题的两种不同的文化语言，预算强调数据与财务文化，而战略强调经营文化与非财务因素。因此，无论是从规划或是控制与评价方面看，都使传统预算管理体系缺乏战略相关性。二是制定预算中的讨价还价现象以及预算松弛、业绩操纵等激励无效问题。我国企业预算实务上的主要问题是预算与战略、与奖惩制度、与作为预算动因的非财务指标相互脱节，使预算徒有其名。

经过多年的实践探索和研究，随着哈佛大学卡普兰（Kaplan）和诺顿（Norton）教授创造的平衡记分卡（Balanced Score Card，BSC），使全面预算管理的传统难题得到了有效解决。Kaplan 和于增彪提出 BSC 能够在保持原有预算的基础上，将预算与战略、非财务指标连接起来，使预算适应新的环境。此外，以 BSC 为平台的业绩评价平衡模式建立了财务指标与非财务指标相结合的业绩评价指标体系，以实现企业整体目标为导向，一方面能长远评定相关部门和责任人的业绩，避免单独考察财务指标时，被考核者为追求短期效益而带来对企业长远利益的损害；另一方面因为业绩评价标准的多元化，减轻了责任人财务目标的压力，能够较好解决因传统业绩评价引发的激励失效问题。城市轨道交通企业具有投入高、周期长、回收慢、收益低、公益性等行业特点，相对收入和盈利而言，现金流管理更具突出价值。全面预算管理是实施企业战略目标和年度经营计划的重要手段，以现金流为核心，构建城市轨道交通企业的全面预算管理体系，对提升企业管理绩效和内部控制水平至关重要。

(二) 制度背景

全面预算管理是指企业在预测和决策的基础上围绕发展规划，对预算年度内各类经济资源和经营行为合理预计、测算，并进行财务控制和监督的活动。作为能贯穿企业运营，把企业所有关键问题融合于一体的创新型企业管理模式，全面预算管理是被我国学术界和企业界寄望用于打通国有企业的"任督二脉"，以全面提升企业管理效率，实现国有企业华丽转身的良方。

随着我国社会主义市场经济体制的逐步建立，企业管理控制的目标也逐渐转移到追求企业经济效益、实现企业价值最大化的终极目标上来。全面预算管理因此不断引起政府、学术界、各类企业的广泛关注，甚至被放到战略管理的高度来加以认识。2000 年 9 月 28 日，原国家经贸委发布的《国有大中型企业建立现代企业制度和加强管理的基本规范》明确提出企业应建立全面预算管理制度。2001 年 4 月 28 日，财政部发布《企业国有资本与财务管理暂行办法》，要求企业应当实行财务预算管理制度。2002

年4月10日，财政部发布《关于企业实行财务预算管理的指导意见》，进一步提出了企业应实行包括财务预算管理在内的全面预算管理。国务院国资委于2007年颁布《中央企业财务预算管理暂行办法》，并于2011年颁布《关于进一步深化中央企业全面预算管理工作的通知》，对全面预算管理的组织体系、理念、编制方法、对标管理、控制、考核和信息化建设提出了指导性的深化建议和要求，随后各地方国资委在此基础上相继颁布各自的财务预算管理办法。

二、案例概况

（一）AB地铁集团全面预算编制方法及其效果制约因素分析

1. AB地铁集团公司简介

AB地铁集团有限公司成立于2012年，集团定位为资金的平台、资产的平台、资源的平台，以资金、资产、资源为纽带，通过建立和完善公司治理机制、业务管控机制、财务监管机制、干部聘用机制、绩效考核机制、项目管理机制和资金平衡机制等七大配套机制，协同好与建设、运营、资源开发三个子公司的关系，使其各司其职、高效协作，集中精力完成市委、市政府交付的建设、运营和资源开发任务。

该集团建设有限责任公司主要的职能是负责自筹资金项目初步设计、施工图设计，工程勘察，工程质量、安全、进度、投资、文明施工现场管理，工程报建报审、验收，设备选型、采购、监造、安装调试、验收、征地拆迁、建设用地、交通组织等各项施工准备，是承担该集团工程建设管理的任务部门。

该集团运营有限责任公司职能为营运服务公司，受集团委托，负责现有258公里线路的运营管理、乘客服务及设施设备的维修保养，同时担负起网络化运营的筹备任务。

该集团资源开发有限责任公司以服务城市轨道交通发展、加强地铁资源市场化经营为核心，主要负责政府赋予的非票务资源经营开发，通过开展多项经营活动，确保国有资产的保值增值；同时，通过土地整理与开发、上盖物业开发与管理、地铁资源经营收益，弥补地铁运营亏损，形成还本付息机制，打造保证该地铁集团健康可持续发展的地铁筹融资、资源开发与经营管理的专业化平台。

2. AB地铁集团全面预算管理的编制方法

为了适应AB地铁集团现代化发展的需要，改革资金管理制度，集团通过建立完善的全面预算管理的组织架构，设计基于现金流的全面预算编制框架推行了全面预算。

（1）建立完善的全面预算管理组织架构。AB地铁集团公司加强了全面预算管理工作的组织领导，设立了预算管理委员会和预算管理办公室两级机构，负责全面预算管理的决策和实施（见图1）。

董事会是AB地铁集团公司预算管理的决策机构。董事会下设专业委员会——预算管理委员会。预算管理委员会主任由公司总经理兼任，公司分管财会工作的副总经理

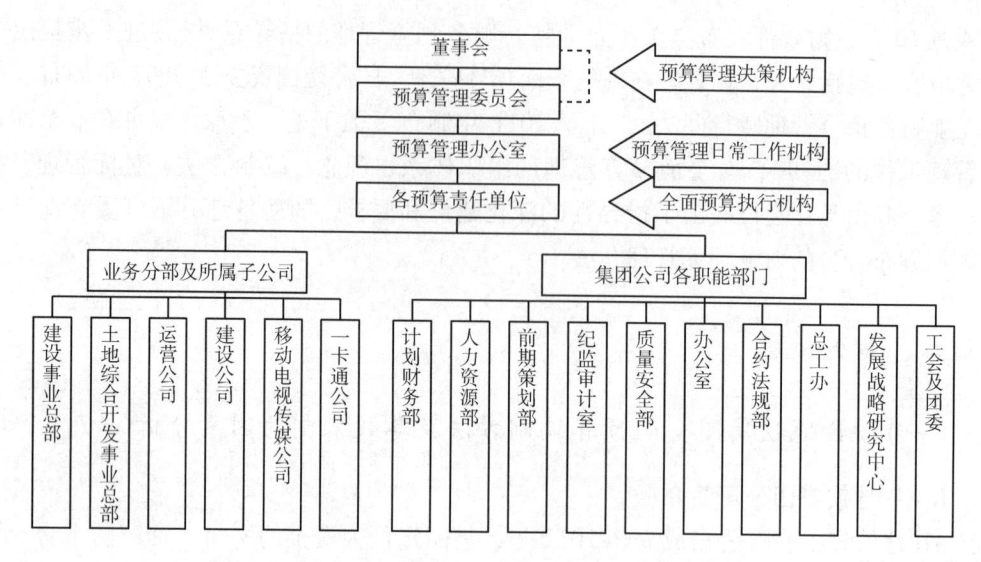

图1 AB地铁集团公司全面预算管理组织架构

资料来源：根据相关资料整理。

任副主任；委员由业务单位、职能部门和所属子公司负责人兼任。委员会以预算工作会议的形式对全面预算编制、执行、考核等重大问题进行决策。

预算管理办公室是全面预算管理的日常工作机构，设在计划财务部，履行全面预算管理的日常工作职责，主任由分管财会工作的副总经理兼任，副主任由计划财务部长兼任，成员由计划财务部和各预算责任单位的有关人员组成（可以兼任）。

预算责任单位在预算管理委员会和预算管理办公室的指导下，执行经批准下达的全面预算方案给各职能部门、各业务单位、所属子公司等。各职能部门负责人、各业务单位负责人、所属子公司负责人为本单位预算管理直接责任人。各预算责任单位应配备兼职预算员。

为保证全面预算管理工作的有序、协调和高效运行，AB地铁集团公司还明确设置了预算管理体制、各预算责任单位的职责权限、授权批准程序和工作协调机制等。

（2）设计基于现金流全面预算编制框架。2007年1月1日实施的《企业财务通则》第11条规定："企业应当建立财务预算管理制度。以现金流为核心，按照实现企业价值最大化等财务目标的要求，对资金筹集、资产运营、成本控制、收益分配、重组清算等财务活动，实施全面预算管理。"从而，明确提出全面预算管理是实现企业价值最大化的重要手段，全面预算管理应以现金流为核心。

城市轨道交通企业属于资金密集型产业，现金流是其发展和生存的关键要素。AB地铁集团公司在实施全面预算管理过程中，认真贯彻执行《企业财务通则》要求，以现金流为核心构筑全面预算管理框架，其编制思路见图2。①根据公司发展战略制定年度目标和经营计划，并将年度经营计划分解落实到各职能部门和各业务单位。②根据公司发展战略和年度经营计划，确定年度预算总目标，并将年度预算总目标分解落实到各职能部门和各业务单位。③各预算责任单位（集团职能部门和业务单位）根据分部门经营计划和预算目标编制业务计划书。④根据业务计划书测算资金流入和资金流出，分别编制资金流入预算和资金流出预算。⑤资金流出和资金流入的缺口通过对外融资予以解决，并据此编制对外筹资预算。⑥综合考虑资金年初余额、资金流入、资金流出、对外融资等，编制资金平衡表。

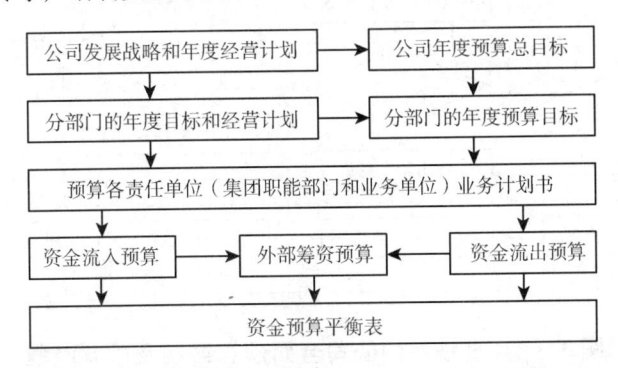

图 2　AB 地铁集团公司基于现金流的全面预算编制思路

资料来源：根据相关资料整理。

（3）AB 地铁集团公司基于现金流的全面预算编制流程。AB 地铁集团公司按照上下结合、分级编制、逐级汇总的程序，编制年度全面预算。如图 3 和表 1 所示，基本步骤及其时间控制如下：①每年 11 月上旬，董事会和公司经理层根据公司发展战略规划，讨论并确定下一年度经营计划，明确总体目标，根据总体目标制定部门分目标；②每年 11 月中旬，预算管理委员会讨论并确定下一预算年度的预算总体目标，下达预算编制任务，明确相应的预算政策；③每年 11 月下旬，预算管理办公室将经营目标分解，建立系统的指标分解体系，并在与各预算责任单位（各业务单位和职能部门）进行充分沟通的基础上，分解下达初步预算目标，发出预算编制通知；④各预算责任单位应于当年 11 月底之前，按照下达的预算目标和预算政策，结合自身特点、业务预测和执行条件等，认真测算并提出本单位的预算草案，填报业务计划表及管理费用预算模板，按归口管理原则，逐级汇总上报预算管理办公室；⑤每年 12 月初，预算管理办公室与各预算责任单位进行充分协调、沟通，审查业务计划表及管理费用预算草案，编制各类预算表格，平衡预算草案，编制并向预算管理委员会上报全面预算草案；⑥每年 12 月上旬，预算管理委员会对预算管理办公室在综合平衡基础上提交的预算方案进行研究论证，结合本年度预算执行情况，从公司发展全局角度提出进一步调整的建议，形成公司下一年度的全面预算草案，提交董事会；⑦每年 12 月中旬前，董事会讨论、审核全面预算草案，确保全面预算与公司发展战略、年度经营计划相协调。如果董事会认为有必要调整全面预算草案，则应重复上述 3~6 步程序；⑧每年 12 月底，预算管理办公室下发经董事会批准后的全面预算方案，并组织预算方案的讲解和学习。

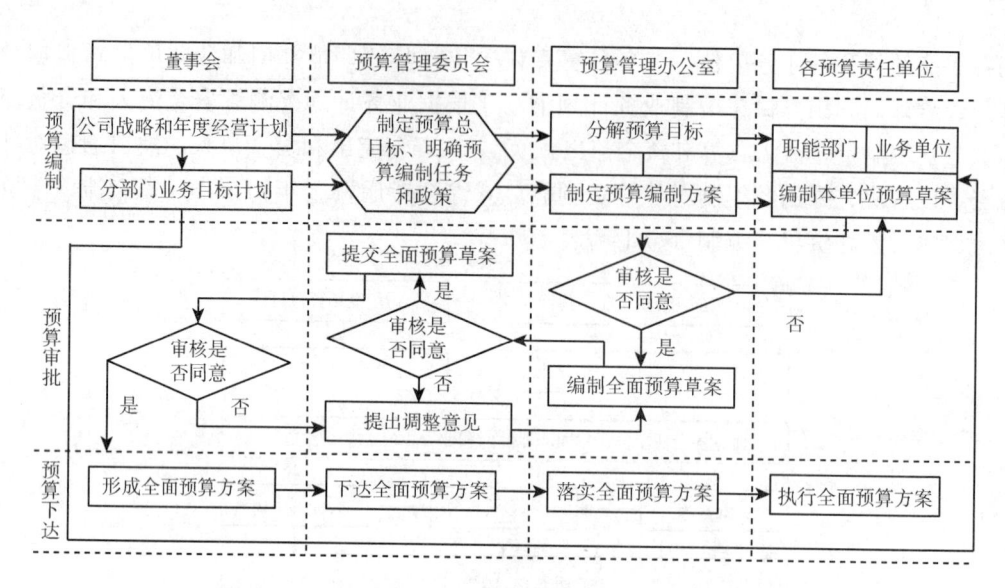

图 3　AB 地铁集团公司全面预算编制及控制流程

资料来源：根据相关资料整理。

表 1　　　　AB 地铁集团公司全面预算编制步骤及时间控制

步骤	主要工作	完成时间	涉及部门	流入文件	流出文件
1	（1）制定或调整发展战略； （2）制定公司年度经营计划； （3）分解分部门的经营目标；	11月初	董事会	外部环境分析报告、企业内部资源分析报告、企业能力分析报告、经营预测报告等	公司发展战略年度经营计划部门经营计划和目标
2	（1）制定预算总目标； （2）明确预算编制任务； （3）制定预算编制政策；	11月上旬	预算管理委员会	公司发展战略公司年度经营计划分部门经营计划和目标	预算总目标预算编制任务预算编制政策
3	（1）分解预算目标； （2）制定预算编制方案； （3）下达预算编制任务；	11月中旬	预算管理办公室	预算总目标、预算编制任务、预算编制政策年度经营计划	预算编制方案预算编制通知
4	预算责任单位初步填报业务计划表、部门预算草案	11月下旬	各预算责任单位	预算编制方案、预算编制通知、部门经营计划	预算责任单位业务计划表和费用预算草案
5	（1）审核业务计划表和费用预算草案； （2）协调各预算责任单位预算草案的调整； （3）汇总编制全面预算草案	11月底	预算管理办公室	各预算责任单位的业务计划表和费用预算草案	全面预算草案

续表

步骤	主要工作	完成时间	涉及部门	流入文件	流出文件
6	审核全面预算草案，如果认为有必要，提出调整意见	12月初	预算管理委员会	全面预算草案	全面预算草案审核意见
7	沟通、协调、平衡、调整全面预算草案	12月上旬	预算管理办公室各预算责任单位	全面预算草案审核意见	调整之后的全面预算草案
8	审核全面预算草案，如果认为有必要，提出调整意见	12月中旬	董事会	调整之后的全面预算草案	董事会的全面预算草案审核意见
9	沟通、协调、平衡、调整全面预算草案	12月上旬	预算管理委员会、预算管理办公室、预算责任单位	董事会的全面预算草案审核意见	按董事会意见调整之后的全面预算草案
10	审核、批准全面预算草案	12月中旬	董事会	按董事会意见调整之后的全面预算草案	经董事会批准的全面预算方案
11	下达、讲解、学习、分解全面预算方案	12月下旬	预算管理委员会、预算管理办公室、预算责任单位	经董事会批准的全面预算方案	将全面预算指标分解至各预算责任单位

资料来源：根据相关资料整理。

3. 影响AB地铁集团全面预算管理实施效果的制约因素分析

AB地铁集团全面预算在制度层面已经建立了预算相关管理制度和管理办法，在组织架构方面已经设立了预算管理相关组织体系，在管理流程方面已经建立了预算管理工作的相关业务流程，在信息技术方面通过长期使用EABCEL电子表格进行预算日常工作，具备了向信息化转变的条件。但是，全面预算管理效果未能满足集团发展的要求，以下问题严重制约着全面预算管理的成效。

（1）编制周期长，费时费力。各类成本费用的归口、申报部门较多，编制周期长，预算单位的多层次性使得信息传递滞后，不通畅，造成管理上的困扰和信息不对称，这也延长了预算编制周期。预算审核、平衡不便，每一次预算审核后，都涉及各单位的反复修改，核对上耗时耗力。

（2）编制过程控制困难。EABCEL缺乏权限控制和管理，难以有效管理和控制下属单位的预算模式，导致各个管理层级之间信息传递不顺畅，不透明。在预算编制过程中，各部门之间编制进度不同，对信息需求不同，各自为政，未能很好与其他部门沟通交流，这也造成企业总体目标实现困难的情况；AB地铁公司作为一个集团，各级子公司分公司众多，预算体系繁杂，总公司在汇总下属单位预算结果时工作量很大。

EABCEL 表不能限制报表格式被修改，使得填入内容口径不统一造成纠错检查，影响工作效率且容易出错。

（3）与原有信息系统脱节，时效性差。EABCEL 无法与公司现有信息化系统进行有效衔接，所以无法自动获取实际数据进行分析，预算执行分析需要与业务部门逐项沟通，且数据对比困难，难以在短时间内完成，无法实时动态出具各种分析图表。由于获取实时执行数据较为困难，及时的预算分析更无从谈起，而从不同维度的灵活分析更是不可及。

为提升该地铁集团全面预算信息化水平，加强集团全面预算集中管控能力，并与国资委全面预算管理要求对接，集团于 2016 年上半年将全面预算信息化工作提上日程，完成了预算外部调研、需求分析、项目招标等前期工作，AB 地铁集团的全面预算信息化建设拉开帷幕。

（二）AB 地铁集团全面预算信息化建设过程

信息化项目成功实施有赖于科学的项目管理体系和实施方法。该集团全面预算管理系统采用"统一规划、分步实施"的策略，在全面业务调研的基础上出具总体蓝图设计方案，划分"预算编制、预算分析"二大步骤进行项目实施（见图4）。

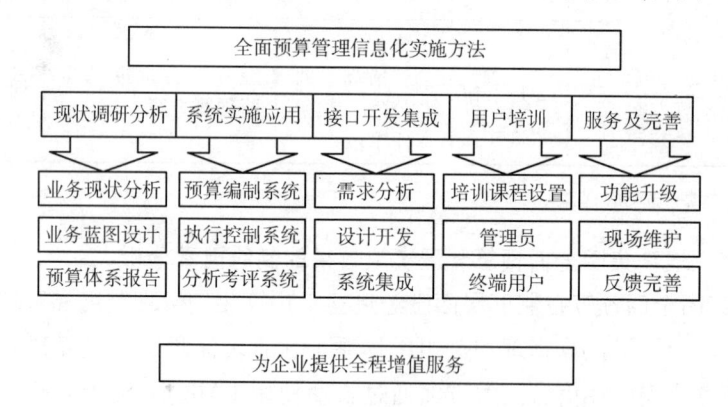

图 4　全面预算管理信息化实施方法

资料来源：根据相关资料整理。

1. 业务调研

2016 年 6 月，该集团联合东华软件共同成立了全面预算项目组，双方项目组制定了《全面预算工作计划书》《访谈问题清单》《基础数据资料清单》和会议纪要格式模版等，为后续开展项目实施工作进行充分准备。

在准备工作完成的基础上，双方高层领导主持召开全面预算软件项目启动大会，并下发了《关于全面预算管理软件实施的工作方案》，对预算软件项目的分阶段实施做了详细安排。

双方项目组于 2016 年 7~9 月分别对集团本部、建设公司、运营公司、资源公司、小镇公司进行了业务访谈，共计 56 个部门，形成 77 份访谈纪要，累计访谈 275 人次；

业务访谈期间共组织12次项目会议，形成12份会议纪要；梳理了集团预算表108张，建设公司预算表92张，运营公司计划及预算表218张，资源公司预算表99张。

根据业务访谈期间项目组的详细访谈记录，以及与各公司和相关部门的多次交流沟通，讨论并初步确定了预算编报、预算流程、预算审批、预算调整、预算分析、预算接口等相关业务事项。

2. 蓝图设计

在业务调研的基础上，项目组编写了《××地铁集团全面预算管理体系蓝图设计》。蓝图设计内容总体上主要包括预算组织机构设计、预算业务流程设计、预算业务解决方案、预算表格体系设计、系统集成设计五大部分。

预算组织机构设计主要在了解公司现有组织机构基础上，充分考虑预算管理的特点，结合各单位、部门职能，按照"责权利"对等的原则，协助公司明确界定各单位、部门全面预算管理的责任与权限，构建责任清晰、目标明确的全面预算组织架构体系。第一，根据预算管理深度设置预算组织主体，设置了集团级、公司级、分公司级、部门中心级、分中心级、工班级预算主体；第二，根据管理需求设置虚拟预算组织，设置了虚拟本部、虚拟汇总单位等虚拟组织便于预算编制和汇总；第三，明确各组织管理职责，根据对每个层级在预算中应当享有的权利及承担的义务进行分析，对组织中各类部门在预算管理中的编制、执行控制等管理职责进行定义；第四，强化归口部门职责，对于有归口管理职能的部门，明确其归口管理的预算业务，明确归口审批职责。预算业务流程设计主要是在理解和评价现有业务流程的基础上，删除重复、未增值的业务活动，疏通流程中的瓶颈和效率受制点，并根据已有的最佳业务实践，对流程进行重组再造，使流程与业务贴合，与战略匹配，与控制对应，提高业务效率。如设计了客运业务流程、修理维护业务流程、专项业务流程、投资业务流程、采购业务流程、人力资源业务流程、日常费用业务流程、财务预算业务流程等。

预算业务解决方案主要是根据优化后的业务流程，提出全面预算信息化解决方案。预算编制方案设计了三位一体分层级管控的预算模式，包括集团统一预算表格体系、建设公司预算表格体系、运营公司预算表格体系、资源公司预算表格体系；预算执行控制方案通过数据接口打通预算系统与财务系统，将财务系统中的实际发生数与预算数进行执行率对比分析，保证预算偏离度在可控范围之内，通过网上报销系统实现日常费用的事前、事中控制和事后分析；预算调整方案设计了年中调整、日常调整、预算内调整与预算外调整以适应各种调整方式；预算分析方案设计了通过数据接口和管理驾驶舱进行实时动态可钻取的图形化展现，包括差异分析、对比分析、趋势分析、构成分析等。

预算表格体系设计主要适用于集团层面的预算体系、建设公司层面的预算体系、运营公司层面的预算体系、资源公司层面的预算体系（见图5）。

系统集成设计主要通过预算系统与各业务系统的集成设计，实现预算数据、业务数据、核算数据的数据共享。

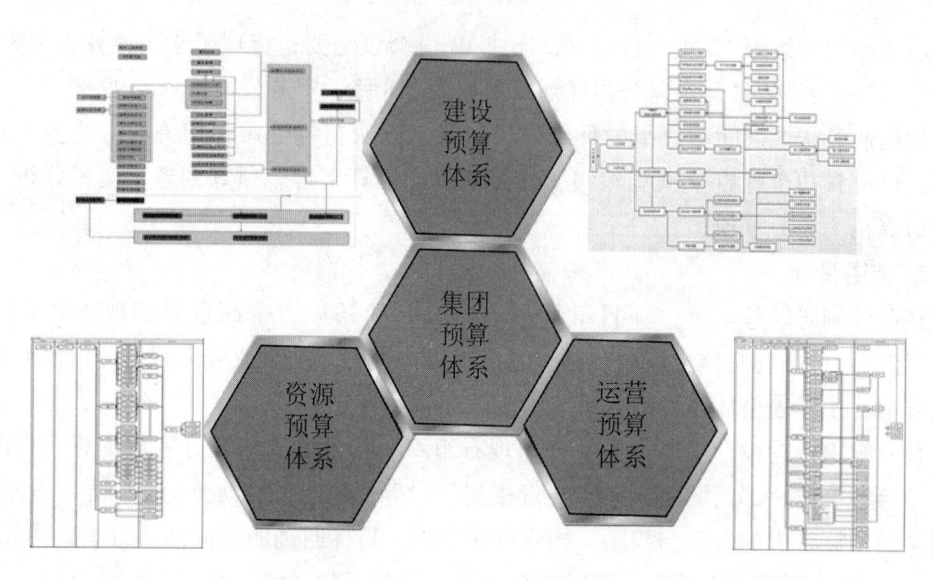

图 5　预算表格体系示例

资料来源：根据公司相关资料整理绘制。

为了更好为集团全面预算项目实施提供指导，分别对建设公司、运营公司、资源公司出具了《××地铁集团全面预算管理体系蓝图设计——建设分册》《××地铁集团全面预算管理体系蓝图设计——运营分册》《××地铁集团全面预算管理体系蓝图设计——资源分册》，根据各公司不同的业务运作方式、不同的管理现状和管理要求提供了针对性的体系设计。

3. 系统建设

在完成蓝图设计后，项目组依据蓝图设计方案进行系统建设工作，主要包括系统环境搭建、基础数据设置导入、预算体系建设实施、表格分配及权限设置、系统集成及预算分析等工作（见图6）。

系统环境搭建 ▶ 基础数据设置导入 ▶ 预算体系建设实施 ▶ 表格分配权限配置

- 数据库安装
- 产品安装
- 测试系统搭建
- 正式系统搭建

- 预算组织设置
- 预算项分类设置（45类）
- 预算项设置（2182项）
- 业务流程设置（23类）
- 预算项目与会计科目映射关系梳理

- 业务预算表建设
- 汇总预算表建设
- 公司预算表建设
- 统一预算表建设
- 国资委预算表建设
- 公式设置
- 模拟数据测试

- 集团本部
- 建设公司
- 运营公司
- 资源公司
- 地铁小镇
- 物业公司
- 地保办
- 铁隧公司

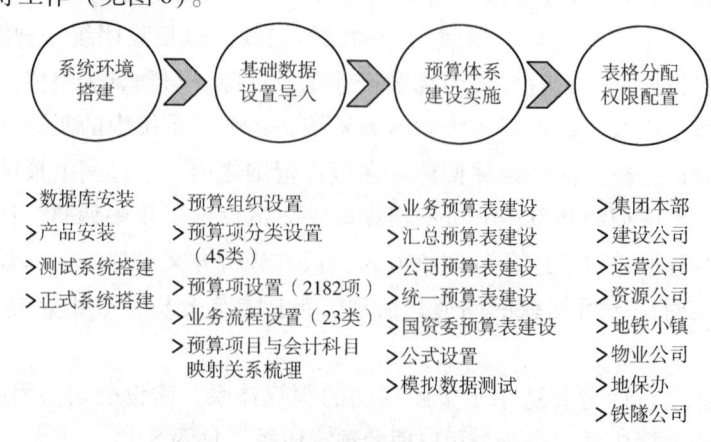

图 6　全面预算管理系统建设过程

资料来源：根据相关资料整理。

系统建设的主要工作内容包括：(1) 安装正式服务器和测试服务器的 Oracle 数据库；(2) 安装全面预算 BMV5.92 产品代码；(3) 搭建系统正式环境和测试环境；(4) 预算组织机构设置；(5) 预算项分类设置，共计 45 类；(6) 预算项设置，共计 2 182 项预算项；(7) 维度分类设置，共计 21 类维度；(8) 维度设置，共计 482 项维度；(9) 业务流程设置，共计 23 类业务流程；(10) 用户及权限设置；(11) 预算模型设置，共计 29 个模型；(12) 设置集团预算表、建设公司预算表、运营公司预算表、资源公司预算表，主要工作包括基础预算表设置、汇总预算表设置、统一预算表设置、表内公式设置、表间公式设置、校验公式设置。

4. 系统测试

系统安装完成及系统建设过程中，项目组分别对系统进行了测试。

(1) 功能测试：系统安装完成后项目组对系统功能完整性和可用性进行了测试，测试的主要功能点包括：基础信息管理、业务参数设置、系统维护管理、工作流程管理、预算组织管理、维度管理、度量管理、表格模板定义、预算结构建模、新建部门年度预算、查看部门年度预算、新建部门月度预算、查看部门月度预算、上报预算、我的已办、全部审核通过预算表、全部审批中预算表、指标项定义、钻取页面定义、驾驶舱定义、报表定义、链接定义等。

(2) 数据测试：系统建设过程中项目组通过录入业务数据对全面预算编制体系进行了模拟测试，验证数据的准确性，包括人资类基础表数据、行政办公类基础表数据、资产类基础表数据、日常业务类基础表数据、汇总表数据、业务预算数据、费用预算数据、投资预算数据、筹资预算数据、专项预算数据、财务预算数据等。

(3) 流程测试：系统建设过程中项目组通过对流程进行测试，验证流程是否通畅，人员及角色设置是否正确，主要包括部门审批流程测试、归口审批流程测试、集团审批流程测试等。

5. 系统试运行

为实现从手工状态到信息化状态的顺利平稳过渡和保证系统试运行效果，项目组进行了充分的准备工作，编写了相关系统试运行方案和相关培训文档。

在系统测试通过及培训准备工作完成后，双方项目组确定举办系统培训工作，主要工作内容包括：(1) 项目组编制了《全面预算系统用户手册》；(2) 项目组编制了《全面预算培训 PPT》；(3) 系统集中培训：集团信息中心、财务部联合下发了《关于举行全面预算管理软件系统培训的通知》，并于 2016 年 12 月对集团各部室及直属单位的预算编制人员和信息化管理人员、进行了系统集中培训；(4) 运营公司培训：针对运营公司业务项目组分别对运营公司管理类部门（如总经理办公室、人力资源部、财务部等）和生产类部门（如通号中心、供电中心、机自中心、工务中心、车辆维修中心）进行了培训；(5) 资源公司培训：针对资源公司业务项目组重点对资源公司商业经营部、信息传媒部等自建物业开发经营业务、授权物业开发经营业务、授权车站商业经营业务、授权传媒广告经营业务、授权信息通讯经营业务、监护业务、工程业务、咨询业务进行了培训。

6. 系统集成及分析开发

项目组将预算系统与现有业务系统进行了集成开发，实现系统整合和数据整合，根据双方共同确定的预算分析需求项目组进行了预算分析的开发工作，主要工作内容包括：

（1）通过将预算系统与门户系统进行集成，实现单点登录和待办信息集成。

（2）通过将预算系统与用友系统进行集成，实现获取实际数据和报表数据。

（3）通过将预算系统与短信平台集成，实现待办信息推送到手机端功能。

（4）通过系统集成开发完成集团预算决策分析，第一类为经营指标分析，包括集团利润总额分析、集团营业收入分析、集团营业成本分析、集团期间费用分析等；第二类为投资指标分析，包括线路投资分析、上盖物业投资分析、土地开发投资分析、集团资产购置分析等；第三类为资金指标分析，包括筹资总额分析、集团现金流入分析、集团现金流出分析、集团融资费用分析等；第四类为专题指标分析，包括集团职工薪酬分析、资源收款分析、运营维修费用分析、集团专题研究分析、土地收入分析、集团实缴税金对比分析等。

（5）通过系统集成开发完成集团部门分析报表。

（6）通过系统集成开发完成通用预算决策分析，第一类为经营指标分析，包括利润总额对比分析、营业收入对比分析、营业成本对比分析、期间费用对比分析等；第二类为资产现金指标分析，包括资产总额预算与实际对比分析、资产购置对比分析、现金流入趋势分析、现金流出趋势分析等；第三类为专项指标分析，包括职工薪酬对比、实缴税金对比分析等。

（7）通过系统集成开发完成建设公司管理费用执行报表。

（8）通过系统集成开发完成运营预算决策分析，第一类为运营收入分析，包括票务收入分析、票务收入完成率分析等；第二类为运营成本分析，包括运营成本完成数分析、运营成本完成率分析、人工能耗修理及其他占比分析、车公里成本完成数分析等。

（9）通过系统集成开发完成运营公司报表，包括城区线决算分析、城际线决算分析、全线路决算分析、部门一号线、二号线、三号线、一号线南延线、十号线、机场线、宁天线等线路预算执行情况表。

（10）通过系统集成开发完成资源预算决策分析，第一类为资产指标分析，包括资源本部资产分析、资源本部负债及所有者权益分析、资源本部资产负债率分析、资源本部流动比率趋势分析等；第二类为经营指标分析，包括资源本部利润总额分析、资源本部主营业务收入分析、资源本部主营业务成本分析、资源本部主营项目毛利分析、资源本部管理费用分析、资源本部销售费用分析等；第三类为资金指标分析，包括资源本部现金流入分析、资源本部现金流出分析等；第四类为专项指标分析，包括上盖物业累计分析、资源本部部门职工薪酬分析、资源本部实缴税金构成分析、资源本部土地收入分析、资源本部短期借款分析、资源开发利润分析等。

（11）通过系统集成开发完成资源公司报表，包括公司报表、归口部门费用报表、部门报表。

（12）通过系统集成开发完成物业公司报表，包括收入、支出及利润分析、管理费用分析、部门预算分析表。

（13）通过系统集成开发完成小镇公司管理费用预算分析表。

（14）通过系统集成开发完成地保办管理费用预算分析表。

（15）在预算分析开发过程中，与集团本部、建设公司、运营公司、资源公司、物业公司、小镇公司确认相关需求，核对数据正确性，对管理驾驶舱和报表进行调整，保证数据的准确性。

7. 系统正式运行

全面预算系统经过业务访谈、系统建设、系统测试、系统试运行、系统集成及分析开发、系统运行支持等阶段完成系统实施工作并对系统进行优化完善，最终实现系统正式运行。

（三）AB地铁集团全面预算信息化实施成效

经过信息化建设后，AB地铁集团构建了三位一体分层级管控的全面预算管理模式，搭建了统一的全面预算管理平台，建立基于业务的横到边纵到底的预算业务体系，实现了"上下结合、分级编制、逐级汇总"的管理方式，健全了全面预算定额管理体系，通过系统集成实现数据共享，建立了多维预算模型，通过可视化管理驾驶舱可辅助决策分析，全面预算管理平台的运作更加高效快捷了

1. 构建了三位一体分层级管控的全面预算管理模式

通过全面预算信息化建设构建了三位一体分层级管控的全面预算管理模式，将集团作为资金的平台、资产的平台、资源的平台，以资金、资产、资源为纽带，以全面预算管理为工具，协同好建设、运营、资源开发三个子公司的关系，使其各司其职、高效协作，集中精力完成市委、市政府交付的建设、运营和资源开发任务。

2. 搭建了统一的全面预算管理平台

通过全面预算信息化建设，建立该集团统一的全面预算管理平台（见图7），统一预算基础信息，实现预算信息的标准化、规范化；固化预算编制流程、预算审批流程、预算调整流程；提高预算编制效率、预算汇总效率、预算分析效率和数据准确性；强化集团全面预算管控能力并为多级管理层建立多维度、多视角数据展示，提供了丰富的经营决策辅助依据，提高决策的科学性、正确性；加强重点费用、项目控制，强化预算全过程监控，提高对企业风险从预见、防控到风险的应对能力。

3. 建立基于业务横到边纵到底的预算业务体系

按责任主体定义预算管理组织：在行政管理组织机构的基础上，按全面预算管理体系要求，基于预算责任主体梳理并定义完整、科学的多级预算管理组织，而非基于

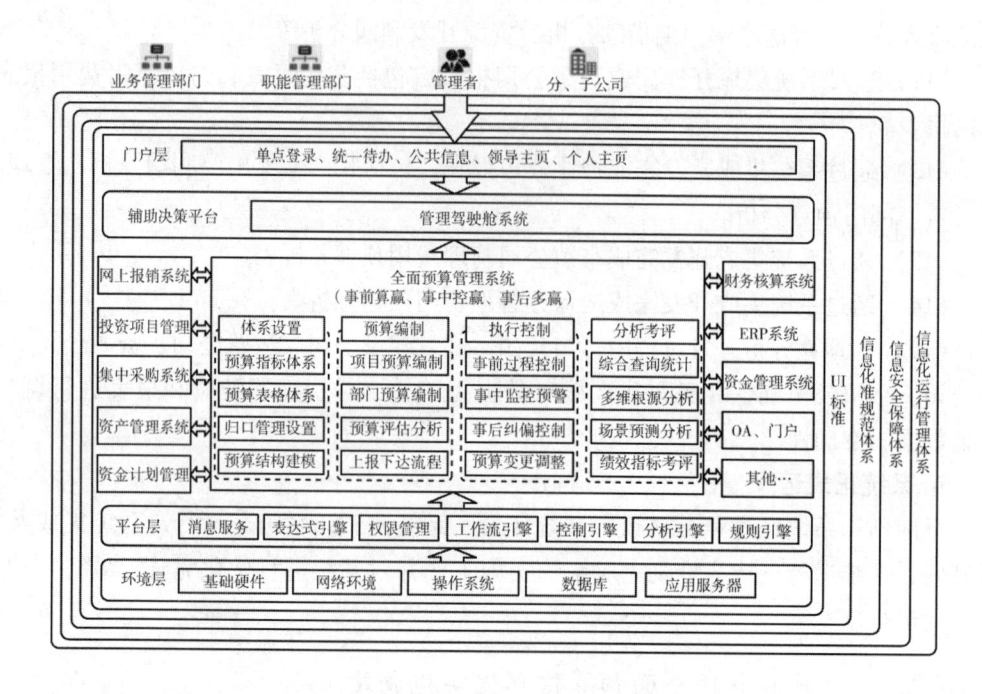

图7 全面预算管理平台

资料来源：根据公司相关资料整理绘制。

法人主体来定义预算管理组织。

基于业务定义预算项：基于业务而非传统财务科目定义预算项，真正使预算管理从传统财务口径向业务口径转变。

基于业务定义预算表：从业务口径出发，建立基层业务预算编制表格体系，基于业务口径的基础数据自动汇总、生成集团层面预算数据，真是做到全员参与、全过程控制、涉及全业务的预算业务体系。

具体预算业务体系见图8。

4. 实现"上下结合、分级编制、逐级汇总"的管理方式

通过全面预算信息化系统及审批流程设计，实现了集团"上下结合、分级编制、逐级汇总"的预算管理方式。预算管理委员会根据公司发展战略和经济形势初步预测，提出下个年度的各项预算指标，下达各级编制主体；各级编制主体结合自身业务情况编制本主体详细预算；上级预算管理办公室和上级预算主体对上报的预算进行审查、汇总，提出综合平衡建议，反馈给各级预算主体进行修正；在多次平衡、修正、调整的基础上形成预算草稿，提交董事会审议批准；经董事会批准的预算作为最终预算进行下达执行。

5. 健全全面预算定额管理体系

定额体系设立专门的定额表，由定额管理部门进行维护，每年预算编制之前修订定额。加强定额管理，确定定额制定依据、制定程序等。其内容应包括：（1）定额管

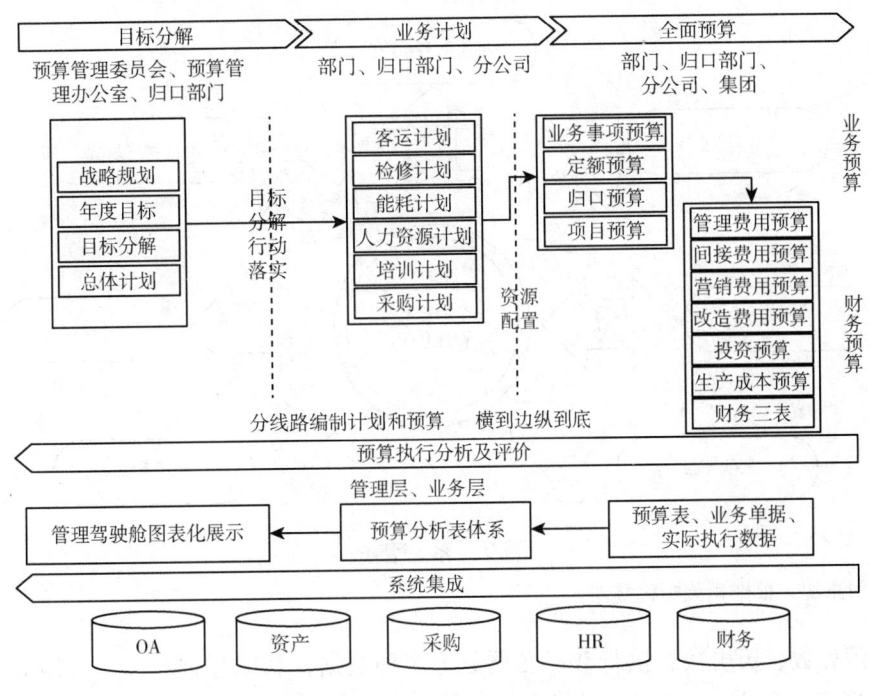

图 8　基于业务的预算业务体系

资料来源：根据相关资料整理。

理范围；(2) 制定和修订定额的依据、方法、程序；(3) 明确定额的执行、考核、奖惩的具体办法等。

通过设置定额信息和规则设置，在预算编制时定额预算表格自动引用对应的定额标准数据，出具定额预算表，当业务条件发生变化时，针对定额进行修订，定额预算表自动更新。

6. 建立多维预算模型

建立多维预算模型，充分体现了组织、管理、业务、成本费用等关键要素，打破传统二维预算思路，在系统中建立了组织、时间、线路等多个维度，多维度预算模型的建立，使预算内容更加丰富，分析角度更加全面，成本管理更加精细，为日常管控和决策提供更有力的支持。

7. 通过系统集成实现数据共享

结合该地铁集团的信息化管理现状，通过全面预算管理信息化建设，以基础数据标准化、审批业务信息化、监督监控全程化、报表分析自动化为建设目标，以统一标准、集成共享、先进实用、安全可靠为原则，为某地铁集团搭建了符合企业信息化规范的预算信息化管理平台，有效解决信息孤岛问题，实现数据的集成共享（见图9）。

8. 可视化管理驾驶舱，便于辅助决策分析

通过管理驾驶舱对数据进行多维度、多视角分析，提升集团在集中管控、运营管理、决策支持等各方面的能力，以最佳管理视角为决策层提供服务。

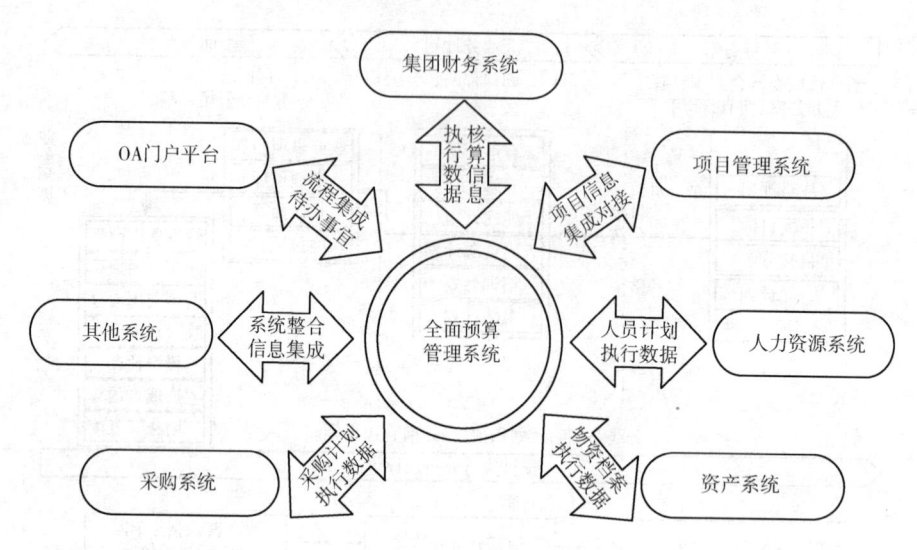

图 9　系统集成

资料来源：根据相关资料整理。

对预算数、历史数、执行数、变更数等多种数据，利用数据仓库、多维分析、管理驾驶舱等信息技术，建立多指标、多层级、多维度的立体分析模型，实现以立体、动态的形式监控各种关键指标，并可逐级向下钻取分析，可以钻取各种汇总统计表格以及下级图表，甚至是基础数据表等，便于分析差异形成原因；也可以按多个维度切换进行分析，根据区域、类型、时间、部门、预算项等条件查询到相应条件的表格及图形。采用的分析手段包括对比分析、构成分析、占比分析、趋势分析。

三、案例讨论

本案例由于缺乏集团内部数据，以及无法实际接触其全面预算管理及信息化的具体工作，只通过各方资料进行总结分析，因而具有通过一定的局限性。不过，通过 AB 地铁集团全面预算及信息化情况的介绍，学员们对全面预算及信息化想必已经有了一定的了解，下面请学员重点思考以下问题：

1. 什么是全面预算管理？它有哪些模式？
2. 为什么要实施全面预算管理？应该如何编制全面预算？
3. AB 地铁集团全面预算管理存在哪些问题？应如何解决？
4. 为什么要推进全面预算信息化？实施全面预算信息化需要考虑哪些因素？
5. AB 地铁集团实施全面预算管理信息化是否取得了预期的成效？
6. 假如你是 AB 地铁公司的 CEO 或 CFO，你将如何进一步推进全面预算管理信息化？

参考文献

[1] 靳璐. 企业全面预算信息化建设与改进探析 [J]. 时代金融, 2017 (23): 168 + 173.

[2] 易危香, 戴旭东. 南京地铁全面预算管理系统设计与实现 [J]. 信息系统工程, 2017 (7): 124 + 127.

[3] 金琳. 申通地铁完善财务信息化 [J]. 上海国资, 2017 (1): 90 - 91.

[4] 元晓芳. 地铁公司全面预算管理实践探讨 [J]. 财会学习, 2016 (5): 239 - 240.

[5] 吴丽丽. BZYC 公司全面预算管理存在的问题与对策研究 [D]. 江西财经大学, 2015.

[6] 王立平. 地铁施工企业全面预算管理分析 [J]. 财经界 (学术版), 2015 (16): 56.

[7] 赵华宇. H 集团全面预算管理的应用研究 [D]. 财政部财政科学研究所, 2015.

[8] 王苹, 万明滨, 蒋磊. 广州地铁财务信息化管控与财务内控实践探索 [J]. 都市快轨交通, 2015, 28 (2): 11 - 15 + 25.

[9] 廖敏霞. 我国企业实施全面预算管理的实践与探讨 [J]. 企业经济, 2013 (5): 42 - 45.

[10] 陈雯. ABC 企业全面预算管理信息化实施案例分析 [D]. 财政部财政科学研究所, 2013.

[11] 辛歆. 基于信息化平台的企业全面预算管理体系建设研究 [J]. 商业时代, 2013 (2): 96 - 97.

[12] 张素会. 论全面预算管理在我国企业中的运用 [J]. 经济论坛, 2011 (12): 203 - 207.

[13] 郝晓娜. 我国企业集团全面预算管理中存在的问题及对策分析 [J]. 河南社会科学, 2010 (3): 215 - 217.

[14] 高乐光. 关于企业开展全面预算管理信息化建设的思考 [J]. 信息技术与信息化, 2009 (6): 28 - 30.

[15] 张琼. 浅析全面预算管理在我国企业实施中存在的问题 [J]. 经济管理, 2007 (2): 67 - 72.

[16] 王晓姝. 企业预算管理与全面预算的编制与实施 [D]. 对外经济贸易大学, 2006.

[17] 何瑛. 全面预算管理的体系框架和主要功能 [J]. 经济与管理研究, 2005 (2): 55 - 58.

案例 11 东方航空套期保值策略及影响分析

教学目标

本案例重点分析了东方航空燃油期权套期保值业务的头寸构建及具体操作过程,以及整个套期保值业务对东方航空最终造成的财务影响。通过案例分析和讨论,旨在使学员思考企业套期保值的动机和各类套期保值头寸的适用条件,了解套期保值会计处理,理解衍生金融工具市场的风险性特征。

2009年1月9日,东方航空股份有限公司发布关于航油套期保值业务的提示性公告暨2008年度业绩预亏公告。公司称,随着全球金融危机的进一步加剧,国际油价持续震荡下行,公司于2008年12月当期的航空燃油套期保值合约发生实际现金交割损失约为1415万美元。根据公司的初步测算,公司航油套期保值合约于2008年12月31日的公允价值损失约为人民币62亿元。套期保值是企业对冲原材料价格风险的有效手段,并且东方航空已从事套期保值业务多年,其中很多次取得了良好的套保效果。那么东方航空本次套期保值为什么会出现巨额亏损呢?

一、背景简介

从2007年年初开始,全球各大航空公司都在面临着一个严峻的问题:航空燃油价格不断上涨。尤其是中国国内的航空公司,燃油成本比重长期居高不下是急需解决的问题。2007年2月,原油价格开始不断飙升,其中美国WTI原油价格在一年多的时间内从59.28美元/桶涨到了133.37美元/桶,涨幅高达125%。这对国际航空业尤其是国内航空公司无疑是个重大打击。于是,如何控制燃油成本,规避燃油价格上涨风险成了国内各大航空公司的当务之急。期权合约作为最有效的风险对冲工具自然就成了国内航空公司的首选,正是在这样的背景下,东方航空股份有限公司才开始选择参与期权合约套期保值业务。

(一)不断成熟的衍生工具市场为套期保值提供操作平台

在金融衍生工具产生之前,基础金融工具的产生与发展已经有了很长一段时间,金融衍生工具产生的动力，主要来自金融市场的价格风险。20世纪70年代以后，金融环境发生很大变化，利率、汇率和通货膨胀呈现极不稳定及高度易变的状况，使金融市场价格风险大增。汇率、利率以及相关的股市价格频繁变动，使企业、金融机构和个人时时刻刻生活在金融市场价格变动风险之中，迫切需要规避市场风险。同时，世界金融市场从20世纪80年代开始面临全球化的挑战，竞争在世界范围内展开。在这种形势下，市场中的投资者会更注重对资本的保护和风险的防范。另外，随着东欧剧变和苏联解体，市场经济国家的人口大幅增长，几乎所有的国家都在搞自由市场经济，人们对资本和利润的追逐使市场竞争环境一下变得空前激烈。在这种形势下，金融衍生工具便应运而生。从特定角度来说，衍生工具实质上是金融工具发展的另外一个层次，是在交易方式、定价策略、交易规则上对基础金融工具进行的一次创新。世界上第一个成功的衍生工具市场于1972年出现在美国。当时，芝加哥国际货币市场开创了英镑、加拿大元、德国马克、日元和瑞士法郎的期货交易。这些交易使人能在某个时候以固定价格买进或卖出一种外汇。这样一来，公司也就能在将来某个时候按计划以固定比率兑换外汇或是把外汇换成美元。此后，衍生工具市场便得到了迅速发展。

我国的衍生工具市场产生较晚，首批金融衍生产品于20世纪80年代被引进，但直到90年代才建立起真正的金融衍生工具市场。在建立金融衍生工具市场的时候，我国的金融市场就开始进行金融衍生工具交易，经过这些年的发展，金融市场出现了越来越多的新金融衍生品，如配股权证、国债期货、指数期货、外汇期货。经过衍生品市场在世纪之交的发展，广大人民群众也开始关注各种金融衍生产品。在改革开放之后，我国经济逐渐复苏、在改革开放初始时期，大量中小型商业银行不断成立起来，随着大量银行成立起来，银行间竞争不断加剧，它们开始进入金融衍生产品市场，之后不停开拓金融衍生品市场，需要用金融衍生工具来分散、转移风险，更好进行银行业的经营活动。同时随着经济全球化进程不断发展，生产力水平的提高各国经济发展不断向好，国际金融衍生工具市场迅速发展起来，我国金融衍生市场由最初的非常不成熟到后来发展越来越好，我国的金融衍生产品种类不断增多，品种也趋于增多。

（二）企业会计准则的完善为套期保值会计处理提供依据

由于衍生工具市场具有很高的风险，因此企业在参与衍生工具相关业务时一定要注意防范金融风险，尽量避免衍生工具业务对企业自身经营业绩造成不利影响。为规范企业衍生金融工具业务会计处理，防范金融市场风险。国际会计准则委员会2000年发布了《国际会计准则第39号——金融工具：确认和计量》，其中对三种套期保值业务的具体会计处理做了规定。我国财政部也于2006年发布了《企业会计准则第24号——套期保值》对套期保值的确认和计量做了具体规定。具体会计处理原则如下：[①]

1. 公允价值套期满足运用套期会计方法条件的

（1）套期工具为衍生工具的，套期工具公允价值变动形成的利得或损失应当计入

---

① 《企业会计准则第24号——套期保值》。

当期损益；套期工具为非衍生工具的，套期工具账面价值因汇率变动形成的利得或损失应当计入当期损益。

（2）被套期项目因被套期风险形成的利得或损失应当计入当期损益，同时调整被套期项目的账面价值。被套期项目为按成本与可变现净值孰低进行后续计量的存货、按摊余成本进行后续计量的金融资产或可供出售金融资产的，也应当按此规定处理。

2. 现金流量套期满足运用套期会计方法条件的

（1）套期工具利得或损失中属于有效套期的部分，应当直接确认为所有者权益，并单列项目反映。该有效套期部分的金额，按照下列两项的绝对额中较低者确定：①套期工具自套期开始的累计利得或损失；②被套期项目自套期开始的预计未来现金流量现值的累计变动额。

（2）套期工具利得或损失中属于无效套期的部分（即扣除直接确认为所有者权益后的其他利得或损失），应当计入当期损益。

（3）在风险管理策略的正式书面文件中，载明了在评价套期有效性时将排除套期工具的某部分利得或损失或相关现金流量影响的，被排除的该部分利得或损失的处理适用《企业会计准则第 22 号——金融工具确认和计量》。

对确定承诺的外汇风险进行的套期，企业可以作为现金流量套期或公允价值套期处理。

3. 对境外经营净投资的套期

（1）套期工具形成的利得或损失中属于有效套期的部分，应当直接确认为所有者权益，并单列项目反映。处置境外经营时，上述在所有者权益中单列项目反映的套期工具利得或损失应当转出，计入当期损益。

（2）套期工具形成的利得或损失中属于无效套期的部分，应当计入当期损益。

二、案例介绍

（一）东方航空公司简介

中国东方航空股份有限公司于 1995 年 4 月正式成立，其前身为成立于 1988 年的中国东方航空公司，总部设在上海。并于 1997 年在上海、香港、纽约三地同时上市。是我国三大国有骨干航空运输集团之一。2002 年，以原东航集团公司为主体，在兼并原中国西北航空公司、联合原云南航空公司的基础上组建成中国东方航空集团公司。作为中国三大航空公司之一，中国东方航空股份有限公司在全球拥有 10 家分公司、49 家海外营业部及办事处，同时拥有包括上海航空公司、东方航空云南有限公司、中国货运航空公司、中国联合航空公司等在内等 20 多家全资及控股子公司，经过持续的产业结构调整和资源优化整合，基本形成了以航空运输业为核心，通用航空、航空食品、进出口、金融期货、传媒广告、实业投资等相关产业为支撑的航空运输集成服务体系。作为集团核心主业的中国东方航空股份有限公司，1997 年成为首家在纽约、香港、上海三地上市的中国航企。东航超过 580 架的机队构建了以上海为核心枢纽，通达世界 177 个国家和地区、1 062 个目的地的航空运输网络，年服务旅客 1 亿余人，机队规模、旅客运输量等多项运营指标跨入全球航空公司十强。

东方航空股份有限公司的第一大股东为中国东方航空集团公司，持股比例为 35.06%，最终控股股东为国务院国有资产监督管理委员会。从东航的股权结构可以看出，其属于国有控股公司且股权高度集中。具体股权结构图 1 所示。

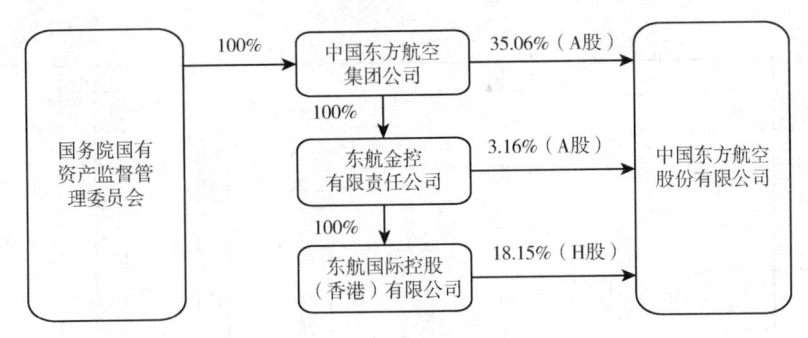

图 1　东方航空股权结构

资料来源：根据东航航空公司 2016 年年报整理。

（二）东航公司套期保值的动机

航空业作为国民经济的重要产业，对国民经济发展的重要性不言而喻。航空业属于技术、资金密集型行业，有着较高的技术要求和严格的行业准入门槛，但同时它也是风险密集型行业。航空业发展很容易受到诸如政治不稳定、经济波动、汇率起伏和燃油价格涨跌等外界因素的影响。其中，燃油价格是航空公司最为关注的一个因素，因为它与航空公司的运营成本直接相关，每一分燃油价格的波动都会对公司最终的利润产生影响。在其他成本基本稳定的情况下，由于燃油价格的波动性较大，因此，其决定了未来航空公司的盈利预期。目前就国内航空业而言，燃油成本已经成为仅次于劳工成本的第二大成本项目，虽然近些年各航空公司燃油成本有所下降，但是依然保持着很高的金额，燃油成本占自身营业成本的比重始终维持在 1/3 以上。和大多数航空公司一样，东航也面临着燃油价格波动给公司经营业绩带来的风险和困扰。根据东航历年年报数据整理出了 2002～2008 年公司燃油成本及其占公司营业成本总额的比重，具体如图 2 所示。需要注意的是，七年来公司燃油成本占公司营业成本的比例 21% 上升到了 42%，同时燃油价格的飙升也严重影响了公司的经营效益。2008 年以来，燃油价格一路上涨，为了保护公司经营免受高油价的冲击，公司依据相关的规章制度，在董事会授权范围之内，签署了部分航油套期保值合约。

由此可见，东航参与套期保值业务的动机是规避燃油价格风险、控制燃油成本。公司 2008 年年度报告中也提到"为控制航油成本，本公司进行了原油套期保值交易，交易品种系以美国 WTI 原油和新加坡航空燃油等为基础资产的金融衍生产品。

在航油价格持续上升的情况下，公司通过多种金融衍生工具降低航油采购价格波动的影响。截至 2007 年和 2008 年 12 月 31 日，公司原油套期实际交割量占航油现货采购量的比例为 34.20% 和 41.58%。"东航通过燃油套期保值业务规避了燃油价格大幅上涨的风险，一定程度上减轻了油价上涨对公司经营造成的不利影响。同时，燃油套期保值业务是航空公司锁定燃油成本的主要手段，被世界各国航空公司所普遍采用。

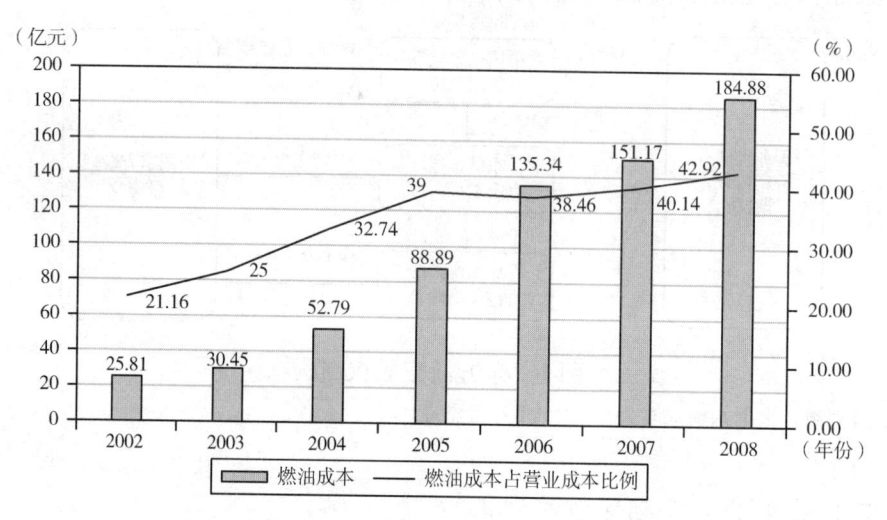

图 2 东航公司燃油成本及所占营业成本比重

资料来源：根据东航年报资料整理。

（三）东航公司套期保值策略及影响

1. 东方航空套期保值策略分析

早在 2003 年，东航就开始利用燃油期权合约去规避航空燃油价格波动的风险，当时由于航油价格波动幅度大，且整体呈上涨趋势，公司与境外投行达成若干燃油期权交易合约，以控制公司的燃油价格风险。据公司报告显示，本次东航签订的原油期权合约大部分为三方组合期权合约，即本集团上方买入看涨期权价差（即本集团在买入看涨期权的同时又卖出执行价格较低的看涨期权）的同时，下方又卖出看跌期权。据国际航协统计，2008 年 7 月开始，全球航空煤油平均销售价格下降 35%。在全球市场普遍看涨的情况下，油价的下跌必然导致航空公司燃油套保头寸亏损。国际航协报告显示，2008 年前三季度，全球航空业净亏损升至 40 亿美元，部分原因在于第二季度的套期保值导致第三、第四季度亏损，如美国航空公司三季度亏损 8.65 亿美元，其中燃油对冲亏损占 4.88 亿美元；套保规模较小的美国大陆航空公司三季度已确认有 6 300万美元的燃油对冲损失。而国内航空公司套期保值规模普遍较小，但是遭受的损失却不比国外航空公司小。套期保值的目的是规避风险，为何会导致公司出现亏损呢？这需要详细分析东航的燃油套期保值策略。公司年报及相关信息显示其具体期权头寸的建立如下：

（1）买入看涨期权价差，即公司签订执行价格为每桶 62.35～150 美元、行权日期为 2008～2011 年、行权数量为 1 135 万桶的多头看涨期权，同时签订执行价格为每桶 72.35～200 美元、行权日期为 2008～2011 年，行权数量为 300 万桶的空头看涨期权。在当时全球普遍看涨原油价格的形势下，东航公司建立这样的期权合约交易头寸是合理的，如果未来燃油价格高于多头看涨期权的执行价格，那么公司作为权利的拥有方，刚好能够以低于市场价的成本买入燃油，这恰恰达到了公司控制燃油成本的目的。如果未来燃油价格高于空头看涨期权的执行价格，公司依然可以行使多头看涨期权的权利，即便公司可能因为空头看涨期权的权利方行使买权而亏损，但是由于行权数量不多，因此该亏损完全可以被多头看涨期权带来的收益对冲掉。

（2）卖出看跌期权，公司签订了执行价格为每桶 45～83 美元、行权日期为 2009～2011 年的空头看跌期权。该头寸的建立不禁会让人产生疑惑，如果公司的目的是规避燃油价格的波动风险，那么之前买入看涨期权价差的交易头寸已经达到了这个目的，公司为何签订一个空头看跌期权呢？东航公司 2009 年 1 月 9 日公告称，在市场普遍看涨的情况下，建立该交易头寸的主要原因是利用卖出看跌期权来对冲昂贵的买入看涨期权费，同时要承担市场航油价格下跌到看跌期权锁定下限以下时的赔付风险。但我们不禁发问：为了对冲权利金而承担燃油价格下跌的风险真的值得吗？虽然全球燃油市场普遍看涨，但是市场形势瞬息万变，东航公司真的那么确定未来燃油价格一定会涨吗？按照公司本次签订的空头看跌期权，如果未来燃油价格下降到行权价下限以下，那么空头看跌期权的权利方必然会选择行权，这样的话公司不仅不会享受到油价下探带来的收益，反而会因为对方行权而不得不以高出市场价格的成本买入燃油。那么公司不仅没有达到控制燃油成本的目的，反而会导致燃油成本高于其他航空公司。在如此明显的风险敞口下，公司亏损的可能性远大于盈利的可能性。后来的事实也证明，该空头看跌期权合约的签订正是导致公司巨亏的元凶。

2. 东航套期保值对公司财务业绩的影响

2008 年在全球金融危机的影响下，全球航空业出现萎缩，对航空燃油的需求出现下滑，本应对燃油套期保值头寸进行减仓，但是东航签订的期权合约协议还有 3 年才到期，因此东航并没有根据市场行情立即处理。2008 年 7 月，受多方面不利消息影响，油价一路暴跌。东航套保策略的弊端开始逐渐显露。

东航公司公告显示，截至 2008 年 10 月 31 日，东航燃油套保头寸亏损 18.3 亿元，此后原油价格继续下跌，截至 2008 年年底，东航 2008 年全年燃油套期保值公允价值损失高达 62 亿元。但是公允价值损失并非现金实际损失，未来是否有实际损失以及损失的大小依赖于合约剩余期间的油价走势。

从财务数据来看（见图 3、表 1 至表 3），公司套期保值失败的最终结果就是导致公司当期严重亏损，2008 年归属于母公司所有者的净亏损为 139.28 亿元，其中燃油期权合约产生的公允价值变动损失为 64.01 亿元，占总亏损额的比例为 46%；资产价值

20.22亿元，占总亏损额比例为14.5%。公司2008年燃油成本上升22.3%，是公司进行套期保值的主要原因之一，由于油价暴跌，公司卖出的看跌期权严重亏损，未变现公允价值计量的对冲亏损高达62.56亿元。2007年原油价格的波动区间并没有超出公司期权合约锁定的价格区间，由于看跌期权并没有得到行使，所以对手方支付给公司权利金，同时降低了公司套期保值的费用；而且公司所购买的看涨期权又规避了燃油价格上升所带来的风险，降低了公司的燃油成本。如表3所示，其中，已变现对冲的期权合约实现盈利1.2亿元，未变现公允价值盈利为9 700万元。因此2007年东航的期权策略为公司带来了收益。然而，2008年原油价格却发生了大幅波动，从年初的92美元一路飙升到最高147美元后又急速下跌到45美元，显然超出了公司期权合约锁定的价格区间，看跌期权将会得到行使，从而导致期权合约公允价值发生巨大损失。通过分析可以发现，公司的套期保值策略所带来的巨额损失并不是偶然事件，特别是交易工具的复杂性加上巨大的风险敞口，已经成为公司发生损失的必然因素。

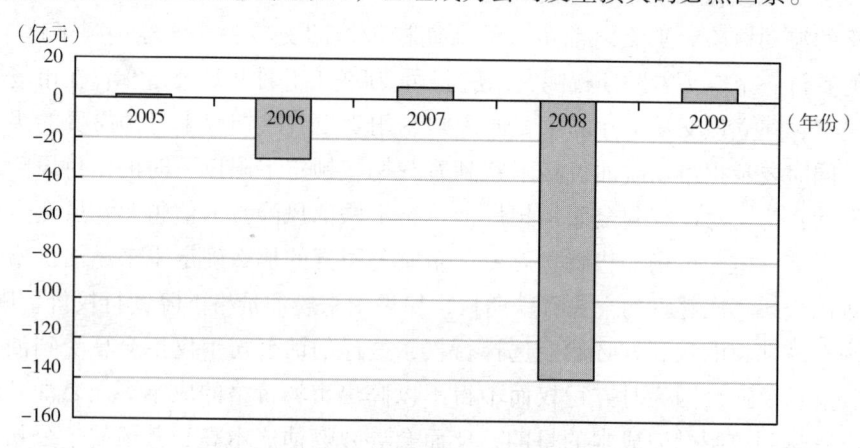

图3 2005～2009年东方航空净利润

资料来源：根据公司年报资料整理。

表1　　　　　　　　　　2006～2008年东航相关财务数据　　　　　　　　单位：亿元

时间	2008	2007	2006
营业收入	418.42	435.41	381.33
利润总额	-139.85	7.25	-33.32
归属上市公司股东的净利润	-139.28	6.04	-30.62
经营活动产生的现金流量净额	13.83	49.35	32.23
时间	2008年年末	2007年年末	2006年年末
总资产	731.84	665.04	598.20
所有者权益	-116.00	25.18	19.75

资料来源：根据公司年报资料整理。

表2　　　　　　　　东方航空套期保值与燃油成本　　　　　单位：百万元

年　份	2008	2007
燃油成本	18 480	15 237
已变现对冲亏损/（盈利）	8	（120）
燃油成本总额	18 488	15 117
未变现公允价值计量对冲亏损/（盈利）	6 256	（97）

资料来源：根据网络资料整理。

表3　　　　　原油价格与公司期权合约公允价值变动损益关系

年　份	2008	2007
原油价格波动区间（美元）	92~45	55~92
期权锁定价格区间（美元）	62.35~150	50~95
实际交割损益（亿元）	−0.08	1.2
期权合约公允价值损益（亿元）	−62	0.96

资料来源：根据网络资料整理。

（四）东航套期保值后续

2009年1月9日，东航发布公告称，公司使用航油套期保值业务的目的主要是为了锁定公司的航油成本。公司为航油的实际使用者，当航油价格下跌到超出锁定的下限时，公司在承担支付赔付义务的同时将受惠于航油现货采购成本的降低，一定程度上冲抵公司按照合约所支付的赔付损失，最终达到公司使用航油套期保值业务的目的。东方航空强调套期的目标是锁定航油成本，规避油价大幅上涨带来的经营风险，公允价值损失并非现金实际损失，未来是否有实际损失以及损失的大小依赖于合约剩余期间的油价走势。东航2009年年报显示：报告期内，东方航空共计实现净利润5.4亿元，同比2008年增长103.88%，其中，公允价值变动净收益为37.75亿元。在2008年，这一数据为亏损64.01亿元，提出汇兑收益影响后，东航手持的55份套期保值合约在2008年使得东航亏损62亿元，实际赔付超过1 000万美元，而2009年3月至2009年年底，原油价格一飙升，涨幅超过100%，这为东航的套期保值合约冲回了超过35亿元的亏损。

三、案例讨论

期权合约是对冲风险效果最强的衍生工具，利用期权合约进行套期保值也是很多行业公司应对价格风险的重要手段。东方航空公司本次的套期保值却导致了公司巨额亏损，无疑本次套期保值是失败的，其中也有很多值得人们思考的地方。请学员们结合案例材料重点关注以下问题：

1. 什么是套期保值？套期保值有哪些分类？套期保值的意义或目的何在？
2. 东航本次套期保值行为是否属于投机？为什么？
3. 本案例中，东航在进行套期保值时存在哪些风险？
4. 东航本次套期保值失败的原因有哪些？
5. 该案例对其他企业参与套期保值业务有何启示？

参考文献

[1]《国际会计准则第39号——金融工具：确认和计量》。

[2]《企业会计准则第24号——套期保值》。

[3]《企业会计准则第24号——套期保值》应用指南。

[4]《企业会计准则讲解2016》。

[5] 徐锦. 期货、期权套期保值在航空企业中的运用及影响研究 [D]. 南京理工大学硕士论文, 2010.

[6] 杨模荣, 王力. 东方航空燃油套期保值财务结果分析与启示 [J]. 财会学习, 2013.

[7] 邢彦卫. 东方航空航油套期保值策略研究 [D]. 郑州大学硕士论文, 2011.

[8] 杨婧, 池国华. 东航航空的套期保值亏损案给我们的启示 [J]. 财务与会计, 2009.

案例12 从万科股权之争看公司控制权转移

教学目标

本案例旨在从公司治理、企业会计准则以及公司法等方面分析万科股权之争中涉及的控制权转移问题。通过本案例，一方面使学员思考股权之争的产生原因及控制权转移与股权结构变动的关系，掌握判断企业控制权的方法；另一方面使学员充分了解股权之争对企业股权结构产生的影响以及企业预防与抵御恶意收购的策略与方法。

企业的股权之争从来都不是一个新鲜的话题，早年有"君万之争"，近来有围绕民生银行的"五大派系"股权之争。然而，2015年年末爆发的"宝万之争"却将这一话题推向了舆论的顶峰。一直以来，万科的品牌与其董事长王石的名字紧紧地联系在一起，就在大众质疑到底是"万科的王石"还是"王石的万科"之时，宝能半路杀出，并彰显出对万科控制权的熊熊野心，一场披着股权之争外衣的控制权之争就此展开。2016年，"宝万之争"持续升温，涉及范围也不断扩大，随着华润、安邦、恒大、深圳地铁等多方的介入，万科的控制权所属问题越发扑朔迷离。几乎同一时间段，同样具有分散股权结构的南玻、格力先后受到了"野蛮人"的威胁，其中南玻更是由于举牌人大股东宝能强势干预企业管理导致南玻高管集体离职。种种相似的迹象，种种相同的发展脉络，让公众意识到万科与宝能围绕企业控制权的争夺，不仅代表了中国许多实体企业与资本之间的博弈，更是代表了企业所有者与管理者之间围绕企业实际控制权的博弈。

一、背景介绍

（一）股权之争的主战场——万科

万科企业股份有限公司（以下简称"万科"或"万科集团"，股票代码000002）是目前中国最大的专业住宅开发企业，也是代表性地产蓝筹股。万科成立于1984年，经过30多年的发展，成为国内领先的房地产公司，目前主营业务为房地产开发和物业服务。数据显示，2016年，万科实现销售面积2 765.4万平方米，销售金额3 647.7亿元，同比增长33.8%和39.5%。企业连续8年位居中国房地产开发企业500强榜首，

2016年7月首次入选《财富》"世界500强",名列356位。万科董事长王石则是一位具有传奇色彩的企业家,其鲜明的个人品牌形象带动了万科企业品牌形象的广泛传播。三十多年来,万科在王石的带领下,专注于住宅开发行业,逐渐发展成为管理体系完善、产品服务质量过硬的房地产龙头企业,以王石为核心的万科管理团队也因此享誉行业内外。一直以来作为万科精神领袖的王石曾经说过,"我的成功是别人不再需要我。"但是,随着股权之争的爆发,王石所塑造的万科神话刹那间灰飞烟灭,万科与王石这一次以"悲情"的姿态进入公众的视线。

(二) 曾经的盟友——华润

自2000年起,华润一直维持着万科战略大股东的地位,是万科发展中举足轻重的同盟者。华润(集团)有限公司(以下简称"华润"或"华润集团")是一家在香港注册和运营的多元化控股企业集团,全球500强企业之一。其前身是1938年于香港成立的"联和行",2003年归属国务院国有资产监督管理委员会直接管理。集团核心业务包括零售、电力、地产、燃气、医药、金融等,其中旗下的华润置地是内地最具实力的综合性地产开发商之一。目前华润的股权结构见图1所示。

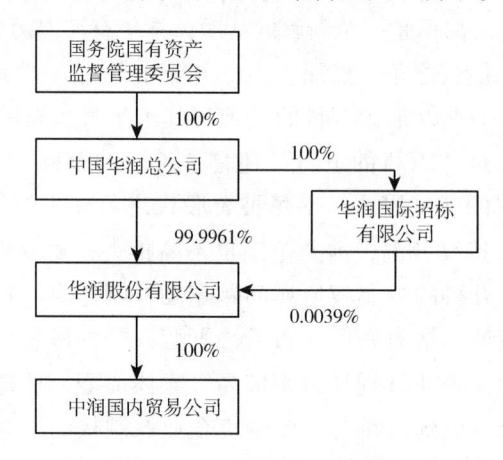

图1 华润股份股权结构

资料来源:万科年报。

(三) 来势汹汹的"野蛮人"——宝能

近年来凭借着"野蛮人"的身份声名鹊起的宝能系是指以深圳市宝能投资集团有限公司为中心的资本集团。宝能集团成立于2000年,最早起家于深圳"菜篮子"工程,由法人代表姚振华先生持股100%,为个人独资有限责任公司。宝能集团旗下包括综合物业开发、金融、现代物流、文化旅游、民生产业等五大板块,下属管辖包括宝能地产、前海人寿、钜盛华、粤商小额贷款、深业物流、创邦集团等多家集团。宝能当前的股权结构如图2所示。由图2可知宝能旗下的钜盛华和前海人寿的实际控制人均为姚振华,钜盛华与前海人寿之间存在事实上的一致行为人关系。特别是2014年以来,宝能系利用钜盛华和前海人寿两大资本平台,在A股市场频频进出。其实,万科只是宝能系的其中一个猎物,借举牌万科进入公众视野的宝能系曾先后举牌或参股过包括万科在内的近十家上市公司。

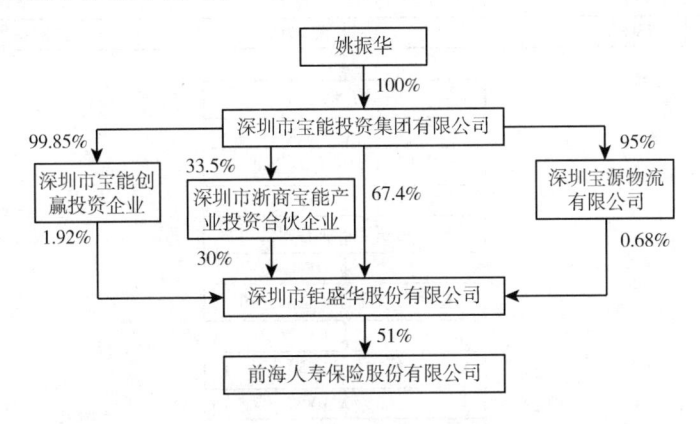

图2 宝能股权结构

资料来源:万科年报。

(四)"乱战"中的新盟友——安邦

2015年12月23日夜,两份公告让陷入僵持中的股权之争再掀波澜——万科与安邦分别发布肯定对方的公告,宣布结盟。安邦保险集团股份有限公司成立于2012年,是我国保险行业综合性集团公司之一,目前拥有财产险、寿险、健康险、资产管理等多种业务,包括安邦财产保险、安邦人寿保险、和谐健康保险及安邦资产管理等多家子公司。2014年以来,安邦保险先后并购美国、比利时、韩国及荷兰多家保险公司和银行。安邦通过安邦人寿和安邦财险在二级市场大举投资始于2013年,举牌个股主要分布在银行、地产、基建、能源等领域大市值龙头企业。对于万科来说,同样具有险资背景、曾经被怀疑是宝能系一致行为人的安邦在此节点上宣布与公司结盟,这无疑给万科内部打下了一剂强心针。

(五)"亦敌亦友"的投资者——恒大

在卷入万科股权之争之前,恒大集团就已凭借多元化投资名声大噪。可以说,在当前中国房地产市场,恒大是万科最强劲的对手。所以,2016年8月恒大强势入主万科之时,不少人联想到一年前野心勃勃的宝能身影。恒大集团成立于1997年,目前是集民生住宅、文化旅游、快消、物流、农业、乳业及体育产业为一体的世界500强企业集团。恒大当前的股权结构如图3所示。数据显示,恒大旗下地产公司2016年全年实现销售额约3 733.7亿元,销售面积4 469万平方米,同比增长85.4%、75.2%。恒大地产2016年销售额超过万科,暂居房地产行业之首。恒大地产可以说是现阶段万科在

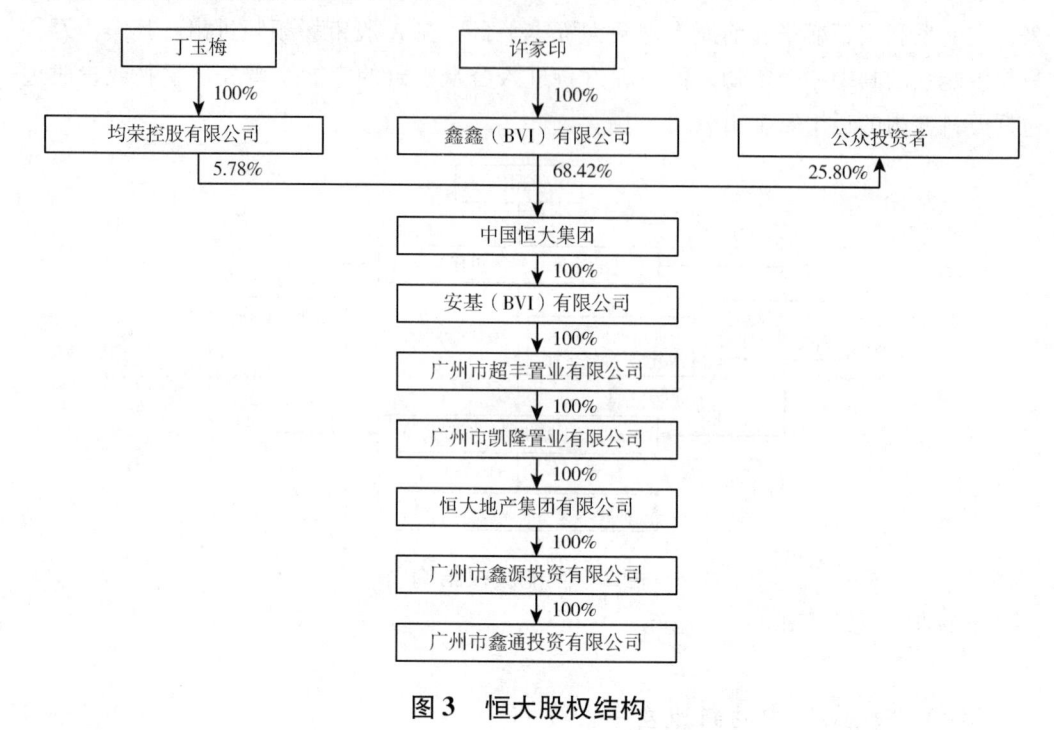

地产市场上最强劲的竞争对手之一。

```
          丁玉梅                    许家印
           │100%                    │100%
           ▼                        ▼
      均荣控股有限公司        鑫鑫(BVI)有限公司        公众投资者
           │5.78%                   │68.42%              │25.80%
           └───────────┬────────────┴────────────────────┘
                       ▼
                  中国恒大集团
                       │100%
                       ▼
                  安基(BVI)有限公司
                       │100%
                       ▼
                  广州市超丰置业有限公司
                       │100%
                       ▼
                  广州市凯隆置业有限公司
                       │100%
                       ▼
                  恒大地产集团有限公司
                       │100%
                       ▼
                  广州市鑫源投资有限公司
                       │100%
                       ▼
                  广州市鑫通投资有限公司
```

图3　恒大股权结构

资料来源：万科年报。

（六）股权之争转折点上的"白衣骑士"——深圳地铁

2016年3月，万科在经历了漫长的停牌后，首次披露资产重组的对象——深铁。深铁由此进入公众的视线。深圳市地铁集团有限公司（以下简称"深铁"）成立于1998年7月31日，是深圳市人民政府国有资产监督管理委员会直管的国有独资大型企业，是深圳市轨道交通建设和运营的主要力量，当前已形成集地铁"投融资、建设、运营、资源经营与物业开发"四位一体的产业链。深铁的国有企业背景也让这场股权之争的剧情变得愈发扑朔迷离。

二、案例概况

（一）万科股权之争的前世今生

1. 股权之争的产生根源

万科的前身是王石在1984年创办的"深圳现代科教仪器展销中心"，国营属性，是当时深圳经济特区内最大的摄录像专业器材供应商。1986年为了摆脱国有企业经营管理的僵化体制，加快业务的规模化发展，万科管理层达成了进行股份化改造并在两年内发行股票的决议。1988年11月，深圳市政府批准了万科的股份化改造方案，公司正式更名为"深圳万科企业股份有限公司",并在当年正式进入房地产行业。1991年1月,万科在深交所A股上市,成为深交所第二家上市公司。在这次股改上市的过程中,万科共募集到2 800万元股民资金,以1元1股换算,结合上市前净资产折合的1 324.67万股,公司总股本达到4 124.67万股。

而关于万科分散式股权结构形成的根源,目前业界有两种观点:一种观点认为,因为在万科的股改上市时,王石选择放弃了40%应属于个人的股份,这一决定虽然成就了王石作为职业经理人的名声,但是也让公司陷入股权分散的风险中;另一种观点认为,60%与40%是万科股改前政府与个人的股份占比,万科股改后归属于个人部分的股份只有12.84%,其中绝大部分为集体所有,所以王石实际可取得的股份很少,造成万科股权分散现状的原因在于当时特殊的政策背景与市场状况。不管基于上述哪种观点,万科形成了分散式的股权结构是公司股改上市的既定结果,这也为日后围绕公司的控制权之争埋下了隐患。

2. 股权之争的开端——"君万之争"

在万科30多年的发展史中,由股权之争引发的控制权之争已经不止"宝万之争"这一次。就在万科上市两年后的1993年,万科成功发行B股,当时君安承销的1 000万万科B股,成本价为12元,但是市场价为9元,账面浮亏3 000万元。君安意图通过这次收购,刺激股价、控制万科董事会。1994年3月30日,君安证券宣布君安代表委托的四家股东——深圳新一代企业有限公司、海南证券、香港俊山投资有限公司和创益投资有限公司(四公司共持有万科总股份的10.73%)发起《告万科企业股份有限公司全体股东书》,直指万科经营和管理中存在的问题,"君万之争"由此展开,这也是万科股权高度分散隐患的第一次发作。1994年3月31日,王石向深交所申请停牌,并获得批准——这是中国股市的第一次停牌,其目的是通过停牌赢得时间,阻击君安等人的"老鼠仓"。同时,瓦解被君安拉拢的其他股东,瓦解企图改组万科的联盟。1994年4月4日,万科在深交所复牌,万科股票轻微涨停,同日下午,万科召开新闻发布会宣布"君万之争"结束。在君安发起股权之争5天的时间内,万科顺利赢得了这场控制权之争。

3. 引入战略性大股东——华润

2000年,数次扩股的万科已经形成极度分散的股权结构。万科的管理层基于平衡股权结构与稳定企业经营管理活动的考虑,于当年主动引入大型中央企业华润集团,华润由此成为万科的战略性大股东,以万科第一大股东身份与万科展开了长达16年的合作。万科管理层也曾多次公开表示,华润是万科最好的大股东,华润为万科提供了律师、会计方面的专业人士,在万科的组织建设、管理架构和监督机构中均起到至关重要的作用。截至2014年12月31日,华润及其全资子公司共持有万科A股股份1 652 335 290股,占公司股份总数的比例为14.97%,是万科第一大股东。由图4所示的2014年12月31日万科股权结构图可以看出,即使华润以绝对优势占据第一大股东的位置,但是万科的绝大多数股权还是掌握在数量多且分散的中小股东手里,而这样的股权结构所存在的天然漏洞在"宝万之争"后彻底暴露。

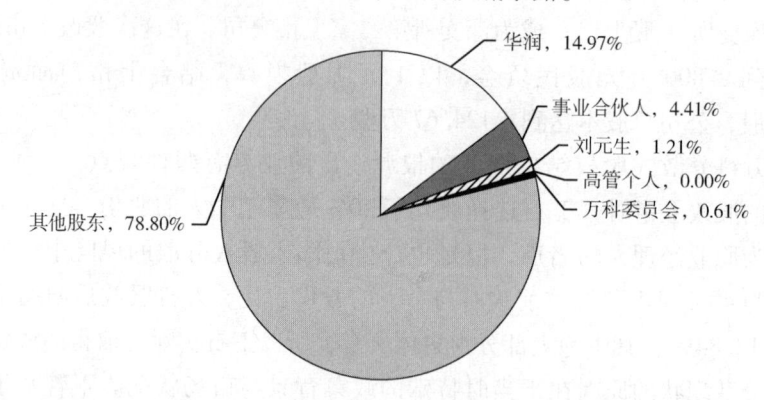

图 4　"宝万之争"前万科股权比例

资料来源：万科年报。

4. 一触即发的"宝万之争"

2015年7月10日，宝能通过旗下前海人寿在二级市场买入5.53亿股万科股票，占万科总股本的5%，完成首次"举牌"，① 高调进入万科。在距离初次举牌不到半个月时间里，宝能系对万科二次举牌，持股比例达10%，逼近第一大股东华润的持股比例。事实上，宝能系从2015年1月就开始买入万科A股股票，在2015年前两个季度都有所交易，可见宝能系的连续举牌是有预谋的行为。就在资本市场开始关注宝能这家名不见经传的企业并期待其下一步的动向时，宝能果然不负众望，一个月后完成第三次举牌，累计持有万科15.04%的股票，首次超越万科一直以来的第一大股东华润。由此来看，宝能系一系列的股票收购行为已经不局限于股票投资，而是直指万科公司实际控制权。

在宝能系连续三次举牌后，一直持观望态度的华润终于有所行动。2015年8月31日及9月1日，华润连续两次增持，持股比例达15.23%，重新取得万科第一大股东之位。然而，这场股权之争才刚刚开始，宝能的野心绝不满足于此。2015年11月底，宝能旗下的钜盛华通过资管计划继续增持5.49亿股万科股票，宝能系掌握的万科总股权达20.008%，再次超越华润成为第一大股东。紧接着，宝能乘胜追击、继续增持，截至2015年12月中旬，持股比例总计达22.45%，以绝对优势占据万科第一大股东的宝座。就在宝能系的持股比例不断逼近30%的要约线时，安邦集团耗资百亿元，完成首次举牌，挺进这场股权之争。安邦不合时宜的出现，让资本市场产生了安邦与宝能是一致行为人的猜测。如果安邦与宝能真的选择结盟，那么无论是万科的股权结构还是治理结构都会发生翻天覆地的变化。

根据2015年万科年度报告披露的信息，万科的股权结构如图5所示。比较图4与图5可知，2015年这一年间万科的股权结构发生了前所未有的变化——万科的大股东

---

① 规定只有买入5%上市公司股份需要正式公告，俗称"举牌"。

由华润一家独大发展为宝能与华润势均力敌、第一大股东易位且安邦首次出现在万科股东名单中。短短一年间,宝能步步为营,一举突破华润近15%的持股比例,成为万科这家房地产龙头企业的第一大股东,野心直指企业的实际控制权,使得曾经牢牢掌握在万科管理层手中的企业实际控制权岌岌可危。

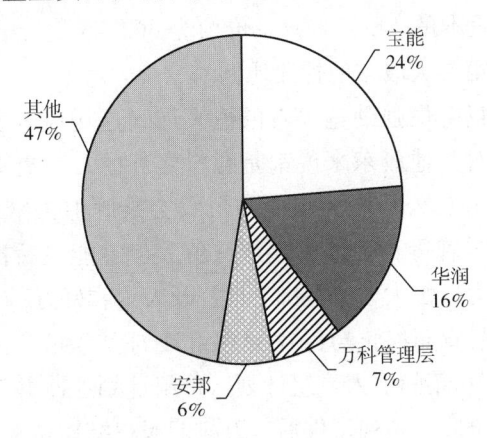

图5　2015年年底万科股权比例结构

资料来源:万科年报。

面对宝能的步步紧逼,万科管理层开始绝地反击。2015年12月,万科董事长王石以信用不足、能力不够、长债短投、风险巨大等理由表示不欢迎宝能成为企业的第一大股东。紧接着,万科重拾应对"君万之争"的计策,以筹划股票发行用于重大资产重组及收购资产为由申请停牌,以寻求拜票、争取同盟者的时间。就在社会各界不断猜测安邦是否会与宝能结盟、成为一致行为人时,2015年12月23日,万科宣布与安邦结盟。这是万科在这场股权之争中迎来的第一个转机。

5. 愈发复杂的股权之争

在万科股票停牌近三个月后,万科就2016年3月与深铁签署合作备忘录一事进行公告,首次披露了进行重大资产重组的对象。2016年6月,万科在港交所公开披露资产重组的预案,宣布公司拟以发行股票的方式,购买深铁持有的前海国际100%股份。万科意图通过发行股票,稀释宝能系的股份,但是管理层忽略了华润的股权同样会被稀释的事实。就在当月的万科董事会上,华润方面的三位董事对重组预案直接投出了反对票,表明了华润的立场。这是万科与华润结盟以来两者首次公开意见不一致的情况,华润出乎意料的意见表示,使得万科、宝能、华润三者之间的关系越发微妙。另一方面,由于万科的重组计划严重触动了宝能的利益,宝能系要求罢免王石、郁亮在内的万科10名董事、2名监事。至此,宝能系彻底暴露出控制万科的野心。2016年7月,万科A股复牌,宝能继续增持,将持有的股份数提至25.04%,距离触30%的要约收购线只有一步之遥。但是,这场股权之争还远未结束。

6. 始料未及的新任股东

就在社会公众期待着宝能的下一步行动时,万科发布公告称,截至2016年8月4

日，中国恒大通过其附属公司在市场上收购万科 A 股 5.52 亿股，占万科总股本的 4.68%。以多元化投资闻名、近年来业务逐渐向房地产市场集中的中国恒大突然出现在这场股权之争中，这是资本市场始料未及的。之后的 8~11 月，恒大来势汹汹、不断增持，颇有宝能开始时的气势，截至 11 月 30 日，恒大所持有的万科 A 股股份达 15.53 亿股，占万科总股本的 14.07%，总价约为 362.73 亿元，成为万科的第三大股东，并且持续逼近华润第二大股东的持股比例。

作为万科在地产市场上最强劲竞争者的恒大加入这场风云变幻的股权之争，这一情况无论是对万科还是对其他股东来说都是意料之外的，这更引发了人们对于恒大真正的投资目的的猜测。就在公众以为宝能与恒大会乘胜追击继续增持万科股票之时，证监会与保监会对险资举牌等行为监管趋严，恒大、宝能先后被监管部门约谈。可能迫于监管方面的各种压力，恒大于 12 月 17 日公开表示看好万科的投资前景而无意控股万科。仅仅一天后，万科宣布终止与深铁的重组计划。至此，这场股权之争再次陷入胶着状态。在经历了 2016 年间引入重组计划、重组计划遇冷并流产、董事会遭遇解散危机、恒大入主股权之争等一系列事件后，万科的股权结构又发生了新的变化。如图 6 显示，与股权之争发生之前的股权结构相比，现阶段万科的绝大多数股份掌握在多个大股东手里，虽然股权结构不再极度分散，但是由于各大股东都持有各自的立场，因此，万科的股权结构以及其治理结构还存在很多不稳定的影响因素，这场由股权引发的控制权之争仍远远没有结束。

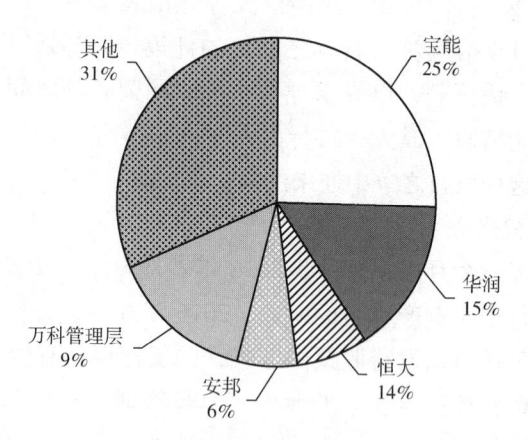

图 6 2016 年年底万科股权比例（截至 2016 年 12 月 31 日）

资料来源：万科年报。

7. 引领结局的转折点

2016 年年末，被视为万科重要自救计划的资产重组计划流产，当社会公众认为万科可能就此陷入股权之争的被动局面时，2017 年 1 月 12 日，万科发布公告称，深圳地铁与华润签订万科股份受让协议，深圳地铁拟受让华润集团所属华润股份有限公司、中润国内贸易有限公司所持有的万科 A 股股份 1 689 599 817 股，约占万科总股本的 15.31%，交易价格为 22.00 元/股，转让总价为人民币 371.7 亿元。此次交易完成后，深圳地铁将取代华润成为万科第二大股东，万科的股权结构也迎来新变化（见图7）。而华润与万科长达17年的战略合作关系也随着股权转让而终结。针对华润与深圳地铁的这场股权转让交易，这场股权之争中最引人注目的两家企业——宝能与恒大也纷纷表示支持深圳地铁接手华润，成为万科第二大股东，同时强调两者均是基于财务投资者角度持有万科股份，无意控制万科。

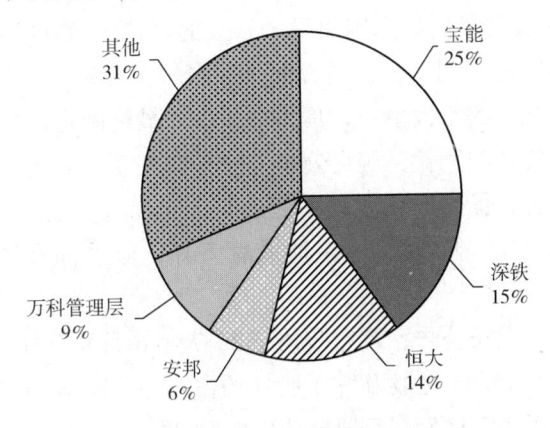

图7 华润股权转让后万科股权比例结构

资料来源：万科公告。

2017年3月16日，中国恒大宣布与深圳地铁签署战略合作框架协议，将其下属企业所持有的万科14.07% A股股份的表决权不可撤销地委托给深圳地铁行使，期限为一年。万科现任董事会的任期为从2014年3月28日至2017年3月27日。万科董事会面临换届之际，恒大转让表决权将直接影响万科下一届董事会的人员结构，并将对公司治理结构的稳定性产生重要影响。就现阶段情况的分析，万科各大股东所掌握的表决权比例如图8所示。至此深铁所掌握的表决权已超过宝能，作为万科新的同盟者，这帮助万科赢得了主动权。似乎，这场旷日持久的股权之争正在向万科有利的方向发展。

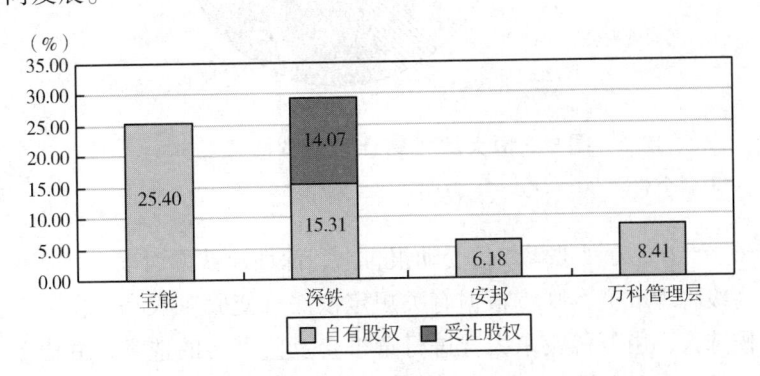

图8 万科表决权比例

资料来源：万科公告。

8. 最后的赢家

以王石、郁亮为核心的万科现任董事会（第十七届董事会）任期到2017年3月27日止。根据公司法和上市公司相关监管规定，本应在届满前完成新一届董事会换届工作。但是，直到2017年5月底，万科董事会都未启动董事会换届程序，万科董事会没有依法如期换届既成事实，同时万科董事会也没有对此给出任何合理解释。一时间，万科董事会超期服役背后的原因引发了社会的热议。就在社会各界好奇万科何时重启换届程序时，2017年6月7日万科方面公告称，收到深圳地铁的《通知函》，深圳地铁正筹划受让公司股份的重大事项，具体细节尚未最终确定，且最终需按程序批准。此外，为维护广大投资者的利益，避免公司股价异常波动，公司A股股票于2017年6月7日上午开市起停牌，停牌时间预计不超过5个交易日。公告一出，此次股权转让的卖家是谁成为众议的话题。恒大、宝能或者安邦，似乎都有理由成为这个问题的答案。

两天后，中国恒大发布公告，宣布公司于2017年6月9日作为转让方与深圳地铁签订协议，将持有的共15.53亿股万科A股（约占万科总股本14.07%）出售给深圳地铁，总对价约为人民币292亿元，每股转让价格18.80元，预期该出售事项将给恒大方面造成约为70.7亿元的亏损。至此，中国恒大正式退出万科股权之争，万科的股权结构再一次出现重大变动。恒大转让股权后万科的股权结构如图9所示，可以看出，股权转让交易完成后，深圳地铁持股比例超过宝能，成为万科新一任第一大股东。这场长达2年的股权之争的结局似乎日渐明朗。

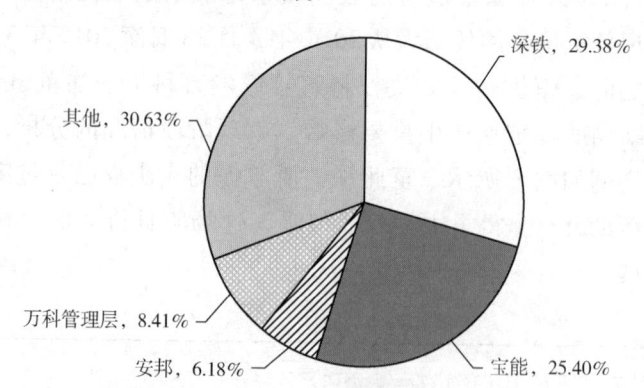

图9 恒大股权转让后万科股权结构

资料来源：万科公告。

2017年6月11日万科披露权益变动报告书，深圳地铁方面表示，如果万科选举董事、监事及高级管理人员，则将根据有关规定依法行使股东权利，向万科推荐合适的董事及监事候选人，由万科股东大会进行董事会及监事会的选举，并由董事会决定聘任高级管理人员。万科董事会改选工作终于提上日程。10天后的6月21日，万科董事会换届方案正式出炉，这次的提名由刚刚通过两次股权受让成为大股东的深圳地铁发起。其中，最令人关注的是万科创始人王石以及宝能、安邦等方面人士均未出现在这次的名单中。6月30日，万科举行了2016年股东大会，会上新任董事会成员提名全部获得通过，对此，宝能表示认可。这也意味着一直作为万科灵魂人物存在的创始人王石正式卸任，从此退出万科的历史舞台。至此，这场股权之争终于落下帷幕。但是，到底谁才是这场股权之争最后的赢家，这一切还需要时间来检验。

（二）看似偶然实则必然的万科股权之争

从2015年宝能系杠杆收购万科股权进而引发"宝万之争"到2016年宝能与万科关系恶化、恒大强势介入、万科重组计划失败，再到2017年华润正式退出股权之争、恒大转让股权、深圳地铁正式接手万科，这一系列事件的发生受到了社会各界的高度关注。一方面，因为万科作为房地产企业的优秀代表，其优越的内部管理制度却与脆弱的股权结构形成鲜明对比；另一方面，因为各大股东在这场股权之争中或多或少地表现出对万科实际控制权的野心，一旦有股东持有超过30%的股权，那么万科的实际控制权就会旁落，随之万科的治理结构与管理结构将会发生重大变化，这不仅会影响万科正常的经营管理状况，而且可能会对我国房地产行业的稳定与发展产生不利影响。这一切看似是万科在康庄大道上的一次偶然危机，实则万科早已置身于股权之争的旋涡中而浑然不知。

万科股权之争产生的根源看似是其自身分散的股权结构。但是，具体引发万科股权之争并且将这场股权之争推向控制权之争的因素则是多元化的。

1. 企业自身条件优越

当前，世界经济仍处于后经济危机的深度调整期，总体复苏疲软态势无明显改观，我国经济增速放缓、进入新常态。在2015年中央经济工作会议上，中央提出将"去库存"纳入2016年我国五大经济任务中，以改善整体房地产行业库存过剩、行业不景气的现状。另外，一线城市商品住宅销售规模连年创新高，地价大幅上涨，"面粉贵过面包"屡见不鲜，正在透支房地产行业长期的增长潜力。在这样的不利的发展背景下，万科坚持强化质量管理、提升产品竞争力、向城市配套服务商转型、创新物业服务、拓展海外业务等，公司始终保持持续稳定高增长的发展态势，在"宝万之争"激化升级的2016年，万科的销售再创历史新高，实现销售面积2 765.4万平方米，销售额达3 647.7亿元，同比增长33.8%和39.5%。而从图10相关财务数据的变化也可以看出，万科在近10年间在总资产、营业收入和净利润方面均保持高速增长态势，即使在2015~2016年万科股权之争持续发酵的负面影响下，万科的生产经营活动依旧有条不紊运行，这得益于万科优秀的内部管理机制。2016年7月，万科更是凭借2015年度1 843.18亿元（293.29亿美元）的营收，首次入选《财富》"世界500强"，名列356位，稳居中国商品住宅开发行业龙头老大的位置。基于万科本身卓越的业绩表现、优越的管理体制与财务状况，如果能够取得万科的股权进而获取万科的实际控制权，那么不仅可以完善集团企业的治理结构，而且可以在很大程度上改善集团企业的财务状况、经营成果与现金流量。

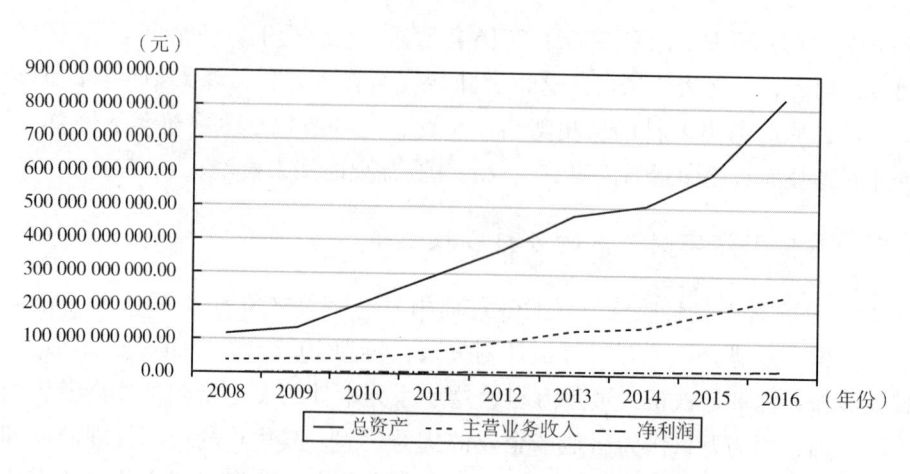

图 10 2008~2016 年万科相关财务数据

资料来源：Wind 咨询。

2. 公司价值长期被低估

作为我国首批公开上市的企业，万科是一家规模庞大、内部管理制度以及经营业绩非常优秀的房地产公司，但是一直以来它并没有受到资本市场的青睐。2015 年 12 月，万科的市盈率仅有 16.7 倍，远低于 WIND 房地产行业的整体市盈率的 30 倍。自 2000 年开始，截至 2015 年年底，万科 A 一共才出现 25 次涨停板，排在所有 2000 年之前上市的 848 家上市公司涨停板次数榜的倒数第 61 位。自 2014 年 7 月 22 日新一轮牛市启动开始，截至 2015 年 11 月 27 日深证成指上涨了 64.43%，而万科仅上涨了 59.51%，弱于市场。由此，可以看出，万科一直未受到市场大资金的追捧，其价值一直被严重低估。

对于万科股票价值长期被低估以及公司股权分散这些状况，万科管理层早就意识到公司存在的股权风险。在 2014 年 3 月的万科春季例会上，回顾了"君万之争"的历史后，万科总经理兼董事郁亮算了一笔账，以万科当时的股价来看，想要控股万科只要 200 亿元。这一看似调侃的说辞，却也道出了万科股权结构与公司估值上的严重缺陷。虽然万科在 2014 年引入事业合伙人制度，持续推进股权激励计划，同时公司于 2015 年 7 月发布了《关于在人民币 100 亿元额度内回购公司 A 股股份的董事会决议公告》，正式开启百亿回购计划，采取多种积极措施完善公司的股权结构，确保公司的控制权。但是截至 2016 年年底，万科管理层的持股比例仅为 8.41%。

2015 年 7 月，A 股大幅受挫，万科 A 股票受到股灾的影响连续暴跌，正是由于此次万科 A 暴跌让宝能集团寻找到控制万科这一优秀地产企业的机会。从 2015 年 7 月开始，宝能集团通过旗下子公司钜盛华及其控股的前海人寿对万科股票多次举牌，一度增持至 25.40%，距离 30% 的实际控制线仅差 4.60 个百分点。即使现阶段宝能未能入主万科董事会，但是其掌握的股份确实增大了宝能系在万科公司治理中的话语权与影响力，能够对其他股东与公司现有管理层形成制衡。

3. 基于长期分散股权的公司治理结构

从广义的角度来说，公司治理是关于企业组织方式、控制机制、利益分配的一系列法律、机构、文化和制度安排，在内容上涉及公司的股权结构、公司的独立法人地位、公司股东董事和经理人员之间权利的分配及利益的制衡、对公司经营管理者的监督和激励，以及相应的社会责任等一系列法律和经济问题。从狭义的角度来说，公司治理是指在法律保障的条件下，因所有权和经营权分离而产生的代理问题，它要处理的是公司股东与公司高层管理人员之间的关系问题。而股权结构是公司治理的核心。万科根据香港联合交易所和深圳证券交易以及《中华人民共和国证券法》的规定，采用同股同权的原则，即股本权益与股本的经济价值应该一致。如果股东拥有企业的绝对控股，就拥有了企业的绝对控制权；如果企业相互股权制衡，则任何一个股东均无法依靠绝对股权获得企业的控制权。同时按照万科公司章程第五十七条的规定，只要一方单独或者与他人一致行动时，持有公司发行在外的30%以上（含30%）的股份，即成为控股股东。因此，表面上宝能系与万科的股权之争，实际上是对万科控制权的争夺。

万科作为最早上市的企业之一，很早就意识到公司治理机制在建立现代企业制度中所发挥的重要作用。按照法律、行政法规、部门规章的要求，万科逐步建立了符合实际的公司组织制度和法人治理结构。图11为万科的组织结构图，这也是我国现阶段大型上市公司常见的组织结构形式；而图12展现了万科董事会[①]的具体人员构成。从组织结构来看，万科和传统的集团企业相比似乎并无特别之处，但是从董事会的具体构成来看，万科的董事会除了独立董事外，7位董事主要来自两大阵营——万科管理层与华润。由于华润一直以来充当了万科的战略合作者角色，对万科的企业经营管理活动采取放权政策，所以，事实上万科董事会最大程度上反映了万科管理层的意志以及管理层对企业的控制情况。

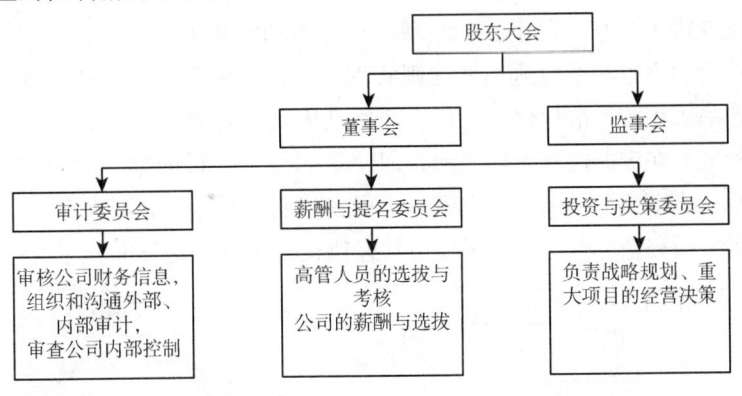

图11 万科的组织结构

资料来源：万科官网。

[①] 这里的万科董事会指万科第十七届董事会。

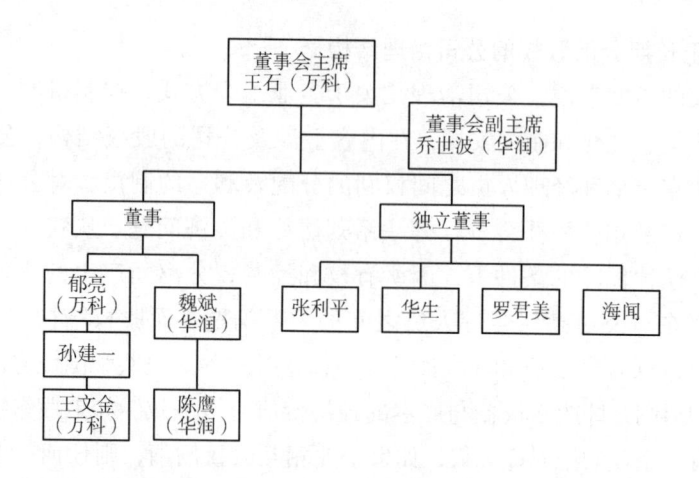

图 12　万科董事会（第十七届董事会）人员构成

资料来源：万科年报。

在"宝万之争"之前，万科应该是现代中国公司中创始人控制公司治理模式最具特色的公司。在控制模式和控制权利方面，万科的创始人兼董事长王石之于万科，与其他民营企业如华为、联想、海尔等有很大的不同。王石既没有借助集团公司模式的控制，也没有个人直接控制大量股权，而是自万科成立以来，一直保持着对万科经营权的控制。成熟环境下的创始人控制不同于创业者或者创业者家族凭借股权比例保持控制的状态，而是使创始人的思想、理念成为公司的灵魂，随着公司发展而股权完全高度分散之后，创始人仍然能够保持着对公司经营权的控制。经过多年的发展，万科形成了不同于反映大股东意志的传统治理结构（见图13）的"三头博弈"的万科式治理结构（见图14）。虽然万科是股权分散的公共控股上市公司，但是万科管理层是平衡各个股东的要素，弥补了中小股东的先天不足，是企业能够拥有持续盈利、持续增长和持续分红派息的均衡性。万科不仅规定了股东、董事会、经理层和其他利益相关者的责任与权利分布，而且明确了在决策公司事务时所应遵循的规则和程序。这一体系的创立和实施标志着它在经历了品牌、产品等相关标准化建设之后，开始从内部管理进行优化，作为一个体系全方位打造行业标准。在宝能进驻万科之前，即使华润作为万科的第一大股东，其持股比例也未超过15%，并且万科一直坚持与第一大股东华润及其关联企业在业务、人员、资产、机构、财务等方面完全分开，保证了公司具有独立、完整的业务即自主经营能力。

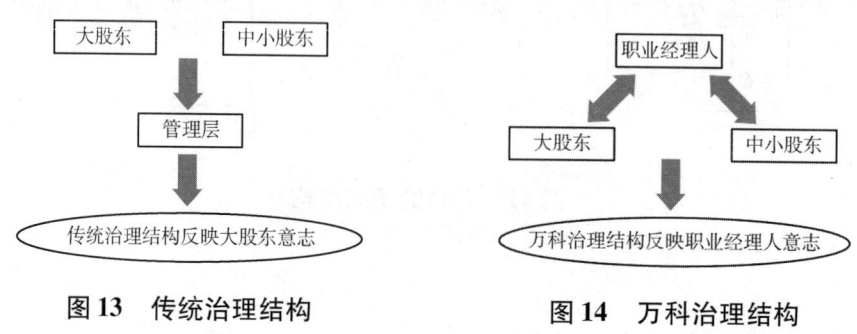

图 13　传统治理结构　　　　　图 14　万科治理结构

万科的董事会运作体系也较为规范。首先，在董事、监事选举时采用"累积投票制"，让中小股东有机会选举代表进入公司；其次，公司重视外部董事、独立董事在董事会的作用，在历届董事会中，公司外部董事的比例一直很高；再者，公司充分发挥各专业委员会的作用，公司通过这些专业委员会监督与管理各细分部门的工作，有利于进一步提高管理决策的效率和效果；最后，公司规范授权经营，建立了"增量—存量"投资决策管理模式，公司的日常经营管理由总经理负责，而对新增投资、新设业务的管理必须经过公司常设联席机构"投资与决策委员会"讨论，通过后再提请给董事会审议，必要时提请股东审议批准。

在2015年万科股权之争发生之前，万科这种治理结构一直为业界称赞。这种基于高度分散股权、不存在控股股东的治理结构，能够保持多年的稳定状态，为公司的经营业务的发展奠定了很好的基础，并且为公司的管理注入新的活力，作为第一大股东的华润功不可没。但是，这一切的制约与平衡在宝能系强势入驻万科时被打破，这不仅使华润失去了万科第一大股东的位置，而且万科的管理层更是自身难保。公众开始质疑万科的治理结构到底在维护的是谁的权益——是以中小股东为主的股东的权益还是以王石为中心的万科管理层的权益，以及在这种治理结构下万科的实际控制权到底掌握在谁手里——是大股东还是以王石为中心的万科管理层？在这场控制权之争中，万科管理层似乎已经不再是简单的职业经理人身份，而是以一个利益集团的身份存在。

经过了两年的股权之争，万科的股权结构发生了翻天覆地的变化。曾经由华润守护了长达15年之久的万科第一大股东位置被宝能在不到半年时间里取代；随着深圳地铁先后受让华润、中国恒大所持有的万科股份，万科第一大股东再次易位——深圳地铁凭借29.38%的股权成为万科新任的第一大股东，并且这一股权比例距30%的绝对控制线仅差一步之遥，未来不排除深圳地铁继续增持万科股票，深圳地铁成为万科的实际控制人指日可待。伴随万科董事会换届程序的完成，深圳地铁成功入驻万科董事会，其未来控股股东的地位得到了进一步认证。深圳地铁很可能成为万科在股份化改造后的首位具有绝对控制权的股东，而这也预示着万科将走出高度分散的股权结构所带给企业的阴霾。

4. 万科管理层对外部收购行为不够警觉

由于直到宝能系第三次举牌——增持万科股票至15%，以王石、郁亮为代表的万科管理层对宝能系连续举牌行为都没有采取任何反收购措施。当宝能系再次增持万科股票到20%，从而超越华润成为万科第一大股东时，万科管理层的警觉已经为时已晚，万科的股权结构已经发生了重大改变，特别是针对反收购特别有用的"毒丸计划"，[①]即"股权摊薄反收购措施"，也失去效用。万科在对宝能系的收购行为做出反击的初期，曾考虑过"毒丸计划"，针对其原第一大股东华润及万科管理层采用定向增发，以

---

① "毒丸计划"指当一个公司遇到恶意收购时，尤其是当收购方占有的股份已经达到10%~20%的时候，拟被收购的目标公司为了保住自己控股权，大量低价定向增发新股，目的是让收购方手中的股票占比下降，就是摊薄股权，同时也增大了收购成本，让收购方无法达到控股的目的。

摊薄宝能系所持有的股份。但是根据现行的《中华人民共和国公司法》和《中华人民共和国证券法》的规定，作为利益相关方，万科的定向增发计划在交付股东大会投票表决时，被定向增发的一方作为关联人将回避投票。因此，在宝能系的持股比例已经超过20%的情况下，上述定向增发方案很可能无法在股东大会通过，主要还是因为万科股权高度分散，且中国上市公司的中小股东普遍投票意愿低。因而万科放弃采用这一"毒丸计划"而改用与深圳地铁的重大资产重组项目以应对与宝能系的股权之争。无奈，此项与深圳地铁的重大资产重组项目不仅激怒了宝能系，华润集团也一改之前不参与的态度，提出反对意见，高调质疑万科与深圳地铁的合作方案公告没有经过万科董事会讨论通过，存在程序上的问题。这标志着华润正式宣布加入这场万科股权大战，并成为愈加复杂的"三足鼎立"局面：华润代表的中央企业，宝能代表的民营资本以及深圳地铁代表的地方国资，三方利益在万科控制权这一点上出现了前所未有的矛盾与冲突。而这一僵持局面随着华润将所持有的全部万科股份转让给深圳地铁被打破——中央企业让位于地方国有企业，同时民营企业背景的恒大站队国有企业。由此，万科一方终于迎来了股权之争的转机。但是这场股权之争带给以王石、郁亮为中心万科管理团队的阴影与教训却是持久而沉重的。万科董事会改选完成后，作为万科创始人的王石宣布卸任，不再担任万科董事长。被誉为万科灵魂人物王石的退出，无疑给万科的管理团队带来无尽的变数与压力，一直被视为王石接班人的郁亮是否能够带领刚刚经历了股权之争的万科浴火重生，还有待时间去检验。

（三）"野蛮人"还是"同盟者"？

1. 披着"战略投资"外衣的野蛮人——宝能

据披露的消息，宝能系旗下前海人寿及其一致行为人钜盛华于2015年1月开始买入万科股票，2015年7月首次举牌之前，2015年2月至7月每个月时间内均有所交易。从宝能系的角度来说，前期增持万科的股票，宝能系可能并不是谋求控股万科，可能仅仅作为其控股公司前海人寿资产配置的需求。因为前海人寿的资金几乎全部来自万能险——"高现金价值保险产品"。这种产品对公司的偿付能力提出了更高的要求。选择万科可以获得稳定的长期投资回报率。随着连续多次举牌成功，激发了宝能作为"野蛮人"控股万科的野心。毕竟宝能系在控股前海人寿之前，其主营业务是旗下的宝能地产，跟万科从行业上来说属于同业竞争关系，但从地产规模来说，宝能地产与万科地产根本不在一个量级上。因而宝能系希望通过二级市场的频繁举牌最终达到控股万科的目的，然后宝能通过这种类似"蛇吞象"的方式，借助万科地产的品牌效应及企业资源扶持宝能系旗下的宝能地产。但是，令宝能没有想到的是，原本在其他成熟市场经济国家资本市场司空见惯的并购行为却让宝能在我国资本市场中成为媒体和公众侧目的对象，一时间宝能成了"野蛮人"的代名词。

理论上来说，持股25.40%的宝能要想实现对万科的控制，有两种常用的方法：一种是增持万科的股票使得持股比例达到30%的法定绝对控股线；另一种方法是依据万科公司章程的规定,在11个董事席位中取得至少6个就能实现对万科的控制。但是,宝能所面临的这两条控股道路都困难重重。一方面,随着深圳地铁方面提出万科新一届董事会候选人提名方案并在股东大会上获得通过后,宝能就失去了获得新一届董事席位的机会。虽然新一届董事会存在超额委派的嫌疑,但是这样的安排似乎是各方力量博弈后默认通过的结果。作为万科第二大股东的宝能依旧无法直接参与万科集团的重大战略与经营的决策。另一方面,宝能系的持股比例虽然距离30%的绝对控股线仅差4.6个百分点,但是一旦其触发了30%的绝对控股线,将会给宝能带来沉重的财务负担,这对正处于行业监管趋严、业务整改阶段的宝能来说是无力承受的。

2. 再见了,曾经的盟友——华润

在2015~2016年激烈股权之争中,宝能系不止一次公开显示出了控股万科的野心。相比之下,万科的前第一大股东——华润就显得极为低调。直到2016年3月,华润公开表示反对万科与深圳地铁的重组计划,时隔多年华润想要控股万科的野心再一次显露。其实早在2000年,华润最初成为万科的第一大股东时,就是冲着万科的控制权而去,并曾在短短半年间做出两次尝试。据公告显示,2000年12月23日,万科宣布向大股东华润定向增发B股,目的是让华润对万科达到控股50%的比例。但因小股东激烈反对而迅速宣告失败。然而,华润控股之心并未就此而止。2001年5月底,新的方案出炉——万科向华润定向增发A股,华润则把持有的北京置地44.2%的股份注入万科。华润希望通过这宗交易形成华润控股万科、万科控股北京置地、北京置地控股华远地产的股权结构。但此方案遭到华远地产董事长任志强的强烈反对,最后以任志强出走、定增方案失败告终。华润的想法昭然可见。在入股万科前的1994年,华润就通过收购华远70%股权进入北京市场。入股万科后,便希望通过整合万科和华远,建立"北华远、南万科"的华润帝国。时任华润集团副董事长、总经理宁高宁曾公开表示,希望整合这两个公司,再加上在其他城市的地产业务,华润未来能够发展成为全国住宅行业的领导者。随着两项定增计划先后破产,这样的愿景没有得以实现,宁高宁就放下了想法,选择做一个安静的财务投资者,极少干预万科的日常经营管理。随着万科逐渐成长为房地产行业的龙头企业,华润想要整合万科的难度也越来越高。同时华润的内外动力均不足。从外在层面来看,无论是行业环境或政策都尚未给华润整合的压力;而从内在层面来看,华润打算花更多精力扶持华润置地的发展,而万科的快速规模化发展也确实让华润赚得盆满钵满。直到2015年开始的万科股权之争爆发,特别是2016年3月华润鲜明而强烈表示反对深圳地铁成为万科的"白衣骑士",这一点似乎显示出华润对万科的处理思路已经发生变化——华润似乎意图争取万科的实际控制权,并与华润置地进行整合,重拾打造华润集团地产帝国的梦想。只是,随着宝能的筹码不断增加、恒大强势入侵万科,万科的股价持续被推高,华润想要成为万科控股股东的难度不断加大,成本不断上升。同时华润还可能受到国资委监管层面的压力,国资委就万科的股权之争做出"中央企业不与地方争利"的明确表态,要求华润配合深圳市政府妥善解决问题。华润最终选择退出股权之争也是战略上的一种调整。

3. 模糊的同盟者——安邦

在安邦系公开表态之前，业内人士普遍猜测宝能系和安邦系可能成为一致行动人，从而合谋控制万科。但是 2015 年 12 月 23 日晚，万科集团官网发布声明称，安邦保险公司举牌万科后，万科与其进行了卓有成效的沟通。万科欢迎安邦成为万科重要股东，并与安邦共同探索中国企业全球化发展的广阔未来，以及在养老地产、健康社区、地产金融等领域的全方位合作。随后安邦保险集团回应称，安邦看好万科发展前景，会积极支持万科发展，希望万科管理层、经营风格保持稳定，继续为所有股东创造更大的价值。安邦虽然公开表示不是宝能系的一致行为人，并与万科集团结盟，但是安邦一系列的行动耐人推敲。在举牌万科之前，安邦已经通过多种手段，分别成为房地产行业另外三家标杆企业——远洋地产第一大股东以及金地集团和金融街控股的第二大股东。而在这些同样股权高度分散的企业当中，安邦的角色一直游走于投资套利者与觊觎权力的"野蛮人"之间。所以，虽然安邦并不像其他集团旗下拥有地产行业的公司，但是面对作为一个优质房地产标的万科，安邦集团很难做到除了资产投资之外没有控制万科的野心。同时从安邦不断涉足房地产行业投资与经营的行为也可以看出，安邦已经抓住房地产行业许多企业的价值与股权结构存在严重缺陷这一弱点，并且急于分享房地产行业的企业控制权可以带来的高额利润分成。但是，随着万科股权之争不断升级，安邦也面临着收购成本不断上升、收购难度不断加大的难题。虽然安邦方面之前一直强调作为财务投资者希望在万科董事会获得董事席位，但是现实并未如他们所愿。因此，一直处于观望态度的安邦，未来将在万科的发展中扮演怎样的角色，还要拭目以待。

4. "白衣骑士"——深圳地铁

2016 年 3 月，万科就与深圳地铁签署的合作备忘录发布公告，首次披露了重大资产重组的对象。万科拟以发行股份的方式购买深圳地铁持有的前海国际 100% 的股权，初步交易价格为 456.13 亿元。深圳地铁是承担深圳市城市轨道交通投融资、建设、运营和国有资产保值增值的独立法人实体，是深圳市国有资产监督管理委员会授权经营的国有大型独立企业。深圳地铁被认为是现阶段股权之争中万科最合适的战略股东，因为深圳地铁整体实力强、规模大，拥有大量优质的土地资源且具有持续性；更重要的是深圳地铁背靠深圳市政府。据悉，这次合作将通过政府注入配套融资资源（土地），深圳地铁经融资解决地铁建设资金的问题，再通过土地资源开发收益偿还借款。深圳地铁与万科的合作，不仅可以缓解万科控制权之争中的压力，为万科提供相应支持，而且还可以凭借深圳地铁的自身优势，弥补万科在核心城市拿地困难的问题，进一步提升万科在房地产行业的核心竞争力，从而巩固万科在房地产行业的龙头地位。另外，深圳地铁若能如愿成为万科的第一大股东或者实际控股人，那么集团将借助万科强大的盈利能力帮助深圳地铁摆脱连年亏损的窘境。

实际上，万科与深圳地铁的合作可谓一波三折。首先，万科最早推行的与深圳地铁的重大资产重组进行得并不顺利。这一行为，不仅激怒了宝能系，使其要求罢免现任董事会，而且还触及了华润集团的利益，遭到华润集团强烈反对，进而导致形成了华润代表的中央企业、宝能代表的民营资本和深圳地铁代表的地方国有企业三足鼎立直指万科控制权的局面，使得万科股权之争的形式更加复杂。2016年12月17日，万科公开表示与深圳地铁的重组方案破产。就在外界为万科的股权之争的下一步进展感到忧虑时，万科发布公告，正式宣布深圳地铁将接手华润，成为企业的第二大股东，这似乎是一件意料之外而又情理之中的事。意料之外是因为公众还没有从华润反对万科与深圳地铁重组计划的事件中反应过来。情理之中是作为中央企业的华润与作为国有企业的深圳地铁，它们共同接受国资委的监管。国资委的监管不单纯是基于合法性的角度，更重要的职责是要维护资本市场的稳定。而万科正是这一市场的领头企业，并且对于地方经济发展起到重要的拉动作用。一旦万科这样的地方名牌企业经营管理出现问题，那么对地方经济则会产生主要影响。

5. 识时务的"同盟者"——中国恒大

恒大出现在万科股权之争中，让许多资本市场投资者大吃一惊。虽然恒大之前一段时间内采取多元化的经营方式，赚足了公众的眼球，但是除地产外能给企业带来实质性利润增长点的行业基本没有。因此，恒大及时调整经营战略，削减副业，集中于房地产市场的开发。2016年10月，中国恒大在港交所发布公告称，与深深房订立协议，后者以发行A股或者现金方式购买中国恒大境内附属公司广州市凯隆置业有限公司持有的恒大地产100%股权。恒大将通过这次交易以借壳的方式完成恒大地产的A股上市——首先将恒大地产100%的股权注入上市公司；其次广州市凯隆置业也将取代深投成为深深房的控股股东，其下属企业恒大地产集团有限公司注册地将迁往深圳。从主营业务上看，恒大与万科应属于同行业竞争者。而万科一直是房地产行业的标杆，无论从规模、公司架构、治理水平与利润质量上来看，都居于行业前列。从规模上看，2016年全年，万科累计实现销售额3 648亿元，同期恒大的销售额为3 733.7亿元，恒大在规模上已经超过了万科，但是恒大在合约销售的回款质量和利润质量、对财务健康状况的把握上，依旧不如万科。恒大地产下一步的发展目标就是回归内地A股市场，而这个目标的实现与深圳地方政府有着密切关系。所以，恒大实现从"野蛮人"到"战略同盟"姿态的转化，背后反映了基于自身未来发展的战略意图。从这一点来说，恒大是个识时务的投资者。

（四）财务控制下看"野蛮人"的野心

万科在房地产行业所处的龙头地位、长期被低估的公司价值、高度分散的股权结构等原因导致企业成为近年来资本市场竞相追逐的"黄金猎物"。股权之争中利益各方对于万科的野心绝对不仅仅在于掌握它的股份数额，而是直指其股权背后的实际控制权。一方面，利益各方希望通过控制万科，整合万科在房地产市场的资源，实现自身在房地产开发市场的经营规模的拓展和壮大；另一方面，各方也有基于财务方面的考虑，希望通过控制万科以达到将其纳入合并报表范围的目的，利用万科良好的财务业绩，改善整个集团的财务状况、经营成果与现金流量。

截至 2017 年 6 月 30 日，万科四大主要股东的股权比例如表1所示。可以看出，万科超过 60% 的股权集中掌握在宝能、深铁和安邦这三大外部股东手中，这与 2015 年股权之争爆发之前万科的股权结构已有了明显不同，特别是被公认为万科未来控股股东的深圳地铁距绝对控股线仅差一步之遥。

表1　　　　　　　　　现阶段万科主要股东持股比例　　　　　　　　　单位：%

主要股东	股权比例
深铁	29.38
宝能	25.40
万科管理层	8.41
安邦	6.18

资料来源：万科公告。

1. 宝能——退而求其次的"战略投资者"

2015 年，短短的一年间，宝能持有的万科股份迅速升至 24.26%，一跃成为万科的第一大股东，从 2015 年 7 月起的一系列股权交易行为后，是宝能步步为营，直指万科的控制权。但是从实际形势看，宝能争夺控制权的道路似乎已经陷入进退两难的境地。

首先，宝能作为万科现时仅次于深圳地铁的第二大股东，持股比例达到 25.40%，但是还未触发 30% 的全面要约线，同时也未达到万科章程所规定的 30% 的控制线。所以，从股权比例角度来说，宝能尚难凭借一己之力控制万科。其次，除宝能之外的其他大股东如深铁、安邦等，均未表态与其是一致行为人、达成共同控制的关系。因此，宝能通过与其他大股东结盟形成对万科共同控制这条道路的前景似乎并不明朗。再者，万科新一届的董事会已经完成改选，宝能方面无人入选新一任的董事会，因此，宝能依旧无法享有实质性的参与决策权，不能直接参与万科相关财务与经营政策制定过程。就这一点来说，自 2016 年 6 月宝能提案罢免以王石为首的万科全部董事，并提名宝能实际控制人姚振华成为监事长开始，宝能控制万科的野心就昭然若揭。但是随着提案被否决、万科董事会超期服役以及由深圳地铁方面完成所有董事、监事人选提名并获得全部通过后，宝能的控制梦想更加遥遥无期。同时，宝能与万科之间并未发生重要交易，宝能未向万科派出管理人员，不能对万科日常经营生产活动产生实质性影响。因此可以判断宝能对万科并不形成重大影响。

未来，宝能在万科的治理结构中将发挥怎样的作用，还有待时间的考证。即使宝能未能在万科新一届董事会中取得董事席位，但是，作为掌握 25.40% 股权的第二大股东——宝能在万科股东大会中仍然发挥着举足轻重的作用，同时还扮演着制衡深圳地铁与万科管理层方面力量的监督者的角色。

2. 恒大——识时务的投资者

2016年8月，恒大突然加入万科的股权乱战令众人大呼意外，就在恒大不断加持万科股权、似乎不断彰显"野蛮人"的野心之时，监管部门表示关注恒大增持万科的事件，并出手处罚了恒大人寿。随着2017年1月华润将手中股权全部转让于深圳地铁，万科的股权归属问题似乎逐渐明朗，恒大更是进一步明确了自身的投资定位，于2017年1月发布公告称，无意进一步收购万科股份，对万科的投资将列为可供出售金融资产。恒大在公告中，还称万科作为中国最大的房地产开发商之一，表现强劲；鉴于万科强劲的财务表现，公司相信万科将为公司提供一个良好的投资机会，并有助于集团为股东创造可持续及可观的回报。就公告的内容来说，恒大与之前安邦的立场极为一致，均是基于战略投资角度。同时，结合我国企业会计准则对金融工具投资的界定，恒大将所持有的万科股权列为可供出售金融资产，也间接地表明恒大未来对万科不存在明显的控制、共同控制或是重大影响方面的意图。随着2017年6月9日恒大以约292亿元的总对价将所持有的共15.53亿股万科A股股票出售给深圳地铁，恒大正式从万科股权之争中全身而退。

3. 华润——万科成长路上的同伴

虽然自2017年1月华润正式退出万科股权之争，出让所持有的万科全部股份，但不可否认的是在成为万科战略性大股东的17年间，华润为万科的转型与发展提供了诸多支持与帮助，华润是万科成长路上重要的股东。

在股权转让之前，华润持有万科的股份数最多达到了15.31%，虽然并未达到20%的实现重要影响的理论线，但是，华润在万科董事会中占据三个董事席位，同时没有证据表明华润与其他股东形成对万科的共同控制，因此，按照重大影响的判断标准，华润在万科的董事会中派出代表，通过在万科财务和经营决策制定过程中的发言权对万科施加重大影响，即使华润的持股比例并未达到20%。所以，在华润的个别财务报表上华润对于万科的投资应计入"长期股权投资"项目，采用权益法[①]进行核算。以万科的2015年度公司财务报告披露的数据为例，万科在2015年度实现归属于上市公司股东的净利润为181.2亿元；截至2015年12月31日，华润的持股比例为15.23%。如果不考虑万科的各项资产、负债的账面价值与公允价值存在差异以及需要对万科实现净利润进行调整的相关事项，那么华润在2015年12月31日公司资产负债表上将增加27.60亿元的长期股权投资的账面价值，在2015年度公司的利润表上增加27.60亿元的投资收益，进而华润2015年12月31日的资产状况相应增加27.60亿元，2015年度的利润额相应增加27.60亿元，从而实现自身财务数量与质量的双重提升。[②]

[①] 权益法是指投资以初试成本计量后，在投资持有期间，根据被投资单位所有者权益的变动，投资企业按应享有（或应分担）被投资单位所有者权益的份额调整其投资账面价值。

[②] 万科集团2015年度公司财务报告。

4. 深铁——万科未来的"实权者"

2017年1月,华润将持有的全部15.31%万科股权转让给了深圳地铁,这场长达2年的股权之争终于出现了实质性转折。之后,中国恒大宣布与深圳地铁达成战略合作关系,并将下属企业所持万科14.07%的股份表决权不可撤销地委托给深圳地铁集团行使,期限为1年。这意味着,在深圳地铁获得恒大股票表决权授权的1年内,深圳地铁可行使共计29.38%的表决权、提案权及参加股东大会的权力,深圳地铁成为拥有公司表决权比例最高的股东。但是,根据万科公司章程规定,要成为公司非独立董事候选人,或者由上届董事会提名,或者由以连续180个交易日单独或合计持有公司有表决权股份总数3%以上的股东提出。由于深圳地铁获得万科股份在3月万科董事会期满之时无法满足"连续180个交易日持有"的条件,无法获得董事、监事提名权。因此,万科董事会改选推延与万科管理层为深铁争取提名资格有很大关系。就在万科董事会超期服役2个多月后,恒大宣布将持有的全部14.07%的万科股份出售给深圳地铁,至此深圳地铁的持股比例达到29.38%,直逼30%的绝对控股线。深圳地铁方面也表示,未来不排除会继续增持万科股票的可能,超过30%指日可待。一旦持股比例达到甚至超过30%,深圳地铁就会成为万科的控股股东,进而掌握万科的实质控制权。

(五)后股权之争

伴随万科董事会改选完成、王石正式卸任,这场历经两年之久的股权之争似乎已经走向终点,但是社会各界对于万科发展的关心并没有随之减弱。这不仅因为万科是我国房地产行业的标杆企业,更重要的是万科也代表了一大批因股权结构高度分散而面临收购风险的优秀实体企业。这场股权之争带给中国实体经济与资本市场的冲击还远远没有消散。

1. 万科将走向何方?

从2015年7月万科股权之争开始,万科就一直处于内忧外患之中。从房地产行业形势看,全国商品住宅销售规模创历史新高,大型房地产开发企业的市场份额进一步提升。繁荣背后有隐忧,热点城市地价大幅上涨,"面粉贵过面包"屡见不鲜,正在透支行业长期增长潜力。另外,中央重申要综合运用金融、土地、财税、投资、立法等手段,加强房地产长效机制建设,让住房回归居住功能,各地调控政策密集出台,热点城市楼市开始降温,对整个行业的发展影响深远。从公司自身看,始于2015年7月的股权之争,使得曾经牢牢掌握在管理层手中的控制权发生重大变动,随时可能转移至外部股东手中,进而令万科的经营管理活动一时间面临前所未有的不确定性。特别是宝能提议罢免全体董事、非职工代表监事,公司股价大幅波动,部分客户、供应商、合作伙伴、金融机构以及广大投资者也产生了诸多疑惑。

但是,面对内、外部环境的挑战,万科管理团队顶住了压力,坚持"稳定队伍,控制风险,实现可持续发展"的原则,充分发挥事业合伙人的中流砥柱作用,努力推动各项业务稳定发展。2016年，万科实现销售金额3 647.7亿元，同比增长39.5%，销售回款位居行业首位；实现归属于上市公司股东的净利润210.2亿元，同比增长16.0%；年底净负债率25.9%，持有现金870.3亿元；万科2014年以来围绕"城市配套服务商"定位而拓展的商业、物流地产、滑雪度假、长租公寓、教育、养老等新业务布局也初现雏形。2016年7月，万科首次入选《财富》世界500强，名列第356位。同年内，万科发行股份购买资产预案虽因股东层面未能形成共识而宣告终止，但公司并未放弃探索"轨道+物业"这一极具发展潜力的发展模式。作为万科"白衣骑士"的深圳地铁，未来不仅将会成为万科的战略投资者，更有可能凭借自身的资源优势，为万科提供多方面的支持与帮助，这将为公司践行"轨道+物业"的发展模式奠定了良好基础。

股权之争除了给万科的经营管理活动带来巨大压力，也让公司的董事会发生了翻天覆地变化。以创始人王石为首的万科第十七届董事会任期到2017年3月27日为止，在这届董事会超期服役近三个月后，董事会换届议案才被提出，并在股东大会上通过。值得注意的是，这次董事会改选议案由深圳地铁方面提出，从名单来看，除了4名独立董事以外，万科管理层、深圳地铁分别占3席，赛格集团的孙盛典为外部董事，整体结构与华润是第一大股东时期的构成相似。但是，令人意外的是掌握25.40%股权的宝能与掌握6.18%股权的安邦方面的人员均未出现在这次的董事会名单上，这也让外界对这份董事会名单的公平性与合理性产生质疑。

表2列示了改选前后两届董事会人员的具体名单。从中可以看出，万科创始人王石卸任，万科总裁郁亮正式接棒王石成为公司的董事长，而深圳地铁也取代华润成为万科最重要的股东。一直以来作为万科灵魂人物的王石，凭借着传奇而又充满争议的人生，帮助万科打开了品牌的知名度，所以，未来没有了王石的万科将会怎样发展成为股权之争结束后人们最为关注的问题之一。但是，王石似乎对于在这一点很有自信。从他近年来丰富的个人经历来看，王石深知企业家的生命无法匹及企业的生命，"放手"是他早晚要面临的选择。所以，早在他放弃万科CEO时，就曾表示，作为一名企业家，他为万科选择了一个行业，并且建立了以规范、透明、团队为核心的制度。而万科也正是得益于良好的品牌形象、职业而高效的管理团队才能发展成为中国房地产行业的领军人物。而接班人郁亮已经在万科工作了27年，其管理生命已经紧紧地与万科联系在一起，同时他也是王石一直在扶持的接班人，其管理能力与财务方面的专长在万科多年的发展中得到了高度认可。但是，郁亮接任万科董事长还是受到了诸多质疑，这些质疑不在于他的管理能力，而是在郁亮领导下的万科是否能保持王石时代的特色从而不断创造商业奇迹、再创辉煌的历史。这一切，依旧只有时间能解答。可以肯定的是，未来万科面对的内忧外患较之前有增无减，前路遍布荆棘。

表 2　　　　　　　　改选前后两届董事会人员名单对比表

		新一届董事会	第 17 届董事会	
非独立董事	管理层	郁亮	王石	管理层
		王文金	郁亮	
		张旭	王文金	
	深圳地铁	林茂德	乔世波	华润
		肖民	魏武	
		陈贤军	陈鹰	
	外部董事	孙盛典	孙建一	外部董事
独立董事		康典	孙利平	独立董事
		刘姝威	华生	
		吴嘉宁	罗君美	
		李强	海闻	

资料来源：万科官网。

另外，新一届董事会名单最大的争议点就在于万科管理层与深圳地铁超额委派董事的问题。万科新一届董事会由 11 名董事组成，除了 4 名独立董事和 1 名外部董事外，其余 6 名为内部董事。其中，持股比例达到 29.38% 的深圳地铁委派了 3 名，万科管理层委派了 3 名，分别占全部内部董事的 50%。虽然这样的董事会构成与华润作为第一大股东时的董事会构成类似，但是现在万科的股权结构已经不再处于高度分散的状态，第二大股东宝能、第三大股东安邦分别持股 25.40%、6.18% 的情况下，宝能与安邦方面均未能委派董事，也未派人出席股东大会。从理论上说，这种议案是不合理的。但不难看出，现任的董事会结构是股权之争利益相关方多次博弈的结果。以郁亮为中心的万科现有管理层凭借深圳地铁的帮助获得了股权之争的主动权，稳住了自己管理者的地位。而深圳地铁通过超额委派董事这一举措增强自身对万科重大决策的影响力。虽然这样的超额委派行为未来可能存在大股东与管理层合谋进而损害外部其他股东的风险，但是，这无疑让处于争议状态下的万科管理权牢牢锁在万科战略同盟的范围内，有利于稳住万科当前的经营现状与管理规模。而其他大股东方面，均通过"书面发函"表示认同此项董事会改选议案。

除了上述的争议外，外界也对董事会中独立董事的独立性提出质疑，其中争议性最大的当属中央财经大学财经研究所的研究员刘姝威。当年凭借轰动全国的"蓝天事件"一战成名的刘姝威在万科股权之争期间发表了多篇评论文章，严厉谴责宝能等方的"野蛮人"行为，并且观点明显偏向万科管理层一方。因此，在当选万科独立董事的同时，她的独立性也成为万科事件的另一个争论焦点。根据证监会《关于在上市公司建立独立董事制度的指导意见》规定，上市公司独立董事是指不在公司担任除董事外的其他职务,并与其所受聘的上市公司及其主要股东不存在可能妨碍其进行独立客观判断关系的董事。从职能上来说,以信息更加对称的独董为主的董事会在管理层和野蛮人的控制权纷争中将扮演重要的中间人、调解者的角色。但是,令人失望的是,在万科股权之争中,万科上一届独董好像仅仅扮演好了万科管理层朋友圈的角色,在调解管理层与外部大股东之间矛盾方面并没有发挥实质性的作用。而明显站队万科管理层的刘姝威当选,也让外界开始担心,如果第二大股东宝能与第一大股东深圳地铁或管理层围绕控制权产生新的纠纷时,独董是否具有充分的独立性来充当利益中性的居中调停者?而如果独董连第二大股东的利益都无法维护,未来又如何维护外部小股东的利益呢?

2. 监管部门上线,"野蛮人"不再"野蛮"

针对从 2015 年 7 月开始的愈演愈烈的万科股权之争,证监会于 2015 年 12 月 18 日首次发言表示市场主体之间收购、被收购的行为属于市场化行为,只要符合相关法律法规的要求,监管部门不会干涉。但随着对宝能系投资资金来源的质疑不断出现,证监会做出回应称一直高度关注宝能举牌万科一事,并强调了上市公司、收购人等信息披露义务人在上市公司收购中应当依法履行信息披露义务以及上市公司董事会对收购所做出的决策及采取的措施应当有利于维护公司及其股东的利益。证监会积极同银监会、保监会对此事进行核实研判,以更好地维护公开、公平、公正的市场秩序,更好地维护市场参与各方特别是广大中小投资者的合法权益。2016 年 7 月 22 日,就博弈已一年久的万科股权之争,证监会斥责万科相关股东与管理层未成为建设市场、维护市场、尊重市场的积极力量,相反通过各种方式激化矛盾,置公司广大中小股东利益于不顾,严重影响了公司的市场形象及正常的生产经营。对此证监会予以谴责,希望各方在法律法规范围内,拿出切实行动,协商解决问题,促进公司健康发展。证监会也重申,对监管中发现的任何违法违规行为,都将依法严肃查处。

保监会于 2015 年 12 月 23 日在其网站上突然发布《保险公司资金运用信息披露准则第 3 号:举牌上市公司股票》,对保险机构披露举牌信息进行了重点规范,并称此举是"为规范保险资金举牌上市公司股票的信息披露行为,增加市场信息透明度,推动保险公司加强资产负债管理,防范投资运作风险"。除了证监会与保监会外,深交所也对万科股权之争的发展给予了高度关注。2016 年 7 月 21 日,深交所分别向万科、钜盛华发出监管函。深交所称,万科于 7 月 19 日向非指定媒体透露了未公开重大信息。钜盛华经交易所多次督促,仍未按要求上交股份权益变动书。同日万科公告,深圳证监局向万科下发监管关注函称,收到了万科提交的要求查处钜盛华及相关资管计划的报告,已展开核查;万科举报事项信息发布和决策程序不规范,需完善信披内部管理制度。

从证监会、保监会与深交所的表态来看,万科的股权之争已经不单单是万科与宝能系、华润、安邦、恒大几家公司的事件,而是涉及整个股票交易市场的交易秩序及信息披露问题。2016 年 12 月 3 日,保监会副主席陈文辉也表示,保险公司不能把公司能否盈利寄希望于资产管理能力，不能指望保险公司的资产管理能力比专业机构强，不能通过各种金融产品绕开对资本和偿付能力的监管。他甚至认为这种套利行为可能构成"犯罪"。而同日，刘士余同样发出了不能"挑战刑法"的警告。5日，保监会暂停前海人寿万能险新业务。6日，保监会派检查组入驻之前在资本市场风头最劲的前海人寿和恒大人寿。9日，暂停恒大人寿的委托股票投资业务。2017年2月，保监会更是对前海人寿开出了最大的罚单。根据保监会行政处罚决定书，前海人寿存在增资实际情况与自有资金陈述不符、违规运用保险资金等问题。据此，保监会对相关7名相关责任人分别做出警告、罚款、撤职等处罚措施，其中作为宝能系实际控制人的姚振华被予以撤销任职资格并禁入保险业10年的处罚。这一系列的事件均标志着证券资产管理领域的监管大方向已然改变。

3. 万科管理层的反收购之举

（1）诉诸法律保护。2016年7月，万科与宝能系的矛盾升级，就在这时万科工会向深圳罗湖区人民法院就深圳市钜盛华股份有限公司、前海人寿保险股份有限公司、南方资本管理有限公司、泰信基金管理有限公司、西部利得基金管理有限公司损害股东利益一事提起诉讼，就宝能系在增持过程中存在的信息披露问题提请法律的援助。虽然截至目前起诉案仍在审理中，但是这一诉讼确实帮助万科在股权之争中获得了更多的法律与舆论方面的关注，为万科赢得了进一步阻止宝能系入侵万科的时间与机会。随着证监会与保监会对宝能方面的监管趋严，宝能旗下的前海人寿因为行政处罚受损严重，宝能方面渐渐失去了初始时的咄咄逼人的"野蛮人"的气势，股权之争的天平逐渐偏向万科一方。

（2）发行新股。万科在2016年曾期望借助该方法为自己争取股权之争的主动权，但是最终还是失败了。原因是因为当时宝能系持股25.40%，华润持股15.40%，增发股票的提案如若提交股东大会决议，受到影响最大的两大股东必然联合反对，因此增发方案就不可能通过，也就无法实施。

（3）股份回购。2015年7月在A股市场大幅震荡的背景下，万科提出了百亿元回购计划，拟以自有资金进行不超过100亿元的公司股票回购，然而，截至2015年12月31日万科年报披露时间，虽然期间大部分时间万科A股股价都符合回购的价格，但是万科回购计划却进展缓慢，这或者也是基于宝能系连续增持达20%以上情况下万科管理层有意而为之。

（4）寻找"白衣骑士"。从2015年12月开始，万科董事长王石接连前往瑞士信贷、香港外贸与深圳的国泰君安进行拜票，目的就是寻找"白衣骑士"，但是最终万科并没有得到这几家企业的帮助。2016年3月，万科宣布与深圳地铁就重大资产重组项目达成合作意向，深圳地铁成为万科的"白衣骑士"的人选，但是无奈该项重组项目受到了宝能以及华润的坚决反对，重组方案的发布一再推迟，最后被迫流产。最后还是在政府意志的协助下，深圳地铁与华润、恒大达成转让协议，受让两方所持有的全部万科A股股权，进而成为万科新的战略同盟。

4. 宝能将何去何从？

2017年1月，深圳地铁受让华润手中的万科股权从而成为万科第二大股东时，宝能首次表明了财务投资者的身份，支持万科的稳定健康发展。这与2016年6月提出要罢免当时董事会全部董事时气势汹汹的宝能形成了显著反差。不仅如此，2017年6月万科现任董事会改选完成，而宝能方未能委派董事，对此宝能也表示了认同，这一点不禁让人怀疑，未来宝能是否有抛售手中万科股份、退出万科的打算。其实，从恒大财务投资者表态到恒大转让万科股权的事件，可以看出，财务投资者持股的目的是退出。而一旦作为持股25.40%的第二大股东退出，将会给万科股价走势带来不容小觑的影响。这也是大中小股东及股票市场对宝能下一步走向极为关心的重要原因。

可是，宝能想要减持万科股票并不是一件容易的事情。首先，虽然华润与恒大均将自己所持有的股权一次性地转让给深圳地铁，但是这对于宝能是不可行的。一方面因为深圳地铁目前持有的万科股份达到29.38%，接近30%的要约控制线，一旦接受宝能的股权，就构成了要约收购。另一方面，深圳地铁当前可能无法承受如此巨额的收购资金，因为之前的收购，深圳地铁方面已经开始向银行贷款。因此，现在宝能除非能得到深圳政府或者深圳地铁以及万科管理层的帮助，找到三方均认同的接盘者，通过协议转让的方式完成减持。

三、案例讨论

从万科股权之争看企业控制权旁落的案例留给了人们太多的思考，本案例请学员们重点思考一下问题：

1. 公司治理结构主要有哪几种模式？不同治理模式对集团公司财务控制模式的选择有何影响？
2. 万科的公司治理结构及其财务控制模式有何特点？
3. 引发万科控制权之争的导火索和根源是什么？
4. 结合最新企业会计准则，分析判断股权之争的各阶段万科的控制权归属。
5. 此次股权之争给万科带来了哪些影响？
6. 反收购策略在此次股权之争中是否发挥了作用？监管机构在万科控制权之争中发挥了什么作用？
7. 你认为分散股权结构下上市公司应该如何形成合理或有效的治理架构？
8. 万科此次股权之争给我们带来哪些反思或启示？

参考文献

[1]《企业会计准则第20号——企业合并》(2006)。
[2]《企业会计准则第2号——长期股权投资》(2014)。
[3]《企业会计准则第30号——财务报表列报》(2014)。

［4］《企业会计准则第 22 号——金融工具确认和计量》（2006、2017）。
［5］《企业会计准则第 33 号——合并财务报表》（2014）。
［6］《企业会计准则第 40 号——合营安排》（2014）。
［7］《中华人民共和国公司法》（2013）。
［8］《中华人民共和国证券法》（2015）。
［9］《上市公司收购管理办法》（2014）。

案例 13　凯雷集团收购徐工机械案例分析*

教学目标

本案例旨在从企业合并、国有资产保值增值等方面分析徐州工程机械集团有限公司与美国凯雷投资集团并购案中存在的问题。通过本案例，一方面使学员充分了解企业并购的类型、支付方式以及，把握并购中企业价值评估、并购成本、并购风险及其财务整合；另一方面使学员思考国有资产转让或国有企业改制过程中应该注意的相关问题。

在地方政府推动下，2005年10月25日，徐州工程机械集团有限公司（简称"徐工集团"）与美国凯雷投资集团（简称"凯雷"）签署"战略投资协议"，凯雷注资3.75亿美元，并购徐工机械（徐工集团工程机械有限公司的简称）85%的股份，徐工集团保留徐工机械15%的股权。由于并购过程中遭遇重重阻力，凯雷尽管先后将持股比例从原先的85%下降至50%、45%，但并购并没有获得监管部门的认可。2008年7月22日，双方努力了近3年的并购计划宣告失败。尽管此次并购案以失败告终，但由此而引发的争论仍值得业界回味和反思。[①]

一、凯雷和徐工机械的概况

凯雷成立于1987年，总部位于华盛顿，是世界上最大的投资基金公司之一，团队遍及非洲、亚洲、澳洲、欧洲、北美及南美19个国家和地区。凯雷集团拥有深厚的政治资源，通过旗下76支基金投资于三大投资领域：私人股权、房地产及信贷另类资产。凯雷集团对所有潜在投资机会都持开放态度，并专注于已经拥有投资经验的领域，主要包括：航天、汽车与运输、消费与零售、能源与电力、金融服务、保健、工业、房地产、科技与商务服务、电信与传媒。作为一家投资公司，过去10年间，凯雷的投资回报在扣除管理费前高达年均36%。截至2010年9月30日，凯雷已参与超过1 015

---

* 本案例入选全国 MPAcc 教育指导委员会案例库。

① 刘刚：《中国工程机械行业上演资本并购大戏——凯雷投资3.75亿美元收购徐工机械85%股权》，载于《交通世界》2005年第12期，第52~53页。

项投资案，共投资达647亿美元，管理资本超过977亿美元，旗下投资的公司总共创造营业额840亿美元，其在世界各地雇员超过398 000人。

徐工集团系中国最大的工程机械开发、制造和出口企业。该公司成立于1989年3月，1997年4月被国务院批准为全国120家试点企业集团，是国家520家重点企业，国家863/CIMS应用示范试点企业。成立以来始终保持中国工程机械行业排头兵的地位，是中国工程机械行业规模最大、产品品种与系列最齐全、最具竞争力和影响力的大型企业集团。2003年实现营业收入154.4亿元，2004年实现营业收入170亿元。其核心企业徐工机械成立于2002年7月28日，由徐工集团与华融、信达、长城和东方四家资产管理公司共同出资。其中，徐工集团以净资产6.43亿元作为出资，持股51.32%。四大资产管理公司以其拥有的徐工集团的债权转为股权持有。2003年1月，徐工机械无偿受让了徐工集团持有的徐工科技35.53%的股权，成为上市公司的第一大股东。徐工机械由此成为徐工集团最大的下属企业。

二、凯雷并购徐工机械的背景

（一）徐工机械改制的背景

2002年，债务压力沉重的徐工集团以债转股的方式与四大资产管理公司共同成立徐工机械，其中，徐工集团占徐工机械51.32%的股权，其余股权由四大资产管理公司持有。经过一系列整合和剥离后，徐工机械旗下涵盖了包括徐州起重机械公司、徐州筑路机械公司、徐州铲运机械公司以及A股上市公司徐州工程机械科技股份有限公司（下称徐工科技）等在内的徐工集团绝大部分的优质资产。2003年春，徐工集团以徐工机械为平台开始走改制引资之路。摩根大通于2003年中期正式进场，成为徐工集团改制及引资的财务顾问，并购拉开帷幕。徐州市政府和徐工集团开出的条件是对方必须有雄厚的资本，必须有国际市场经验，必须能够为徐工集团带来项目，并保证徐工集团的发展方向，帮助其做大做强。

2004年5月，徐州经贸委代表市政府作为徐工产权转让的委托方，向海内外发出对徐工集团进行改制的信息。从2004年下半年开始，先后有30多家国内外企业和基金机构，向徐州市有关部门和徐工集团提交了收购项目建议书。其中既有德隆集团和三一重工等十余家民营企业，也有华平创业投资基金、卡特彼勒、凯雷亚洲投资公司、美国国际投资集团、摩根大通亚洲投资基金和花旗亚太企业投资管理公司等十余家外国公司或机构。

徐工集团改制的主要原因：一是获得资金，解决员工安置等历史遗留问题，以轻装上阵再图发展；二是要将股权分散化、国际化；三是将徐工品牌做大做强。但是，根据过去的经验，卡特彼勒对其在国外建立的企业要求必须控股，而且要消化和抑制竞争品牌。徐工集团过去也曾有过与产业投资者合作的项目，但在合作当中，徐工集团既没有得到技术上的支持，也没有得到较好的投资收益，相反，却丧失了自己主要产品的市场份额。从我国其他企业与国外产业投资者合资合作的历史情况来看，希望获得国外技术的愿望都没有得到完全实现，历史经验使徐工集团不愿再与产业投资者合作。

(二) 几经博弈，凯雷渐浮水面

当时夺标呼声最高的是国际产业投资者、年销售额超过 300 亿美元的全球机械制造业龙头卡特彼勒。由于有卡特彼勒和他们合资厂的前车之鉴再加上卡特彼勒对徐工提出的许多不利限制，很快被徐工排除在合作者之外。按照程序，徐工集团国有产权转让在江苏徐州产权交易所挂牌。2005 年 6 月，经过第一轮竞标，徐州方面确定 7 家潜在投资者。2004 年 9 月，经过第二轮先标，徐州方面从中选出美国国际投资集团、摩根大通亚洲投资基金、凯甫亚洲投资公司 3 家为候选投资者，这三家皆为财务投资机构。而卡特彼勒因其"消化或抑制竞争品牌"的策略及并不出众的报价，而过早出局。2004 年 10 月，徐州方面进行了第三轮竞标，其标的为徐工集团工程机械公司 85%的股权，摩根大通报价 4 亿美元左右，凯雷报价 3.75 亿美元，美国国际投资集报价最低。2005 年 8 月，通过一系列复杂安排，徐工集团将徐工机械变更为国有独资公司，在理顺股权关系、人员安置方面为并购做好了铺垫。2005 年 9 月，徐工集团和徐工机械分别召开职工代表大会，以无记名投票方式表决与凯雷的改制方案，高票通过。经过一场场淡判、一轮轮投标，凯雷集团最终从 7 家国内投资者和 27 家国际公司中胜出。

三、凯雷并购徐工机械的过程及结果

2005 年 10 月 25 日，凯雷与徐工集团签约，凯雷将以 3.75 亿美元（约合 30 亿元人民币）的价格收购徐工机械 85%的股权，余下的 15%由徐工集团继续持有。具体内容是：徐工集团将其持有的徐工机械 82.11%的股权转让给凯雷徐工（凯雷专门为这次收购成立的全资子公司），转让价格为 2.55 亿美元。同时，凯雷徐工将对徐工机械分两次进行注资，总额为 1.2 亿美元。按照约定，第一部分的 6 000 万美元将与 2.55 亿美元同时支付，另外的 6 000 万美元则要求徐工机械 2006 年的经常 EBITDA（是指不包括非经常性损益的息、税、折旧、摊销前利润）达到约定目标时方可支付。若徐工机械未达到约定目标，则双方需要再度协议增资事宜，而凯雷对徐工机械 85%的持股并不受此影响（对赌协议）。

在原方案未能获得国家有关部门批准的情况下，徐工集团、徐工机械和凯雷徐工于 2006 年 10 月 16 日签署修订协议，将收购比例和增资价格进行调整，最终持股比例由原先的 85%降至 50%，金额则从 3.7 亿美金减少到 18 亿元人民币，约折合 2.25 亿美金。修订的新方案取消了原有的对赌协议，董事会成员 10 名左右，董事长由徐工任命，双方委任董事数量相同。根据此次修订协议，凯雷收购徐工机械股权折合每股价格为 2.41 元，增资认购新股的价格同样也为 2.41 元。而一年前的协议中，凯雷收购徐工机械82.11%股权的价格为相当于人民币20.69125亿元的等额美元,折合每股收购价为2.01元。可见,新的收购价格较原先提高了19.9%。另外,一年前的股本认购协议中,三方约定徐工机械在现有注册资本的基础上,增资人民币241 649 786元,全部由凯雷认购(受让股权及认购新股完成后,凯雷占85%的股份),凯雷在交易完成当期支付6 000万美元;如果徐工机械2006年的经常性EBITDA达到约定目标,凯雷再支付6 000万美元。而修订协议取消了对赌条款,只约定凯雷出资584 223 529元认购徐工机械新增股份242 518 744元。取消对赌协议、董事会成员双方各占半数、董事长由中方担任。

由于社会和舆论的关注与质疑,凯雷徐工收购案迟迟未获批准。2007年3月16日,徐工集团与美国凯雷集团于3月16日签订合作协议,徐工集团下属的徐工机械公司国有股权出让比例进一步下调,徐工集团与凯雷集团将分别持有徐工机械55%和45%的股权,中方获得控股权。协议还就合资公司董事会构成作出约定:合资公司董事会由9名成员组成,其中,中方5名,外方4名,董事长由徐工集团担任。此外,凯雷集团继续承诺合资企业保持徐工品牌,并帮助合资企业引进发动机、载重车底盘等新项目。外方直接或间接转让所持股权须得到中方同意等限制性条款保持不变。即便如此,凯雷诸多的努力也始终没有等来监管部门的一纸批文。

2008年7月23日,为国内外财经界广泛关注的凯雷徐工并购案历时三年之久,终于尘埃落定。徐工集团工程机械有限公司和凯雷投资集团共同宣布双方于2005年10月签署的入股徐工的相关协议有效期已过,双方决定不再就此项投资进行合作,徐工将独立进行重组。

四、收购引发的争论

凯雷徐工收购案在向国家有关部委报批后,除了引发外资收购中国龙头企业引发对国家经济安全的担忧外,收购协议不透明引发对国资贱卖以及并购支付方式等也引起业界的恐慌与担忧。

(一)是溢价收购还是贱卖国有资产?

凯雷收购价格在净资产的基础之上溢价70%,被炒作成"国有企业产权交易的新标杆"。但是这一收购案却引发了社会和业界的激烈争议。例如,三一集团执行总裁、三一重工(600031)总裁向文波对凯雷徐工并购案提出强烈质疑,并两度叫价要在凯雷的基础上"加价1亿美元、加价2亿美元收购徐工"。这无异于一枚重磅炸弹,在业界立即引起激烈争议。参与讨论者的观点似乎开始一边倒,强烈质疑和反对该起并购案:通过黑幕交易以确定卖给凯雷,贱卖以让凯雷通过这个中国的地方国有企业获得暴利,这同时也将极大伤害中国在装备制造业的产业安全。类似的以改制之名贱卖国有资产、中国企业被外资收购后品牌打入冷宫失去了竞争力等痛苦回忆在这场大讨论中被不断刷新，也让人们感受到了刻骨铭心之痛。

按照徐工集团的改制方案，徐工机械囊括了徐工集团的主要经营性资产，徐工机械85%的股权，2005年按照市场估值应在47亿~65亿元。2006年，徐工机械前三季度实现利润总额为6.2亿元人民币，净利润约为4.1亿元，全年净利润在5亿元左右。如果将徐工机械整体上市，根据当时20倍左右的平均市盈率简单计算，其市值将高达100亿元左右。但此次并购出现了令人无法理解的结果。更耐人寻味的是，在第三次修改协议中，凯雷收购的比例降低到45%，剩余股权由徐州国资委持有，但每股价格却在第一次价格修改的基础上提升11%。如果是溢价收购，在股权比例问题上向来不肯作出让步的凯雷，此次为什么同意在降低股权收购比例的同时还愿意提高收购价格？徐工管理层是否清楚的向员工和社会说明了收购价格、价格构成及支付方式？这样的并购暗藏着多大的风险？那些层层为徐工并购放行的决策者是否明白其中的奥妙？

（二）并购支付方式是否暗含玄机？

在第一次并购协议中，凯雷出资3.75亿美元（约30亿元人民币），收购徐工机械85%的股权，交易完成时支付金额为3.15亿美元，其中2.55亿美元（20.7亿元人民币）收购旧股，6 000万美元作为新股（新股中3 000万美元为均增加注册资金，3 000万计入资本公积），其余6 000万美元新股增资的条件是徐工机械2006年的EBITDA达到10.8亿元人民币以上；凯雷承诺引进工程机械发动机等项目，若在合资后的三年内未能完成，将向合资企业按每个项目750万美元增加额外的资本金，并保持股比不变。事实上，2.55亿元人民币的增资并不是凯雷支付的价款，因为这些钱是投入到徐工机械中，并没有给徐工集团，因为改制后徐工机械已经是由凯雷控股85%的公司，这2.42亿元人民币的增资，凯雷占有85%的权益，而徐工占有15%的权益。

尽管此案一波三折，并购协议几经修改，股权收购比例也由最初的85%降至50%（2006年），之后又降至45%（2007年），但最终仍保留了"毒丸计划"及其他惩罚性条款。即当凯雷以公开发行股票上市的方式退出合资公司时，如果任何与合资公司构成竞争的潜在投资者，以任何形式获得上市公司的股份达到或可能超过15%时，上市公司"自动"启动"毒丸计划"，即向除潜在控制人之外的上市公司所有股东，以人民币1分钱或等值外币的价格按该股东届时实际持有的上市公司股份数增发上市公司新股，以实质性地增加潜在控制人获得对上市公司控制权而需收购上市公司的股份数量及需支付的对价，从而使潜在产业竞争者在实际上无法实施收购。

其实，凯雷收购徐工，资本运作的艺术家们都知道利益有多大，这也是凯雷痛快接受"毒丸计划"的真正原因，背后是被严重低估的徐工价值！"毒丸计划"不知道最终毒的是谁？徐工管理层是否清楚地向员工和社会说明了此次并购的支付方式？这样的并购暗藏着多大风险？决策者们是否明白其中的奥妙？

（三）徐工科技数次发布预亏公告是否有蓄意配合改制之嫌？

徐工机械控股的徐工科技 2005 年出现巨亏也是疑点重重。根据公开资料，徐工科技 2005 年一季度，出现了 10 年中的首度亏损，亏损额度为 3 574 万元。2005 年 4 月 21 日，公司发布业绩预告称，受国家宏观调控以及钢材、油品等原材料价格持续上涨的影响，公司产品的盈利空间受到严重挤压，预计 2005 年半年度业绩同比将下降 50% 以上。2005 年 7 月 14 日，徐工科技再次发布了上半年业绩预亏修正公告，预计 2005 年半年度亏损 9 000 万～9 500 万元。徐工科技在"可能没有出预亏公告"的情况下，2005 年首季即出现了 10 年首次亏损令人费解。而且，徐工与凯雷 2005 年 10 月签订收购协议，此前的 7 月份对中报业绩进行了大幅预亏修正，随后又于 10 月 27 日发布了年度预亏 1.2 亿元的公告，一年之内频繁发布预亏公告，而且密度这么大，数字差异这么大，是不可思议的。另外，宏观调控始于 2004 年，但当年徐工科技并没有亏损，而是盈利 3 698 万元（调整前为 6 498 万元），但到了 2005 年，却一下子亏损 1.2 亿元。而且在此期间，徐工科技发布预亏公告的频率之高、数据差异之大，不得不令人怀疑有故意配合改制之嫌。

2005 年，徐工科技在出现较大幅度的亏损，每股亏损 0.24 元，而 2001～2004 年，徐工科技的每股收益分别是：0.17 元、0.22 元、0.21 元和 0.07 元。凯雷与徐工集团洽谈收购事宜是在 2004 年，而从 2004 年开始，徐工科技的收益开始下降，并且在 2005 年出现 0.24 元的亏损。利润变化对徐工科技的股价有很大影响，而徐工科技的股价正是进行估值的基础。这难免让人对 2005 年徐工科技的亏损生疑。

五、案例讨论

1. 凯雷在净资产的基础之上溢价 70% 收购徐工股份为何被冠以贱买国有资产的帽子？对"徐工科技涉嫌造假以配合收购行为"的社会质疑，你是如何看待的？

2. 在外资并购中资企业的过程中，是否应该考虑无形资产的价值？2005 年世界品牌研究室和世界经理人杂志联合对徐工的品牌做了一次评估，徐工品牌的评估价值是 80 亿左右，是中国机械行业品牌价值最高的公司。在此次并购出价中，凯雷是否考虑了无形资产的价值？

3. 在国资转让过程中净资产底线问题（为避免国有资产流失而强调不得低于净资产）的规定是否合理？国有企业改制或国资转让过程中应当如何评估国有资产以防止国有资产流失？

4. 企业并购的支付方式有哪些？各有何特点？

5. 此次并购中，凯雷采用收购的方式有何特点？如果你是中方此次并购的决策层成员，你是否同意凯雷的支付方式，为什么？

6. 凯雷收购徐工机械的并购协议中所包括的"毒丸计划"是否能阻止构成竞争的

潜在投资者的收购？为什么？

参考文献

[1] 徐工机械 2004 年至 2008 年年度报告及网上公开数据.

[2] 崔健. 外国直接投资与发展中国家经济安全［M］. 北京：中国社会科学出版社，2004.

[3] 张远忠. 外资并购国有企业中的法律问题分析［M］. 北京：法律出版社，2004.

[4] 周国洪. 凯雷—徐工并购案独家调查［J］. 瞭望新闻周刊，2006（18）.

[5] 桑玉欣. 凯雷收购徐工：演绎经典并购危机［J］. 国际公关，2007（2）.

[6] 张琪炜. 外资并购国家安全审查制度研究［D］，华东政法大学，2007.

[7] 饶建，范庆华. 跨国公司并购国有企业之动态博弈及陷阱分析——基于凯雷—徐工并购案例分析［J］. 商场现代化，2008（33）.

[8] 崔凯. 凯雷收购徐工 VS 高盛收购双汇［J］. 连锁特许，2009（3）.

[9] 陈玉罡，李善民. 资产剥离如何不再毁损公司价值？——基于价值驱动指标的实证研究［J］. 管理评论，2010（1）.

案例 14　转角花开——青岛啤酒的价值管理之路

教学目标

本案例介绍了青岛啤酒的历史背景、发展历程、价值管理模式、EVA 系统的引入原因、构建过程与实施效果。本案例旨在引导学员们深入讨论企业价值管理的主要方法，以及基于 EVA 的价值管理方法的优势，并从中认识到基于 EVA 的价值管理与绩效评价体系对于企业发展的重要性与意义。

成立于 1903 年的青岛啤酒是一家拥有百年历史的"老字号"企业。这个古老的企业百年来历经风雨和挫折，今天依然焕发着生机与活力。而这份活力与其成熟的价值管理模式有着密不可分的关系。2002 年青岛啤酒在 SternStewart 咨询公司的帮助下，开始全面构建 EVA 价值评价系统，这一系统成功帮助青岛啤酒对所并购的大量企业进行有效整合，也帮助企业及时地进行战略调整，可谓是在企业发展的转角路口处迎来了花开。

一、公司概况

（一）公司简介

1903 年 8 月创建的青岛啤酒股份有限公司在中国啤酒生产史上历史最为悠久。目前总部位于山东省青岛市崂山山脚下，其前身是国营啤酒厂。1993 年经过国家体改委批准，原来的青岛啤酒厂、中外合资青岛啤酒第二有限公司、国有青岛啤酒四厂、中外合作青岛啤酒第三有限公司，经过合并重组，经过多年发展成为今天的青岛啤酒股份有限公司，并进军资本市场，在香港发行 H 股，在香港联合交易所上市，成为内地第一家在香港"联交所"上市的企业。与此同时，同年 7 月成功在大陆在上交所上市。

以扩大生产经营规模和市场范围为主要目标的青岛啤酒股份有限公司，在上市后的几年里逐步兼并其他企业，并在科研技术上取得重要发展。它借助全球先进设备及技术工艺，生产出的啤酒口感上乘，品质优良，享誉全球。目前作为我国啤酒行业里的龙头企业，青岛啤酒在中国市场的战略布局和品牌建设已基本完成，工厂遍布各大城市。

（二）价值管理之路：在曲折中探索前进

任何一个看似辉煌的企业，它的成功都不是一朝一夕完成的。青岛啤酒亦如是。随着信息化时代的来临，企业经营环境的变革，企业经营者更关注的是企业的现在与未来，而不是过去。由此，传统的财务指标已不能满足新形势下企业发展的要求。越来越多的企业开始将终极目标锁定为价值创造的实现。因此，为了更好了解青岛啤酒，我们决定从战略调整、资本运营、企业并购及信息化管理的角度来简单回顾一下青岛啤酒的价值提升之路。

1. 1998年之前：自然增长的内涵式发展阶段

这一时段的青岛啤酒主要特点是以品质打造知名品牌，凭借源自德国的啤酒酿造工艺和酿制技术，以及精益求精的质量管理，在国内外消费者中树立了良好的品牌形象，成为中国民族啤酒工业的代表。

与此同时，青岛啤酒也开始尝试企业并购。1994年青岛啤酒发生了第一次并购，对扬州啤酒厂的并购，接着又并购了西安啤酒厂。但是由于企业对主线的认识不清晰，这两次并购效果不理想：并购后扬州啤酒厂三年亏损5 000多万元，而西安啤酒厂一年就损失了2 000多万元。两年后，青岛啤酒的市场份额所剩无几，仅有2.15%，"有品牌，无规模"的问题依然很严重。1997年，青岛啤酒总结经验教训，停止盲目扩张。

总而言之，这一时期的青岛啤酒只要以品牌自身的成长与发展为主，距离现代化的企业价值管理仍有不小距离。

2. 1998~2001年：做大做强发展阶段

这一时期，青岛啤酒发展的主要特点是"大品牌"带动下的并购扩张。由于此时的青岛啤酒面临的主要矛盾是品牌大、规模小，为了巩固自身品牌地位，扩大生产规模，青岛啤酒开启了并购的高速扩张之路。在吸取前一阶段并购教训的基础上，青岛啤酒开始理清并购思路，采取低成本扩张策略，并购目标大多数为小规模企业，并集中进行。在一年之间就并购了17家啤酒厂。1999年年末，青岛啤酒已经并购多个省市的啤酒生产企业，多半企业在山东。这样初步形成了以山东为根据地，发展向全国辐射的网络结构。这时啤酒产销量有了大幅度提高，2001年的产量已经达到251万吨，位居中国啤酒行业之首。在产量大幅提升的同时，营业利润却连续下降。此时青岛啤酒并没有认识到并购存在的问题，依然在全国范围内展开大规模并购。综合运用多种扩张方式收购全国重点消费区域的啤酒生产企业。截至2001年，青岛啤酒已经并购45家啤酒生产企业（见图1）。青岛啤酒的产销量急剧上升，从1996年的35万吨上升至2000年的180万吨，市场占有率也由1996年的2.15%上升到2000年的8.07%。对青岛啤酒来说，1999年是个丰收年。但是在大规模的并购后，青岛啤酒认识到，并购小规模企业存在很多问题：没有达到低成本扩大的目的，规模扩张的速度也较慢，产品的附加值也不高。公司要想做得更好，必须选择优质的并购目标。那些规模大，有优势的企业成为新的并购目标。

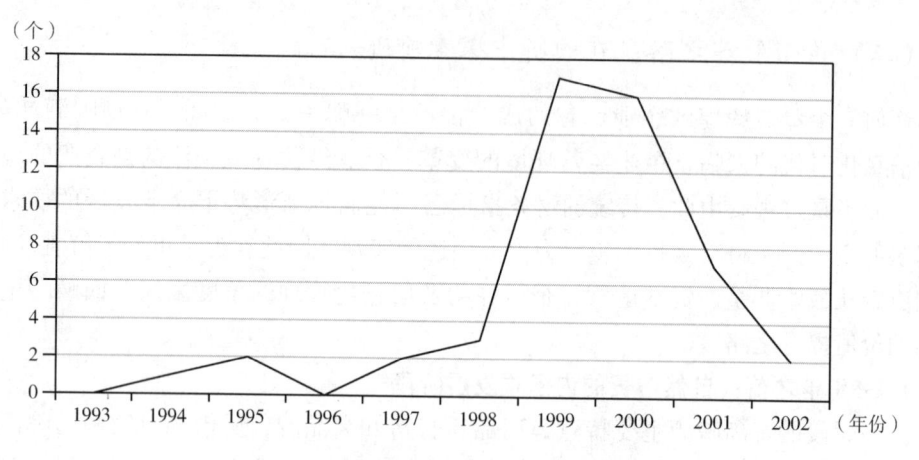

图1 青岛啤酒历年并购企业数量

四年间，青岛啤酒通过大量并购，其产销量由55万吨跃升至251万吨，成为全国产销量最大的啤酒公司。但在快速增长的背后，大规模并购带来的巨大风险与整合压力也逐步显现。由于公司前期并购对象多为技术落后、管理混乱、竞争力低下、濒临破产的公司，对被并购方的技术改造和管理整合，造成青岛啤酒营业费用和管理费用急剧上升。而因为地域和企业文化的不同，导致青岛啤酒的战略难以落实到各区域和分公司，执行难成为阻碍青岛啤酒继续发展的关键问题。青岛啤酒并购整合的前阶段，只向每个被并购的企业委派少数管理人员负责协调并购后的工作，但对并购后的资源没有系统整合，使得整合效果不佳，出现资源相对过剩的情况，而且还增加了企业债务水平，盈利水平和经营效率也不高。

3. 2001~2009年：做大做强发展阶段

这一阶段的青岛啤酒由对外扩张逐渐转化为内部整合，通过内部系统整合提高价值链运营能力。

前期的快速扩张导致内部管理的相对滞后和财务风险，运营风险的存在，备受外界质疑的青岛啤酒再次面临战略调整。2001年，由青岛啤酒内部培养起来的金志国出任总经理，他提出实施"内涵式发展"战略，从追求数量向追求质量转变，由收购兼并向系统整合转型。这一阶段，青岛啤酒的投资和运营重心从规模转移到了人才、管理、技术、经销商网络、品牌培育等方面；确立了企业使命和愿景，建立了青岛啤酒企业文化体系。在资本运作的整合与提升上，2000年6月证监会颁布《上市公司向社会公开募集股份暂行办法》，在确认符合增发条件后，青岛啤酒仅用半年时间便完成了增发。2001年2月，公司以7.87元/股增发1亿A股，募集资金7.6亿元。这笔资金不仅缓解了公司财务压力，也为继续实施有质量的扩张提供了保障。2002年10月22日，青岛啤酒与当时世界最大的啤酒生产企业美国安海斯布希公司（AB公司）签署战略投资协议,向 AB 公司定期发行 7 年期、总金额为 14.16 亿港元的强制性可转换债券。建立战略联盟的组织形态,不仅是资本的流入,更为重要的是通过双方的最佳实践交流,使双方通过知识流动获得新知识,将百威的管理、技术、网络等优势资源与青岛啤酒自身的核心能力连接融合,获取新的核心能力,形成以组织学习为意图的合作,提高存量资源的使用效率。战略合作后,青岛啤酒同 AB 公司在战略规划、技术和品质、财务管理、品牌经营以及人力资源管理等诸多方面深入开展了"最佳实践交流"活动,从中汲取了丰富的养分加快自身国际化进程。

同时,本阶段的青岛啤酒还引进了信息化管理来促进企业自身的内部整合与价值提升。之前,由于在企业规模和国际市场的急速扩张,使得青岛啤酒集聚了众多的下属公司和海外分支机构。这种分而治之的局面,在扩大产值的同时,也给青岛啤酒带来了诸多管理上的问题。特别是在财务方面,作为上海、香港两地上市公司的青岛啤酒需要及时披露季度和年度财务报告,而对于缺乏统一财务管理体系的青岛啤酒来说,每一次的财务报告都近乎一场"灾难"。要想彻底解决这一问题,就需要在财务管理中实现多级预算、多级财务报表及多级财务合并。

为此,自 2001 年起,青岛啤酒分别从财务、采购、库存、制造、分销、供应链、客户关系、物流配送、项目、设备、人力资源管理和办公自动化等多个方面入手,开始了集团级的信息化建设改革。同时,在实施过程中确立了"整体规划、分步实施,先终端、后汇聚,先内部、再外部"的原则。经过 6 年的实施,青岛啤酒集团通过信息系统优化了业务处理和业务流程管理,实现了完整的过程控制和基础管理数据的标准化以及信息传递的扁平化,实现了实时远程管理、业务审计的目标,从而建立起了 ERP 总体网络架构。

总体而言,这一阶段是青岛啤酒在经历了快速扩张之后,通过系统整合提升自身运营能力和核心竞争力的一个重要阶段。从外部分析来看,快速扩张使青岛啤酒面临着资金、管理、品牌等风险;从内部分析来看,尽管青岛啤酒通过管理模式输出帮扶收购兼并企业不断提升管理,但是对于一个之前从未有过集团化管理经验的企业而言,如何提升自身战略管理、资本运作、企业运营、品牌整合等方面的能力也是必须;从管理者价值偏好来看,内部培养起来的金志国,除了拥有前瞻性的战略洞察力之外,在市场营销、品牌建设和企业管理等方面也颇有经验和建树,他充分认识到了前期扩张所带来的风险,临危受命之后立即提出通过系统整合来增强企业自身竞争力。从社会责任与预期来看,当时外界对青岛啤酒连续的快速扩张也开始持怀疑态度。综合上述种种分析来看,青岛啤酒在这一阶段的战略转型是适时的、成功的。

当然,任何事物的发展都是有两面性的,企业在每一个阶段的战略转型,也都是权衡利弊之后,趋利避害的选择。长达 7 年多的系统整合,使青岛啤酒在提升内部运营能力的同时,也错失了改变未来竞争格局的战略机遇。2004~2007 年,国内经济快速增长,啤酒消费量快速增加;雪花啤酒在安徽、江苏、浙江、辽宁、湖南、贵州等地区展开收购,通过其"蘑菇云"战略收购连片市场,逐步打造省级基地市场,市场布局优势初现；2002~2009 年，面临大规模并购后的诸多问题，青岛啤酒进入长达 7 年的内部整合期，停止并购扩张步伐；2006 年，雪花销量超越青岛啤酒，这种竞争格局一直延续至今。内部整合期过长，错失了新一轮并购机遇，就给了雪花通过并购轻易建立省级基地市场的机会；雪花通过并购不仅在量上超越青岛啤酒，而且完成了全国的基地市场布局，弥补了品牌能力较弱的短板。

4. 2009~2014 年：整合与扩张并举阶段

2009~2014 年，青岛啤酒步入整合与扩张并举阶段，实施投资并购和运营成长"双轮驱动"战略，推动公司有积累、可持续的快速、稳健向前发展。所谓"双轮驱动"，就是以"运营能力提升"和"有质量的投资并购"两个轮子的驱动，来实现市场的内涵式和外延式同步增长。在有质量的投资并购上，实施战略指导下的差异化投资，重点打造省级核心基地市场和省级连片市场，以高附加值产品占领省会、经济发达城市等的市场制高点为目标。2010 年，公司在青岛、上海、福州、珠海等地相继启动了企业搬迁、扩建项目，并成功收购了山东新银麦啤酒有限公司、嘉禾啤酒公司太原啤酒厂，在石家庄动工兴建新啤酒厂；2011 年完成了青岛啤酒二厂、青岛啤酒第三有限公司、深圳等工厂的扩建，实施青岛啤酒 40 万千升新安江项目；2012 年 6 月，与三得利（中国）投资有限公司合作，提升了在上海市场的占有率；2013 年收购石家庄嘉禾啤酒和新钟楼啤酒。

在运营能力的提升上，发挥青岛啤酒品牌优势，提升中高端市场占有率。实施管理创新，扩大集中采购物资范围，推广新工艺、新技术，提高公司节能降耗水平，有效控制费用。实施低碳发展战略，青岛啤酒在全国啤酒行业中率先实施低碳发展模式，开展组织温室气体盘查与碳足迹计算项目，2010 年青岛啤酒二厂成为"中国酿酒工业首家低碳体系（国际标准 ISO14064）定点试点单位"。

这一阶段，从外部分析来看，青岛啤酒发展面临着 2008 年全球金融危机带来的市场需求下降、成本大幅上升，以及啤酒行业增速放缓的挑战；从内部分析来看，青岛啤酒既需要通过继续实施有质量的增长来改变市场竞争格局，又需要不断提升企业运营能力以应对越发激烈的市场竞争；从管理者价值偏好来看，2008 年 6 月上任的总裁孙明波，拥有丰富的啤酒企业生产运营、技术质量管理以及战略规划经验，与金志国董事长搭班子，推动了青岛啤酒双轮驱动战略的实施。从社会责任预期来看，青岛啤酒通过绿色采购、技术创新等举措践行低碳发展模式，也顺应了大众对企业履行社会责任的预期。

这一阶段，青岛啤酒在战略转型中出现的主要问题是，在产品策略上错失了巩固中高档市场领导者地位的战略机遇。2007 年，中国经济增长率达到近十年来的顶峰，通货膨胀严重，原材料价格攀升。2008 年金融危机并未阻挡中国经济前进步伐，居民收入不断提高。啤酒价格攀升，中高档细分市场迅速放大；2007 年，雪花实施"精制酒"战略，推出"勇闯天涯"，逐步开始全国布局。2009 年，雪花推出金标纯生，重视高档酒运作。2008 年，英博收购百威，2009 年确定哈尔滨为全国第二品牌，并将冰纯作为代表性产品在全国范围进行推广。百威嫁接英博渠道，在福建、浙江等市场进入主流消费场所。然而与此同时，青岛啤酒中高档产品由过去的高增长调头向下。2011年、2012年，青岛经典、纯生增速相继降至个位数，直至负增长。但此时的雪花勇闯天涯却超过经典，成为中档第一大单品；发力纯生品类，与青岛纯生差距不足15万千升。百威在高档市场遥遥领先，哈尔滨冰纯规模突破百万千升。青岛啤酒在普档产品上浪费了大量资源，不仅拉低了品牌形象，还给了对手在中高档赶超的机会。

5. 2014年至今：能力支撑、品牌驱动的发展阶段

自2014年至今，青岛啤酒进入新常态下能力支撑、品牌驱动的发展阶段。这一时期中国啤酒行业的发展受到宏观经济和行业转型双重"新常态"的影响，整体增速放缓，乃至开始步入负增长阶段。而受宏观经济和行业现状的影响，青岛啤酒的发展也遇到了瓶颈，2014~2016年连续三年销量下滑，盈利能力也受到了前所未有的挑战。

面对严峻的市场竞争形势和啤酒行业产能过剩、销量负增长的市场形势，青岛啤酒在董事会带领下坚持实施"能力支撑品牌带动下的发展战略"，夯实公司有质量、可持续发展的基础；同时立足当下，在报告期内以"稳增长，调结构"积极应对中国啤酒行业下行压力和市场新形势的挑战，积极推进企业发展方式转型、加快产品结构调整升级、持续深化精细化管理等各项有效措施，提高价值链整体运行效率，巩固和提升了公司市场竞争实力。

青岛啤酒能否通过战略转型，发展调整顺利渡过这一难关，逆势而上，我们依然保持关注。

二、价值管理之道：EVA的引入与应用

（一）困境中迎来的改变契机——EVA

1998~2003年，青岛啤酒实施了外延性扩张战略，以低成本迅速扩张企业规模。其中，1999~2001年青岛啤酒的全国扩张势头尤其迅猛，3年内共发动收购36起，并于1999年重新夺回行业销量第一地位。最典型的是2000年8月，青岛啤酒在10天时间里一口气收下了3家外资啤酒企业——上海嘉士伯、北京五星和三环。实施该战略的成效是青岛啤酒率先完成了全国市场布局，并引领了国内啤酒行业的大整合。青岛啤酒也从山东的一家地方企业成长为全国性企业集团。

但是，迅速实施外延性扩张战略，也使得青岛啤酒面临一些发展问题。首先，过快过频的并购活动，大大增加了青岛啤酒的财务压力。啤酒厂的数目短短数年间增加约10倍，公司利息支出高达1亿多元，折旧（2001年达6.3亿元）显著上升。加上当时青岛啤酒不像燕京、雪花等，有母公司如北京控股、华润创业的强大后盾支持，导致财务状况日紧。其次，品牌面临整合，为了保护青岛啤酒品牌，青岛啤酒允许收购的工厂沿用自己的区域性品牌，而其中不乏质量待完善的小品牌，导致公司品牌和

SKU 众多，也带来了一定的产品风险。

实际上，企业并购本身便是一把双刃剑。它一边为青岛啤酒带来了短时间内成倍增长的销售规模和生产规模，一边也给青岛啤酒的企业管理带来了极大的风险与挑战。学者们通过对以往并购案例的研究，发现一个这样的现象：并购前两个阶段，并购前和并购中失败的概率分别为 30%、17%，但是最后一个阶段并购后的整合失败概率特别高，达到 53%。所以，我们可以这样理解一个企业的扩张并购，并购例行程序走完那一刻并不代表这场并购游戏结束，恰恰相反，后期收购企业如何进行资源整合，如何对被收购企业实行管理，两种不同的企业文化如何进行融合，才是关乎游戏结果的关键点。

而对于 2001 年的青岛啤酒而言，所面对是多年来高速扩张、规模膨胀导致投资收益低下以及并购后期对被并购企业管理、资源整合等问题无法有效解决的现状。细看青岛啤酒 1999～2001 年的财务报表，不难发现，2000 年前后青岛啤酒的营业收入与利润总额的发展趋势严重不匹配，从 1998～2001 年，青岛啤酒的营业收入飞速上升，每年的增长率都保持在 40% 左右，但其利润总额却增长缓慢甚至停滞不前，年均增长率最高仅为 2000 年的 23%（见表 1）。

表 1　　　　1999～2001 年青岛啤酒利润总额及营业收入增长率　　　　单位：%

年　　份	1999	2000	2001
营业收入增长率	41.57	54.54	39.81
利润总额增长率	2.61	23.11	13.25

资料来源：青岛啤酒 1999～2001 年年度报告。

因此，寻找到一种方式或者方法帮助企业进行有效的内部整合成为了 2001 年青岛啤酒的当务之急。EVA 模式是现代企业价值管理的一种方法。在过去的 20 多年，以股东价值为核心的管理理念在北美和欧洲发达国家中迅猛发展，价值管理系统普遍应用于国际知名跨国公司。根据法国欧洲工商管理学院一份调查报告，在实施价值管理的公司中，应用最广泛的方法便是是经济增加值（Eeonomie Value Added，EVA）模式。2001 年年底，在经过管理高层的慎重考虑之后，青岛啤酒决定采纳 Stern Stewart 咨询公司提出的以 EVA 为核心的管理重组方案，建立一个更加合理、科学的激励与约束机制。经过 Stern Stewart 咨询公司的分析计算，2000 年前后的青岛啤酒虽然在财务报表上显示销售收入增长迅速，也保持盈利状态，但其 EVA 值却一直为负值，即公司并没有创造财务，没有为股东创造真正利益。为了真正维护股东的权益，青岛啤酒于 2002 年初全面推行 EVA 绩效评价体系。

（二）开启新时代：全面构建 EVA 价值评价管理体系

价值管理要求公司必须以价值创造为取向标准，将公司所有重要制度与过程进行重新安排。2002年，斯特恩（Stern Stewart）咨询公司主要对青岛啤酒从树立EVA管理理念、建立以EVA为业绩考核为目标导向的激励机制、重组组织结构、再造业务流程等方面进行指导，逐步理顺和构建了青岛啤酒内部的EVA价值管理体系。

1. 构建基于EVA的目标管理体系

在斯特恩公司的帮助下，青岛啤酒于2002年初建立以EVA目标为核心的管理系统。EVA价值管理体系实施后，青岛啤酒的盈利能力大为增强，管理体系和经营模式逐步走向健康化。在试运行期，青岛啤酒2002年和2003年的盈利水平均有了大幅提升，分别达到了124%、84%；实行EVA目标管理体系的过程中，公司整个管理机制与行为都发生了重大变革，整个财务系统都开始按照EVA模式编制财务报表，逐步改变了传统的单纯财务目标衡量方式，决策部门和营运部门之间建立了相对畅通的联系渠道，管理决策变得更为有效。

2. 建立基于EVA的薪酬激励制度

青岛啤酒EVA薪酬激励制度的核心是将职工薪酬与EVA挂钩，关键在于以EVA数值的多少作为员工贡献度的考核依据，并据此对员工进行不同程度的奖励。其目的则在于引导管理层重视资本的利用效率，决策更加审慎，进而进一步降低投资风险。

首先是设定目标EVA奖金。青岛啤酒的目标奖金设定规则：职工获得期望奖金的前提是经营业绩达到目标EVA。针对不同层级职工，青岛啤酒将目标奖金划分为不同层次和不同程度的激励。员工的期望总薪酬由基本工资（无风险、固定工资）和目标奖金构成。公司定期根据各岗位上职工的经验水平、认知和技能的不断变化而逐渐调整其待遇，基本工资代表市场人才普遍价值水平，与目标奖金增长不挂钩，目标奖金作为目标EVA的一个比例。

其次是设定权重。青岛啤酒根据企业EVA激励计划人员的不同岗位和职责设定权重，权重既要反映企业职工自身业务特色的要求，也要反映跨部门经营合作的要求，还需反映一些非财务指标（职能履行有效性、质量和安全）等。权重是依据职工的层次而分级设定：

第一层次是公司高管。高管兼具自部门和整个企业的管理者身份，身份的特殊性决定了具体的量化指标无法完整体现高管的决策结果。因此，对企业实际EVA的贡献度变成了高管指标的核心关键，青岛啤酒董事会将对其总经理进行定性评价，而总经理对副总等高层领导进行定性考评。

第二层次是公司职能管理人员。第二层次人员职责明晰，其绩效划分与评定的主要原则依据业务的独立性。但是考虑到各部门之间的相互联系，权重的设置也加入了部分定性考评。

第三层次是普通职员。这部分员工分工明确，可单独也可集体设置权重，操作难度较小。预期定性评价均值由企业设定的目标决定。同时由于非财务指标考核难度大、操作性低，大量的非财务指标会影响整个考核制度的核算成本。在考核实际指标过程中，通常需要结合实际情况具体问题具体分析，最终把数值引进设定好的评分范围。

再次是设立EVA红利银行。青岛啤酒职工每年获取的报酬大致占到应得的1/3，其余部分存入红利银行。设置"红利银行"有助于有效降低管理层短期行为。当短期的高业绩对提高当期奖金报酬影响不大时，管理层将会更倾向于在管理决策时做出长远规划，考虑企业的长远利益和可持续发展。

最后是对高层基于EVA的虚拟股票期权奖励。青岛啤酒对企业高层设置了EVA股票期权奖励，即以EVA为基础，通过赠与公司管理者若干行权价格及行权数量的股票期权。相比于普通股票期权而言，虚拟股票期权的变动仅在企业内部记录，经营者获得红利的数量则需关注股票二级市场的变动情况，且操作性更加灵活，无须高管承担任何风险。

3. 重组组织架构，搭建三层组织架构模式

实行EVA改革以前，青岛啤酒大规模的合并扩张及不合理的组织结构造成越来越多的信息传输出现问题，导致决策的执行偏差。为此，青岛啤酒根据斯特恩公司制定的架构重组方案和EVA绩效评价模式，专门成立了青岛啤酒集团——青岛事业部，替代原归属于集团总部的生产部。这项举措表明在青岛啤酒总部职能体系中，完全剥离部分本地企业的直接经营权，青岛啤酒"总部—事业部—子公司"的三层组织架构模式下，总部负责公司的资源配置和战略发展，事业部负责公司利润的实现和区域管理，而各子公司则负责成本和质量的控制，从而使得公司组织架构更加清晰，权责更加明确，运转更加高效流畅。

（三）转角花开：EVA体系下的新青岛啤酒

EVA评价体系的建立帮助青岛啤酒构建了一个崭新的价值管理系统，帮助青岛啤酒从发展探索的不成熟期迈入了成熟期。

首先，从EVA的数值变化情况来看（见图2），1998~2001年四年间青岛啤酒的EVA皆为负值，也就是说，尽管利润表中的利润为正，但实际上青岛啤酒是在耗费企业资产，毁损原有的企业价值，并使股东的财富减少。而在2002年实行EVA绩效评价体系后，EVA值转为正值（2004年除外），则说明青岛啤酒使股东财富得以真正地增加，为股东创造了新的价值。2002年，青岛啤酒逐渐能够有效地创造价值，但依然面临资金短缺的危险；2003年青岛啤酒渐入佳境，业务产生的现金足以满足发展，且可以利用剩余的现金加速发展，另外其创造价值的能力很强；2004年，因为EVA变为负值，使股东财富增长的能力衰退，同时虽然现金仍有剩余，但已处于较紧张状态；2005年青岛啤酒又回归到2002年的状态，但经过一年的改造，自2006年起至2010年，青岛啤酒一直处于一种非常优秀的情况，即创造价值的能力优异同时资金富余，且基本上一年比一年更好，青岛啤酒应尽量维持并延长这种状态。由上述分析可以看出，2002年是一个分水岭，在此之前，青岛啤酒处于一个极糟的状况，在2002年开始实施EVA绩效评价体系后，经历了一段波动的时期，但总的来说还是向好的方向发展，2006年后便进入了最优的状态。也可以说，这从另外一个方面体现了青岛啤酒实施EVA绩效评价体系所取得的良好效果。

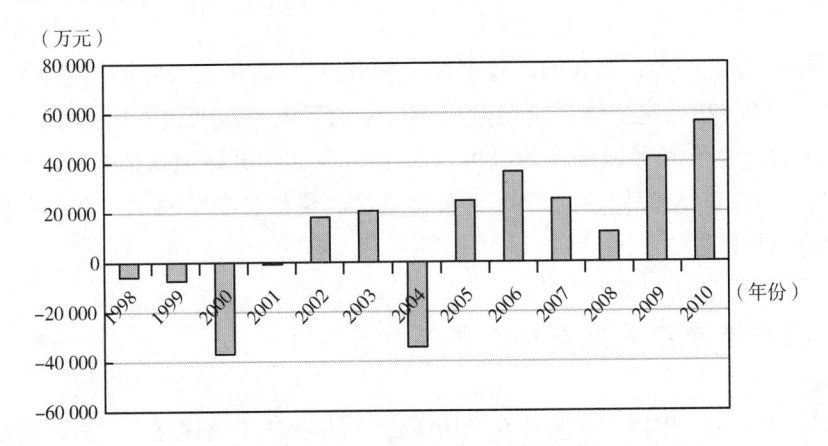

图2 1998~2010年青岛啤酒EVA值变化

资料来源：魏巍：《EVA绩效评价案例研究——以青岛啤酒为例》，载于《财会通讯》2014年第6期。

其次，从青岛啤酒财务数据的变化情况来看，青岛啤酒1998~2010年利润额一直处于增长状态。2002年以后青岛啤酒的税后净营业利润虽有所波动，整体仍呈增长态势（见图3），且增长幅度明显变大。其波动方向与EVA值的波动方向基本吻合。在实施EVA后的8年间，青岛啤酒的净资产收益率整体提升，企业投资回报能力明显增强，且资产运用效率提高，投资者的利息保障程度加大。说明青岛啤酒引入EVA绩效评价系统这种新的管理与价值理念，成功增强了企业自身的盈利能力，促进了企业的进一步发展。

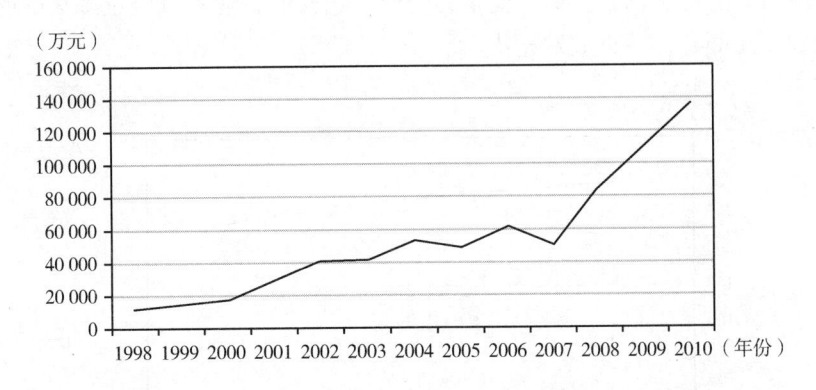

图3 1998~2010年青岛啤酒税后净营业利润变化

资料来源：根据魏巍《EVA绩效评价案例研究——以青岛啤酒为例》，载于《财会通讯》2014年第6期中相关数据整理。

最后，从青岛啤酒的整体发展情况来看，2002年以后整个企业的并购整合效率与质量都远远优于 EVA 价值评价体系成功构建之前。且从我国 A 股市场与港股市场上青岛啤酒的市值变化来看，自 2001 年以后其市场估值便一路呈上涨趋势，可谓势头良好。

在远隔 15 年的今天，当我们回过头来重新审视 2002 年青岛啤酒构建 EVA 价值评价体系的全过程，以及这一体系给企业自身带来的影响与改变，我们不得不承认 EVA 这一现代化的企业价值管理模式的确可以帮助一个企业更好地认清自己，构建制度，谋划未来发展方向。全面构建的 EVA 评价体系可以说是青岛啤酒这一百年企业价值管理之道的精华与核心。

三、展望未来：风险与机遇并存

自 2014 年开始，中国啤酒行业在经历了连续 30 年的中高速增长之后，销量开始进入下行通道。特别是 2015 年 1~12 月出现了连续负增长，加上 2014 年下半年的负增长，累计出现了连续 18 个月的负增长，这在中国啤酒行业发展历史上实属罕见。增长拐点的到来，推动中国啤酒行业进入了销量下行、产能过剩的新常态。

在宏观经济和啤酒行业新常态下，青岛啤酒自 2014 年起营业收入和啤酒销售数量都出现不同幅度地下滑（见图4、图5），盈利能力收到前所未有的挑战。从图6可知，在 A 股市场上，青岛啤酒的市场估值在 2015~2016 年呈现暴跌趋势，2016 年后市值虽有所回升，但幅度微弱。历史再一次把青岛啤酒推到了转角处，转型与改变势在必行。这个诞生于 1903 年的百年企业，是中国名副其实的世界级品牌之一。在创立一百多年之后的今天，在面对行业下行现状下的新拐点，是否能够再一次在转角处迎来花开，笔者依然倾向于给予肯定的答复。单从青岛啤酒的价值管理之路，便可以看出这是一个勇于突破自我、勇于创新、勇于变革的企业。这样的企业不管经过多久的时间洗礼，都可以做到不见颓态，一直散发光芒。

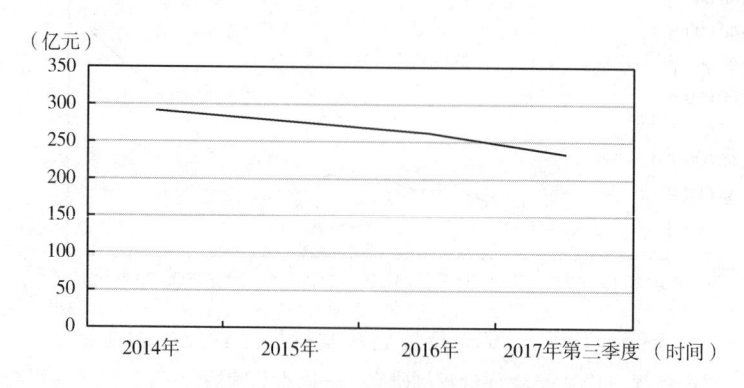

图4　2014 年至 2017 年第三季度青岛啤酒营业收入变动

资料来源：青岛啤酒 2014~2016 年年度报告、2017 年第三季度报告。

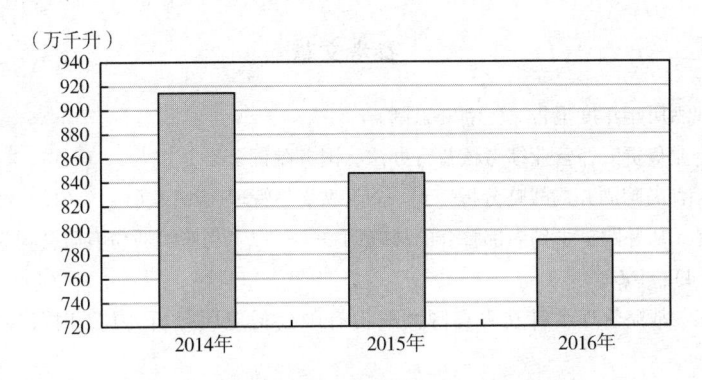

图5 2014~2016年青岛啤酒销量变动

资料来源：青岛啤酒2014~2016年年度报告。

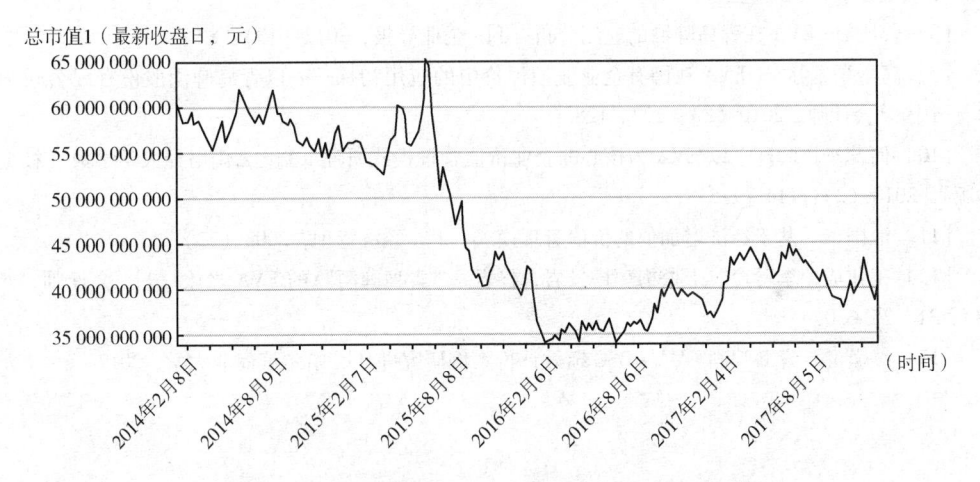

图6 2014~2017年青岛啤酒市值估值变动

资料来源：根据Wind数据库资料整理。

四、案例讨论

1. 企业的价值主要受哪些因素影响？企业为什么进行价值管理？
2. 价值管理的主要方式有哪些？各自有何适用条件？
3. 采用基于EVA的价值管理与绩效评价体系有哪些优势？
4. 企业在计算EVA时为什么要进行调整？如何调整？
5. 青岛啤酒是如何进行价值管理的？其基于EVA的价值管理与绩效评价体系有何特点？对企业未来可持续发展有何影响？
6. 青岛啤酒的价值管理之道对其他企业有何启示或借鉴意义？

参考文献

[1] 青岛啤酒历年年度报告. 巨潮资讯网.

[2] 中央企业负责人经营业绩考核暂行办法. 国务院国资委.

[3] 冯鑫. 青岛啤酒并购战略分析 [J]. 企业改革与管理, 2017 (14): 61.

[4] 高明瑾. 从并购扩张到内部整合的战略调整——以青岛啤酒股份有限公司为例 [J]. 现代经济信息, 2017 (4): 166.

[5] 尹冰玉. 战略管理会计在青岛啤酒股份有限公司应用分析 [J]. 时代经贸, 2016 (19): 13-15.

[6] 魏巍. EVA 绩效评价案例研究——以青岛啤酒为例 [J]. 财会通讯, 2014 (16): 12-15.

[7] 张倩, 杜婉音. 上市公司高管薪酬激励研究——基于青岛啤酒和惠泉啤酒 EVA 应用案例 [J]. 财会通讯, 2014 (3): 35-38.

[8] 曾庆财. EVA 在青岛啤酒的应用分析 [J]. 企业导报, 2012 (19): 82.

[9] 高亭亭, 苏宁. EVA 在国有企业业绩评价中的应用初探——以青岛啤酒股份有限公司为例 [J]. 中国总会计师, 2010 (8): 127-128.

[10] 何蕊华, 阮萍. 以 EVA 为核心的企业价值管理模式研究 [J]. 云南财经大学学报 (社会科学版), 2010 (2): 114-115.

[11] 池国华. 基于经济增加值的价值管理模式 [J]. 经济管理, 2003 (22): 51-56.

[12] 王化成, 李玲玲, 朱松梅, 杨景岩, 佟岩. "青岛啤酒"的 EVA 之旅 [J]. 会计师, 2004 (3): 31-35+30.

[13] 续潇健. 青岛啤酒 EVA-BSC 绩效评价案例研究 [D]. 哈尔滨商业大学, 2017.

案例 15　南方航空公司外汇风险管理之道

教学目标

本案例旨在分析南方航空公司外汇风险管理主要流程及措施以及其外汇风险管理的成效与问题。通过本案例，一方面使学员思考外汇风险的概念及其分类，掌握外汇风险管理的主要流程和措施；另一方面使学员充分了解外汇风险管理面临的风险及存在的主要问题，并思考应对之策。

2016 年 4 月，中国南方航空股份有限公司（以下简称"南方航空公司"）年报披露，2015 年南方航空公司净汇兑损失为 57.02 亿元人民币，导致净利润减少 57.02 亿元，股东权益减少 57.02 亿元，2015 年净利润为 2.46 亿元。由于飞机引进方式的限制和国际业务的拓展，南方航空公司外币收支不断扩大，自 1993 年开始进行外汇风险管理以来，根据国资委颁布发行的《中央企业全面风险管理指引》要求，南方航空公司建立了完备的外汇风险管理体系。但是，随着中国汇率市场化进程的不断强化以及人民币加入 SDR 篮子的有效推进，外汇汇率变动更加频繁。同时，外汇市场环境也不断变化，自"8.11"汇率改革以来，人民币一直面临较大的贬值风险。而南方航空公司外汇风险管理未能及时有效地根据环境变动进行调整，因此，导致巨额外汇损失的发生。本案例研究南方航空公司外汇管理的主要措施，并且探讨南方航空公司外汇损益以波动频繁的主要原因。

一、背景简介

"十二五"期间，中国航空业实现了快速发展，旅客运输量、运输周转量和货邮运输量年均增长了 10.4%、9.6% 和 2.3%。民航业整体保持连续盈利，航空运输规模稳居全球第二。数据显示，2015 年航空公司总体营业收入 4 363.7 亿元，较上年增长 4%，利润总额为 320.3 亿元，较上年增加 137.4 亿元。航空大众化趋势下对价格敏感的个人旅客比例不断提升。随着经济、人均可支配收入增长，国家购买力提升效应成为刺激居民出境游的重要促进因素，2015 年国内居民国际出境游人数同比增长高达

60%。随着营业收入的增长和国际业务规模增长，航空公司外汇规模不断扩大。航空公司不断扩张在一定程度上加剧了其面临的外汇风险水平。此外，外汇环境不断变化也要求航空公司进一步加强其外汇风险管理能力。中国汇率制度改革是影响国内航空公司外汇风险管理效果的重要因素。2015 年"8.11"汇率改革推动人民币汇率市场化对国内航空公司外汇风险管理能力提出较高要求。2015 年 8 月 11 日，央行宣布，将人民币兑美元中间价下调 1 136 点，随后三天内人民币兑美元累计跌进 3 000 点。"8.11"汇率改革推动人民币市场化进程，此前，中国汇率制度基本采取紧盯美元的政策，人民币兑美元汇率保持基本稳定。但是汇率改革之后，截至 2016 年年初，人民币兑美元累计下调 933 点，降幅达到 1.44%。汇率改革导致人民币单边升值趋势结束，人民币双向浮动弹性明显增加，人民币汇率波动摆脱了受单一美元汇率的影响，逐步转向参考一篮子货币。由此，人民币中间价形成的规则性和透明度以及市场化水平明显提高，进一步增强人民币的波动幅度。航空公司外汇管理难度进一步加大。人民币汇率下跌导致国内航空公司普遍面临巨额的外汇损失。以中国南方航空公司为例，其 2015 年净汇兑损失达到 57 亿元人民币，对净利润产生重大影响。此外，由于此前人民币兑美元的升值趋势，航空公司为了享受人民币单边升值的益处，加上飞机引进方式的限制，外币支出需求大，航空公司普遍大量借入美元债务，导致其普遍面临大量以美元为主的外币债务，人民币汇率波动频繁导致航空公司的外汇风险管理无法有效应对外汇风险。

二、案例概况

（一）南方航空公司简介

南方航空公是中国最大的航空运输企业之一，主要从事国内、区域和国际航空客运、货运、邮寄、行李运输等业务。通用航空业务、航空器维修、国内外航空公司的代理及航空配餐等服务。南方航空公司为国内运输飞机最多、航线网络最密集、年客运量最大的航空公司。以广州为核心枢纽，以北京为重要枢纽，形成了密集覆盖国内，全面辐射亚洲的网络布局。截至 2015 年 12 月 31 日，南方航空公司机队规模为亚洲第一。同时，公司通过与天合联盟成员密切合作，截至 2015 年 12 月 31 日，航线网络每天有 2 500 多个飞机航班至全球 38 个国家和地区的 26 个目的地。南方航空集团航线网络遍布全球 1 057 个目的地，连接 179 个国家和地区。2015 年南方航空公司旅客运输量 1.1 亿人次，连续 37 年位居国内各航空公司之首稳居亚洲第一位。南方航空公司作为国内主要的航空公司之一，其外币收入、外币债务、外币资产数量庞大而且随着国际运输业务的不断发展，南方航空公司面临较大的外汇风险。根据 2015 年南方航空公司年末外币资产负债情况制作表 1，根据外币收入占比制作图 1，图 1 和表 1 显示南方航空公司外币资产负债数额较大且外币收入占比较高，其中美元、欧元负债和资产所占比例较高。

表 1　　　　　　南方航空公司 2015 年年末外币资产负债余额　　　　单位：百万元

	美元	日元	欧元	其他	合计
外币金融资产	2 560	54	206	419	3 239
外币金融负债	62 978	1 852	5 177	432	70 439

注：时间为 2015 年 12 月 31 日。

资料来源：南方航空公司 2015 年年度财务报告。

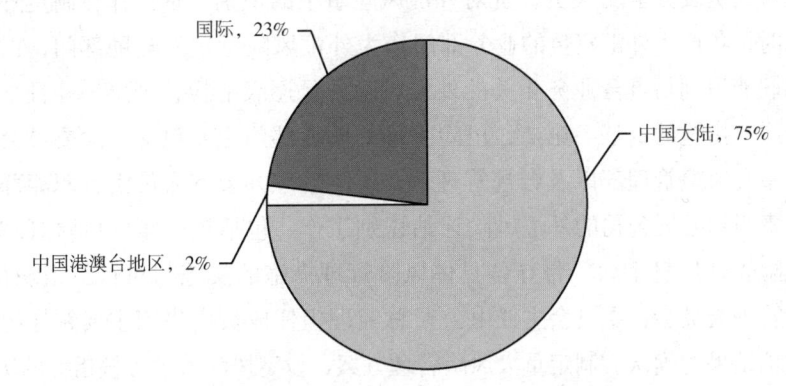

图 1　南方航空公司 2015 年营业收入地域分布

资料来源：南方航空公司 2015 年年度财务报告。

近 6 年来南方航空公司外汇损益变化程度较大。外汇收益呈现波动下降的趋势且不断向外汇损失过渡。近 3 年来，国家实施浮动汇率制度，人民币汇率波动频繁从而导致南方航空公司面临巨额外汇损失。2014 年外汇损失为 2.76 亿元人民币。但是由于外汇风险管理存在各方面的问题，2015 年外汇损失扩大到 57.02 亿元，由于巨额外汇损失的存在导致 2015 年净利润仅为 2.46 亿元，且导致南方航空公司股东权益减少 57 亿元。

（二）南方航空公司外汇风险管理措施

1. 外汇风险管理组织结构

南方航空公司外汇风险管理的主要目的在于降低外汇损失发生的可能性以及对企业造成损失的程度、保持外汇收支的平衡、减少财务困境成本缓和企业投资不足等问题。基于此目标，南方航空公司建立了较为完备的外汇风险管理组织结构。南方航空公司外汇风险管理组织机构分为三个层次：第一，南方航空公司集团总公司中的财务部负责将外汇资金纳入南方航空公司集团财务公司进行集中管理，但是集团财务部门对于集团层面外汇风险事项也承担一定责任。集团审计部门负责外汇风险管理监督和评价工作，此外建立独立的套期保值工作委员会和套期保值业务办公室以及中台风险控制员独立承担外汇衍生工具业务的管理职责。第二，集团控股子公司南方航空公司财务有限公司负责外汇资金进行集中管理，负责主要的外汇风险管理事项，负责具体的外汇风险识别评估和风险管理策略决策等工作。第三，各涉及外汇业务的业务部门比如海外营业部等负责定期评估和管理与自身业务相关的外汇风险,通过统一路径上报,让集团管理层及时了解各单位的外汇风险管理情况以及存在的问题,及时做出对策提高外汇风险管理对实际工作的指导性。

由于南方航空公司财务有限公司是南方航空公司外汇风险管理的主要责任单位,对该财务公司的组织结构进行分析,并简要分析各外汇风险管理部门的责任内容。据图2显示,当前,针对外汇风险南方航空公司外汇风险管理的组织结构主要存在三个。第一,外汇风险主管人员及其下属人员负责对外汇风险事项的识别评估工作,制定外汇风险应对措施。同时,各产生外汇资金的业务部门作为外汇风险管理的辅助部门,根据自身的业务性质和职能识别与自身业务相关的外汇风险并且逐级上报管理层。并且承担具体实施外汇风险应对措施的责任。第二,风险管理的职能部门主要包括风险委员会下设的风险管理办公室和风险管理部以及合规管理部,风险管理办公室人员由各职能部门的负责人担任。负责组织开展公司的外汇风险评估识别工作,包括提交年度风险管理报告、建立统一的风险管理信息平台,督导各具体风险管理措施的实施与执行等组织协调工作。第三,风险管理委员会,委员会主任由公司总经理担任成员由集团主要领导组成,负责重大风险评估结果的确认、制定重大风险管理方案、设定风险管理考核指标的决策工作。

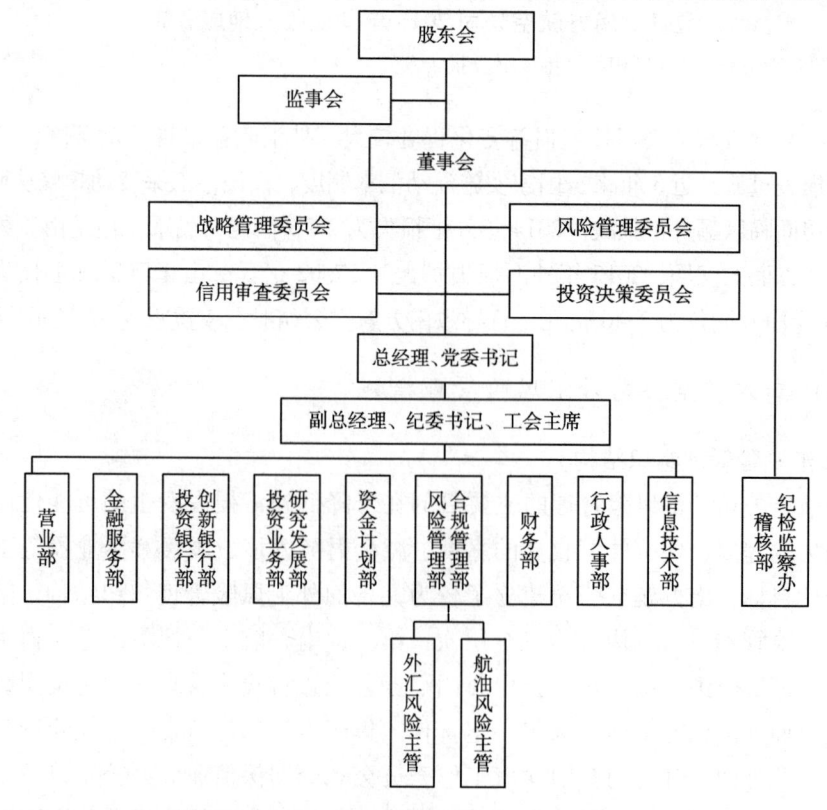

图 2 南方航空财务公司内部组织结构

资料来源:根据南方航空公司2015年年度报告整理。

2. 外汇风险管理主要流程

由于南方航空南方航空公司飞机租赁业务和大部分的贷款以美元、日元和欧元为单位。由于其外币付款一般高于外币收入，因此人民币对于外币的贬值或者升值均会对其业绩构成重大影响。基于此种现实情况，南方航空公司公司制定一系列措施以应对其面临的外汇风险。集团下设一级子公司南方航空公司财务有限公司负责公司风险管理工作。同时，集团公司根据公司的外汇风险发布了必要的规范手册。各种风险操作指南指导财务公司风险管理工作。集团审计监督部门负责对外汇风险管理监督评价工作，其余实务由财务公司负责。图3显示南方航空公司外汇风险管理的主要流程，主要包括外汇风险预警、识别、评估，外汇风险应对措施，外汇风险管理监督评价等主要环节。

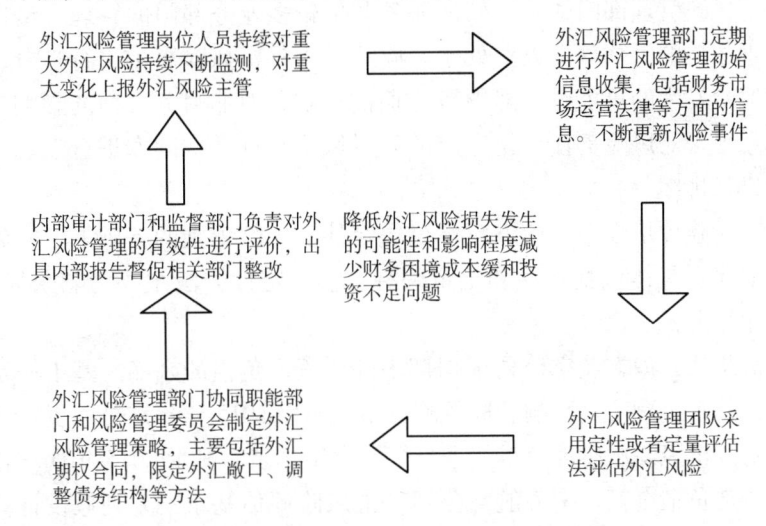

图3 南方航空公司外汇风险管理流程

资料来源：根据南方航空公司2015年年度报告、南方航空公司官网信息整理。

（1）外汇风险预警与识别程序。外汇风险识别程序的制定决策机构为风险管理委员会。外汇风险管理部门和海外事业部以及外汇业务部门负责实施具体的风险识别程序。当前南方航空公司外汇风险预警程序和识别程序相互结合，未进行明确的区分。通过设置外汇风险管理岗位持续监测外汇风险因素，并根据公司外汇风险管理政策定期进行外汇风险初始信息的收集工作。主要收集国内外汇管理制度、相关法律法规、外汇环境变化、外汇汇率历史数据和未来预测等信息，根据风险识别的结果更新风险事件库。初步信息收集后，风险管理办公室定期组织并监督外汇风险管理部门汇总初始信息，辨别重大或者异常的外汇风险管理信息。要求外汇风险管理部门及时准确地提供给风险管理办公室。各级风险管理办公室再对初始信息进行必要的筛选提炼、对比、分类、组合以方便后续的风险评估工作。南方航空公司采用外汇风险识别的具体方法主要包括开展外汇风险专题研讨会和问卷调查法。外汇风险专题研讨会召集包括外汇风险管理主管、风险管理部门主管等专业人员和各业务部门的高级管理人员以及职能部门的经理、专项研究小组成员参加。图4列示了专题研讨会的主要作用以及内容。研讨会上确定风险识别和评估的标准,根据风险识别评估的标准再综合考虑各部门现有的战略和工作制度,讨论适用于业务部门的风险因素。同时,整理已经识别的风险事件汇总清单,专家根据识别的风险重要性对风险事件进行初步筛选,整理风险事件清单。

```
外汇风险管理专业人员        制定外汇风险识别        整理已经识别的风险
职能部门经理高级管理  ⟹   和评估标准         ⟹   事件汇总清单并根据
专项小组成员                                      清单筛选出重要风险
                                                 事项,形成新的清单
```

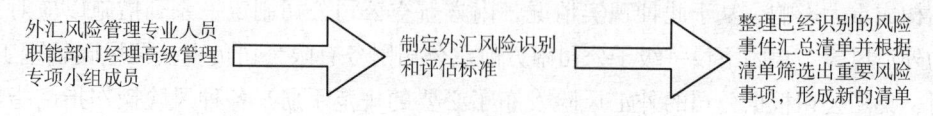

图4　南方航空公司外汇风险专题研讨会内容

资料来源:根据南方航空公司2015年年度报告整理。

选择外汇风险管理部门主管,外汇业务产生较多业务部门的管理人员以及其他与外汇风险管理相关的团队负责人对处于风险清单中外汇风险事项进行打分,打分的标准包括外汇风险发生的可能性、对财务方面的影响、对非财务方面的影响。然后通过风险管理信息平台对风险责任单位完成的外汇风险事件评估问卷进行汇总分析,根据评分对风险进行排序。

(2)外汇风险评估程序。南方航空公司在外汇风险识别的基础上,实施了多种外汇风险识别程序。具体包括定性和定量两种方法。定性方法主要为剩余风险评级法,定量法为敏感性分析法。

敏感性分析法:南方航空公司根据期末外币资产负债的余额,基于一定的假设条件和本公司的外汇金融工具影响后进行测算得出。以2015年年末外币资产负债和金融工具为例,对外汇风险敏感性分析法进行简要介绍。表2显示2015年期末南方航空公司期末外币资产负债金额。南方航空公司外汇风险评估基于一系列假设计算准确的外汇汇率变动对企业净利润的影响程度。基本假设为:假定除汇率以外的其他风险变量不变,集团2015年12月31日人民币兑美元的汇率变动使人民币升值1%,人民币兑欧元的汇率变动使人民币升值1%,人民币兑日元的汇率变动使人民币升值10%。基于上述假设,以变动后的汇率对资产负债表日集团持有的以及面临的金融工具进行重新计量计算。计算公式如下所示:

$$净利润影响额 = 人民币升值率 \times (金融资产 - 金融负债)$$

根据公式计算结果见表2。

表2　人民币兑外币汇率变动敏感性分析　　　单位:百万元

币　种	净利润增加	股东权益增加
美元	442	442
欧元	38	38
日元	135	135

注:人民币兑外币汇率折算日期为2015年12月31日。

资料来源:南方航空公司2015年年度报告。

案例15　南方航空公司外汇风险管理之道

剩余风险评级法：剩余风险评级法根据下述公式确定剩余风险评级。根据公式可知，南方航空公司首先评价外汇风险的固有风险暴露，包括外汇风险发生的可能性和影响程度两个方面。根据这两个维度的评估结果，对外汇风险进行排序，结合集团管理层的风险偏好以及固有风险发生的可能性设定了外汇风险评级矩阵。随后评价外汇风险现有的管理控制措施的有效性，评估该关键控制措施的效果，按照控制设计的有效性和执行有效性评价外汇风险控制措施实施有效性。最终，根据上述两项评价结果设定剩余风险评级矩阵。剩余风险计算公式：

$$剩余风险暴露 = 固有风险暴露 - 控制有效性$$

南方航空公司使用的外汇风险可能性评级和影响程度如表3、表4所示。

表3　　　　　　　　　　南方航空公司外汇风险可能性评级

级别	描述	概率（%）	频率
1	极低	<5	事件发生的可能性非常小，几乎不会发生（每五年或五年以上发生一次）
2	低	5~25	事件发生的可能性很小（平均每两年发生一次）
3	中	25~50	事件有可能发生（平均每半年发生一次）
4	较高	50~75	事件很可能发生（平均一个月一次）
5	非常高	>75	事件发生的发生几乎确定（发生频率很高几乎每周都发生）

资料来源：根据相关资料整理。

表4　　　　　　　　　　南方航空公司外汇风险影响程度评价

级别	描述	财务方面影响	非财务影响 集团持续发展能力方面影响
1	轻微	对集团利润总额的影响不超过100万元	对企业运营影响微小，对集团正常经营活动不会造成明显影响
2	较小	对集团利润总额的影响在100万~200万元	对事件发生当地造成一定影响，但这种影响可以由集团自行在短期内消除
3	中等	对集团利润总额的影响在200万~1 000万元	对事件发生地造成较大影响，这种影响需要一定时间内消除并付出一定代价
4	严重	对集团利润总额影响在1 000万~5 000万元	在所在区域产生较大影响，这种影响需要集团较长时间内消除，并需要付出较大代价
5	非常严重	对集团利润总额的影响在5 000万元以上	在全国范围内造成较大影响，这种影响需要集团通过长时间努力消除，且付出巨额代价

资料来源：根据相关资料整理。

表5表明，深灰色区域为企业重大风险，企业应当对处在该区域的重大风险制定有效的风险防范措施。浅灰色区域则是公司次重大风险，应当定期进行重新评估，评估其是否变为重大风险。根据敏感性分析法测算出外汇风险对企业利润总额的影响，再依据剩余风险评级法对外汇风险进行评价，最终确定其是否属于企业的极大和中高风险。根据2015年测算的结果可知，南方航空公司外汇风险敞口对企业利润的影响金额在6.15亿元人民币左右，为外汇风险属于南方航空公司面临的极大的固有风险，企业风险管理委员和外汇风险管理小组随后根据公司的实际情况制定了外汇风险应对措施对外汇风险进行有效应对。

表5   南方航空公司控制有效性评级标准

		控制执行					
		很弱	弱	中	强	很强
控制设计	很强	很弱	弱	有效	很有效	很有效
	强	很弱	弱	有效	很有效	很有效
	中	很弱	弱	有效	有效	有效
	弱	很弱	弱	弱	弱	弱
	很弱	很弱	很弱	很弱	很弱	很弱

资料来源：南方航空公司集团风险导向审计的具体做法。

3. 外汇风险应对措施

（1）控制外汇风险敞口。南方航空公司通过设立一定的风险容忍度限定外汇敞口值，当外汇风险敞口超过管理层能够接受的风险容忍值时，则通过外汇买卖进行外汇敞口管理操作。外汇风险敞口通常通过货币性项目反映，当前，南方航空公司通过外币资产和外币负债来计算外汇风险敞口值。由于航空公司特性，南方航空公司基本保持外汇负敞口，币种以美元、日元和欧元为主。由于南方航空公司外汇风险管理敞口过程中采取以美元为主的思路，在计算外汇敞口时并未根据币种做出有效区分。因此，仅列示总外汇敞口。最近五年，南方航空公司外汇敞口情况（见表6）。

从表6可知，南方航空风险敞口基本保持在1050亿元人民币以下。当外币应收款与应付款短期失衡时，会进行外汇买卖操作以降低外汇敞口，始终保持外汇风险处于管理层能够接受的水平内。对于控制外汇敞口的手段，除了买卖外汇之外，南方航空公司采用了国内融资的方式减少外汇敞口，在2015年之前，由于美元一直处于较为稳定的水平，而人民币兑美元汇率一直有所上升。基于此，南方航空为了降低融资成本，大量持有美元债务，保持较高的外汇负敞口。随着"8.11"汇改后美元汇率开始频繁波动，基于这种情况，南方航空公司开始通过发行国内债券的方式降低外汇敞口，致使从2014~2015年外汇敞口大幅度下降。

表6 　　　　　　近五年南方航空公司外币风险敞口情况　　　　　单位：百万美元

年　份	外汇敞口（外币金融负债－外币金融资产）
2011	62 289
2012	72 257
2013	89 344
2014	104 184
2015	67 200

资料来源：根据南方航空公司2011~2015年年度报告整理。

（2）签订外汇期权合同。南方航空公司在综合考虑自身的外汇风险敞口和国家外汇管理风险管理政策等情况后，选择在国家许可范围内保留以外币为单位的资金或者在限度条件下与国内银行批准签订外汇期权合同。鉴于南方航空公司最近四年未签署任何外汇期权合约，以其2012及之前年份外汇期权合同情况分析其外汇期权合同的运用。根据南方航空公司期权合同条款规定，南方航空公司需在合同列明的未来各月交割日，分别按约定的汇率卖出日元以购入100万美元及150万美元，若交割日的即期美元兑换日元汇率低于合同列明的某一特定汇率，则按约定的汇率卖出日元以购入200万美元及300万美元。集团持有两份未到期外汇期权合同，合同金额约为400万~800万美元。南方航空公司从2007年开始到2012年每年均持有两份上述期权合同。期权合约表明，南方航空公司主要利用美元价值相对稳定的特征来对日元汇率进行套期。但是，自2012年之后，南方航空公司未购买或者卖出外汇期权，南方航空在此之后基本保持大量的外汇负敞口，其中多以美元为主，未对暴露的外汇敞口进行套期保值。假设期权费用金额为C，约定美元兑日元汇率为S，则该期权收益区间为$Max(0, S-X)-C$。能够有效防范美元兑日元贬值的风险。

（3）拓展国内融资渠道以减少外币债务规模。在连续遭受两年外汇损失后，南方航空公司开始逐步采取措施降低外币债务规模和结构。主要方式包括以下几种。第一，超短期融资券，2015~2016年，通过发行共计26笔超短期融资券的方式获得面值总额为220亿元的超短期融资券，扣除发行成本后净额为219.86亿元人民币。第二，长期债券，计划通过5次公司债券发行公司债券获得共计147亿元人民币债券融资。第三，采用中期票据的方式获得部分融资，计划获得的融资金额在扣除发行费用后债券金额总额为14.389亿元。获得的融资主要用于支付飞机购买费用，并且通过一定的协商获得提前偿还部分美元债务的机会。当前，南方航空公司美元债务已经由629.78亿元下降为428.77亿元人民币。

4. 外汇风险监督评价程序

外汇风险管理的监督与评价程序主要由内部审计部门执行，通过执行必要的内部审计程序评价外汇风险管理制度设计和执行情况。针对外汇风险，内部审计部门主要采用发放外汇风险管理问卷法执行审计程序。通过回收问卷并对问卷结果进行总结提炼和评价形成报告反馈给公司的管理层和董事会，针对存在的重大缺陷会出具整改意见报告，并且承担监督整改意见落实的责任，评估整改的成效。外汇风险调查问卷主要发放对象为与外汇风险管理密切相关的人员如一线业务部门人员、外汇风险管理部门人员和风险管理职能部门人员。人员选择通过随机抽样方式获得，在特定的人员中随机抽取而非在整个集团内部随机抽取。问卷填制回收后，审计部门人员负责对问卷结果进行汇总、分析、评价。当存在重大异常情况时，形成报告报送董事会和管理层，协助其建立适当的外汇风险防范措施。

针对具体的外汇衍生交易，南方航空公司要求内部审计部门每个季度定期对套期保值业务实施检查程。外汇风险保值业务包括其中，审查外汇套期保值业务人员是否执行风险管理政策和相应的程序。对于没有按照规定执行的相关人员和部门，出具整改建议并督促其进行有效整改。除询问程序和针对外汇套期工具的检查程序外，南方航空公司内部审计已建立相对比较完善的风险导向审计，根据外汇风险的重大程度实施审计程序。当面临的外汇风险属于重大风险且属于重点审计项目时，则针对外汇业务流程和内部控制的薄弱点，确定风险控制点判断是否执行控制测试。并进一步确定实质性程序。当存在重大风险点时，内部审计部门出具报告报送董事会和管理层，督促其提出应对措施。

（三）南方航空公司外汇风险管理主要的成效

1. 完善的外汇风险管理流程有效降低外汇风险

根据国资委中央企业全面风险管理指引要求南方航空公司建立了完善的全面风险管理体系，外汇风险被评估为南方航空公司重要的风险事项。外汇风险管理体系也较为完善，南方航空公司外汇风险管理体系包括风险识别、评估、应对、监督评价等程序。完善的外汇风险管理体系能够降低公司外汇风险发生的可能性和影响程度，在中国采取紧盯美元政策的外汇大环境下，南方航空公司外汇风险管理能够有效防范外汇损失，也取得一定的成效，2009～2013年，南方航空公司每年均保持一定的外汇收益，其中，2011年、2013年外汇收益达到20亿元人民币以上。这不仅得益于人民币汇率的升值，更加得益于南方航空公司完善的外汇风险管理体系。

2. 风险识别评估程序能够有效识别外汇风险

南方航空公司当前采用的外汇风险识别程序较为充足，不仅囊括了风险管理职能部门而且将外汇业务一线部门纳入其中。有了外汇业务部门的参与，对外汇风险的识别会更加准确。最近几年南方航空公司均能够有效识别外汇风险，在风险评估阶段将剩余风险评级法与敏感性分析法相结合，能够较为准确描述外汇风险的级别。外汇风险一般被评估为公司重大风险，公司在美元保持稳定的背景下采取相对较为稳定的外汇风险管理策略，能够充分分享受人民币升值带来的汇率福利。在2014年之前年份，南方航空公司公司均会产生一定的汇兑收益，很大程度上得益于公司充足的风险识别评估程序。

3. 外汇期权能够有效防范日元汇率风险

南方航空公司采用的期权合同主要用于日元汇率下跌的风险，由于公司外币债务结构以美元和日元为主，而美元价值保持相对稳定，因此该外汇期权的运用能够有效防范日元汇率下跌风险。期权合同的运用为其带来一定的收益。2010 年期权带来的投资收益约为 3 100 万元。期权合同在美元稳定的外汇环境下起到一定的外汇风险防范作用。同时，南方航空公司准确把握了人民币升值的机遇，大量持有美元带息债务可以有效削减公司融资成本。这些都和南方航空公司公司完善的外汇风险管理流程相关，南方航空公司外汇风险管理策略能够有效应对当时的外汇风险。

（四）南方航空公司外汇风险管理存在的不足

首先，南方航空公司外汇风险管理无法有效应对人民币贬值风险，当人民币大幅度贬值时，公司只能遭受较大的外汇损失；其次，外汇风险管理人员未充分重视外汇风险预警程序的重要性，外汇风险预警程序是外汇风险管理的开端，准确预测汇率的变动趋势能够有效降低企业的损失，也能够使得后续的外汇风险管理程序发挥应有的作用，没有高效的外汇风险预警程序容易导致外汇风险应对措施难以有效应对内外环境的变动无法取得良好的外汇风险管理效果。同时，南方航空公司外汇风险管理还存在对待外汇衍生产品过于谨慎的问题，企业为了防范管理层进行外汇衍生品投机的风险对外汇衍生品交易进行了严格的规定，严禁企业进行复杂的机构化衍生品交易，但是这并不意味着企业应当全面放弃外汇衍生产品的运用。南方航空公司在外汇风险管理的过程中，仅在之前几年运用过外汇期权产品，最近几年，未运用外汇衍生产品对外汇风险敞口进行对冲，这不利于公司长期的外汇套期保值。最后，南方航空公司外汇风险监督评价程序存在针对性不足的问题，审计委员会中没有引入专业人士导致在提出整改意见时缺乏针对性。企业对存在问题的外汇风险管理措施缺乏改进的方向和动力。

三、案例讨论

南方航空公司外汇风险管理不仅取得一定的成效，同时存在一定的不足。2014 年和 2015 年均产生不同程度的净汇兑损失，对企业净利润产生重要影响。南方航空外汇风险管理对企业整体的平稳运营具有重大意义，南航外汇风险管理的实践给了人们太多的思考。本案例请学员们重点思考以下问题：

1. 外汇风险的影响因素有哪些？通常应如何有效管理外汇风险？
2. 南方航空公司主要面临哪些外汇风险？公司采取了哪些应对措施？
3. 南方航空公司外汇风险管理存在哪些主要问题？产生问题的根源是什么？
4. 南方航空公司外汇风险管理有何特点？对国内其他航空公司有何启示？
5. 如果你是南方航空公司 CFO 或财务总监，你认为应如何改进或完善其外汇风险管理措施?

参考文献

[1] 中央企业全面风险管理指引 [J]. 经济管理文摘, 2006 (15): 42-46.

[2] 《企业会计准则第19号——外币折算》(2006).

[3] 《中国南方航空股份有限公司 2010~2016 年度财务报告》.

[4] 南方航空集团公司审计部课题组. 南航集团风险导向审计的具体做法 [J]. 中国内部审计, 2012 (5): 74-76.

[5] 刘晓宏. 外汇风险管理战略 [M]. 上海: 复旦大学出版社, 2009.

案例 16 中联重科海外收购意大利 CIFA *

教学目标

本案例旨在进一步引导学员了解跨国公司财务管理的主要内容及方法，以及企业跨国并购的动因，掌握我国企业海外并购过程中的并购方式、并购融资财务风险分析、并购后的财务整合及会计处理，引导学员掌握公司并购尤其是跨国并购过程中的支付方式与融资规划等问题。

2008 年 6 月 25 日，中联重科发布公告称将与共同投资方弘毅投资、曼达林基金和高盛集团有限公司合计出资 2.71 亿欧元，收购意大利混凝土机械生产企业 CIFA 公司（Compagnia Italiana Forme Acciaio S. p. A.）100% 股权。2008 年 9 月 29 日，中联重科及共同投资方与 CIFA 正式签署整体收购交割协议，以现金收购的方式完成对 CIFA 股份的全额收购，从而成为中国工程机械行业迄今最大的一桩海外并购案。中联重科收购 CIFA 已经五年多的时间了，此次海外收购的协同作用发挥的效果已经初步显现，其经济效果基本可以从财务报告的数据得以考察。

一、中联重科和 CIFA 的概况

（一）收购方——中联重科

长沙中联重工科技发展股份有限公司（以下简称中联重科）成立于 1992 年，是中国工程机械装备制造龙头企业，主要从事建筑工程、能源工程、交通工程等国家重点基础设施建设工程所需重大高新技术装备的研发制造。中联重科注册资本 77.06 亿元，员工 3 万余人，于 2000 年、2010 年分别在深交所和港交所上市。自 2001 年以来，中联重科耗资共 4 亿元，陆续收购了英国保路捷、湖南机床浦沅、中标等公司，尤其是 2003 年收购浦沅集团后，中联重科收入由 2003 年的 11.73 亿元跳跃到 2004 年的 33.80 亿元，同比增长 188.11%。这些连环收购使中联重科业务结构从最初单纯的混凝土机械发展到起重机械、混凝土机械、环卫机械、路面机械、土方机械等多个领域，成为

---

* 本案例入选全国 MPAcc 教育指导委员会案例库。

目前国内产品链最为完整的工程机械企业。中联重科销售收入也从2000年上市时的2.45亿元提升到2011年的463.23亿元，同比增长18 807.34%，实现净利润80.66亿元。2011年，由于出色的市值和业绩表现，中联重科分别获得"最佳投资者公共关系上市公司"和"最具全球竞争力中国公司"称号，是当年国内唯一获此两项殊荣的工程机械上市公司。中联重科的主要竞争对手是三一重工和徐工机械，作为国内同行业排头企业，中联重科正积极地向国际化企业跨越。而在全球化扩张的路径选择上，中联重科认为收购比直接建厂更有效，并购成为中联重科战略发展中的重要选择方式。

（二）被收购方——CIFA

意大利的CIFA公司（Compagnia Italiana Forme Acciaio S. p. A，CIFA）成立于1928年，是一家历史悠久的意大利工程机械制造商，总部设于意大利米兰附近的塞纳哥（Senago），是享誉全球的混凝土机械制造商，成立之初主要从事用于钢筋混凝土的钢制模具等产品的制造和销售。目前其主要产品有混凝土搅拌站、混凝土输送泵、混凝土搅拌运输车、混凝土布料机、稳定土拌合设备、混凝土喷射台车和混凝土施工模板等系列。产品在行业内具有良好的声誉。目前，CIFA已经成为欧美效益较好的混凝土机械装备制造商，是意大利最大的混凝土输送泵、混凝土泵车和混凝土搅拌运输车制造商。根据波士顿咨询公司的报告，2006年世界混凝土泵送机械市场中，普茨迈斯特公司（Putzmeister）拥有21.5%的份额，施维英公司（Schwing）占19.0%的市场份额，CIFA占8.9%的市场份额，在欧美生产厂商中列第三。同时是欧美排名第三的混凝土搅拌运输车制造商。2006年数据显示，欧洲混凝土搅拌车市场CIFA占16.5%的份额，仅次于普茨迈斯特公司（Putzmeister）与施维英公司（Schwing）的24.3%和22.3%的份额。目前CIFA在意大利拥有7个生产基地。2007年，CIFA的总销售额达到3.0亿欧元，年同比增长18%。CIFA的股权结构如表1所示。

表1　　　　　　　　　　　　CIFA的股权结构

股东	股东名称	比例（%）	类型
股东一	Magenta SGR S. P. A.	50.72	意大利投资基金
股东二	Fadore S. ar. l.	10.00	卢森堡公司
股东三	Intesa Sanpaolo S. P. A.	10.00	意大利银行
股东四	Plurifid S. P. A.	27.50	代表2006年收购之前的5个股东持有现CIFA股权
股东五	Maurizio Ferrari	1.78	自然人，CIFA董事长
合计		100.00	

资料来源：Wind数据库。

作为国际一流的混凝土机械制造商，CIFA拥有知名的品牌，全球化的销售网络，领先的技术工艺，优异的产品质量，完善的售后服务。与行业竞争对手尤其是亚洲及新兴市场主要竞争对手主要是中联重科和三一重工相比，CIFA 是唯一一家能够全面提供各类混凝土设备的提供商，其核心竞争优势在其产品的性价比较高，价格优势明显。相对于 Putzmeister 和 Schwing 公司，CIFA 产品具有10%～20%的价格优势；相对于亚洲混凝土机械制造商，CIFA 产品具有较好的技术优势、更高的品牌知名度和客户美誉度。

2007 年 10 月，股东一（Magenta SGR S. P. A.）因需要现金偿还一部分债务，所以决定出售 CIFA 的股权。2008 年 1 月，中联重科收到卖方正式发出的邀请投标的程序函及 CIFA 的初步情况介绍。

二、中联重科并购 CIFA 的动因分析

1. 工程机械制造业国内市场日趋饱和

中联重科的主要收入来源为汽车起重机和混凝土机械，与固定资产投资密切相关。2003～2007 年，国内固定资产投资虽然维持增长状态，但是增速逐渐下降，已经从 27.7%下降到 24.8%，国内对工程机械的需求增长速度也逐渐变缓。据预测，2010 年中国工程机械制造业国内市场将趋于饱和，而且中联重科的两类主要产品——汽车起重机和混凝土机械，在各自领域内的国内市场占有率已经较高，基本达到均衡状态，向海外进军，发掘国际市场的需求潜力势在必行。不仅如此，尽管国内对工程机械的需求增速变缓，但是最近几年我国主要工程机械制造企业对技术改造的投资力度却比较大，即工程机械的产能正在迅速扩大，据估计这些产能会在 2～3 年后集中释放，到时国内工程机械产品市场的竞争将更加激烈。为了保持企业继续快速发展的势头，减缓国内市场的竞争压力，中联重科收购 CIFA 以拓展海外市场无疑为关键一步。

2. 并购 CIFA 符合中联重科的国际化发展战略

首先，收购 CIFA 可以拓宽中联重科销售网络，完善销售网点的全球化布局。在目标市场方面，CIFA 专注于高端市场，中联重科长于中低端市场，二者结合，可以全方位覆盖中高端市场；在销售网络方面，中联重科在国内市场领跑，CIFA 在 70 多个国家拥有近百家独立经销商，不仅在欧洲传统市场占有相当高的市场份额，在东欧、俄罗斯、印度、北非、美国等地区也有布局，双方不仅不重叠，还可以相互补充相互渗透，节省开发市场的高昂成本；在品牌方面，并购后双方各自保留原品牌，在保持原有客户忠诚度的基础上，强强联手开发新客户。

其次，收购 CIFA 可以提高中联重科混凝土机械产品制造技术水平，迅速与国际接轨。目前，中联重科是国内混凝土机械制造方面的领跑者，但是在产品稳定性、先进性和制造工艺流程等方面仍没有达到欧洲同行业的卓越水平。CIFA 经验丰富、产品种类和系列多且全，技术水平高于国内水平。显然，收购 CIFA 能够顺利将先进技术引进中联重科，使中联重科步入混凝土机械制造行业的世界领先水平行列。

最后，收购 CIFA 可以提高中联重科经营管理水平，增强国际竞争软实力。中联重科根据我国上市公司 2007 年年度报告，以管理的口径分析了 CIFA 公司与国内同行业

企业在同等资产投入下人均劳动生产率的情况，分析结果表明在同等资产投入的条件下，国内同行业企业人均创造主营业务收入只有CIFA的1/16。可见中联重科虽为国内领先企业，但是在经营管理方面，和国际先进企业还是有很大差距。收购CIFA无疑是将国际先进经营管理经验和技术带回家，可以将其优秀的经营管理理念恰当地应用在中联重科，增强中联重科的国际竞争力。

三、中联重科并购CIFA的过程及结果

2007年年底，世界排名第三的混凝土机械制造商——意大利工程机械公司（Compagnia Italiana Forme Acciaio S. P. A，CIFA）的大股东面向全球出售其股份。在此次竞标中，包括三一重工在内的数十家国际国内巨头参与。2008年8月，中联重科及共同投资方最终从全球各路资本中脱颖而出，最终收购了CIFA的100%的股权。其中，中联重科以1.63亿欧元间接持有60%股权，余下部分为弘毅投资（18.04%）、高盛（12.92%）、曼达林基金（9.04%）三家共同投资方拥有。按照约定，3年后，中联重科可以拿现金或公司股票方式换取共同投资方所持CIFA股份。

2008年9月28日，中联重科联合金融投资机构弘毅投资、高盛、曼达林基金与CIFA正式签署整体收购交割协议，以现金收购的方式，正式完成对CIFA股份的全额收购。全球最大规模的混凝土机械制造企业由此诞生。也是迄今中国工程机械企业最大的一桩海外并购案。

（一）并购方案

为顺利完成此次海外并购，中联重科先在中国香港设立一家全资控股子公司——中联重科（香港）控股公司（Zoomlion H. K. Holding Co. Ltd.，以下简称中联香港控股公司），然后由中联香港控股公司在中国香港设立一家全资子公司HK SPV A，即中联重科海外投资管理（香港）有限公司，公司HK SPV A与共同投资方在中国香港合作设立一家香港特殊目的公司HK SPV B（其中HK SPV A出资1.626亿欧元，持股60%；曼达林持股9.04%；弘毅持股18.04%；高盛持股12.92%）。由公司HK SPV B于卢森堡设立一家全资子公司——卢森堡公司A，该卢森堡公司再于卢森堡设立一家全资子公司（卢森堡子公司A），该公司再在卢森堡设立一家全资子公司（卢森堡子公司B），该公司再在意大利境内设立一家全资子公司（意大利子公司），最终意大利子公司持有CIFA100%的股权，并与CIFA合并。并购交易完成之后，香港特殊目的公司HK SPV B最终持有CIFA100%股权。此外，交易还约定，完成交易三年后，中联重科可随时行使以现金或中联重科股票，购买各共同投资方在香港特殊目的公司B中全部股份的期权，除非共同投资方的退出价值，低于共同投资方的初始投资。

在上述SPV（指特殊目的的载体，也称为特殊目的机构/公司）设置过程中，利用意大利和卢森堡皆为欧盟国，彼此免除预提所得税；再利用卢森堡与中国香港之间的

双边税务协定，免除从卢森堡流向中国香港资本的预提所得税。只要资金不流回国内，国内也不征收所得税。通过该结构，有效解决了母国监管问题、预提所得税规避问题以及海外资金流动监管问题。

2012年12月28日晚，中联重科公告称，旗下子公司"中联海外投资公司"拟以2.36亿美元收购CIFA公司其他股东40.68%股权，从而实现对CIFA完全控股，该决议已获中联重科董事会通过（见图1）。

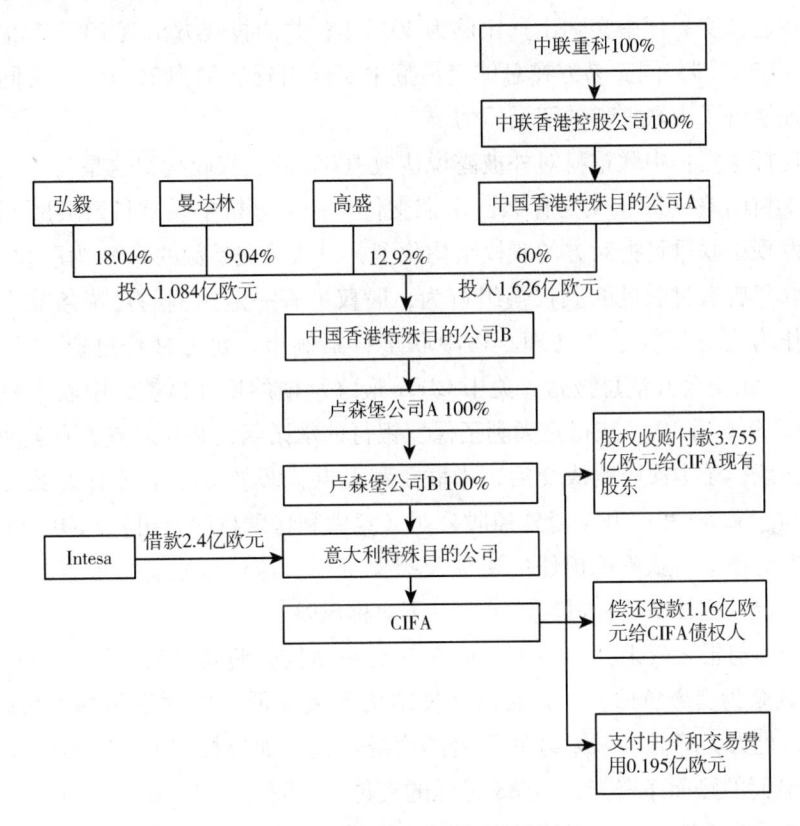

图1 中联重科收购交易结构

资料来源：根据Wind数据库及相关资料整理。

（二）支付对价

在此次海外并购中，中联重科为取得CIFA 100%的股权，和共同投资方合计出资2.71亿欧元，合计人民币26.72亿元。其中，中联重科支付对价1.626亿欧元，收购全部股权的60%。在2.71亿欧元的收购价款中，支付给CIFA现有股东的股权转让价款是2.515亿欧元，相关费用价款0.195亿欧元。根据此次交易的《买卖协议》，目标公司CIFA的全部股权作价3.755亿欧元，支付方式为100%现金股权（交易额的67%）及卖方承债（交易额的33%），即除中联重科和共同投资方支付的2.515亿欧元外，其余1.24亿欧元由CIFA自身长期负债解决。中联重科及共同投资方对该笔借款不承担任何还款及担保责任。

(三) 并购融资——结构融资的设计

第一次结构化融资：在上述交易结构中，中联重科引入曼达林、弘毅和高盛作为共同投资人，合计出资近 2.71 亿欧元，合计人民币 26.72 亿元，占本次交易额的 67%。在该结构中，中联重科的绝对出资额为 16.03176 亿元，控制的股权为 60%，即中联重科在总体交易额中实际出资比例为 40.2%；共同投资方出资 10.687 亿元，控制的股权为 40%，即共同交易方在总体交易额中实际出资比例为 26.8%。共同投资人的引入极大地缓解了中联重科的资金压力。

卖方杠杆融资：中联重科对外披露说达成 100% 的股权收购，这是为什么？股权支付与实际支付的差额 33% 又是什么？由谁支付？仔细分析中联重科财务顾问报告和律师报告，发现中联重科把对方的股权结构化了，只认可交易额的 67% 为股权。因为 CIFA 于 2006 年曾有过激进的股权重组行为，股权中有一定比例的对赌条款，因此这部分股权被作为卖方债权融资处理。在中联重科案例中，卖方杠杆融资占 33%，约为 13.16 亿元。根据公开信息披露，关于 CIFA 最终承债的境外借款，中联重科共同投资方已于 2008 年 6 月 19 日获得意大利圣保罗银行的承诺函，并与之签署有关费用函和过渡性贷款协议，于本次收购成交后，中联重科及共同投资方于上述有关融资安排文件项下的权利、义务均由 CIFA 境外控股公司（意大利特殊目的公司）承担，中联重科及共同投资方对该笔借款不承担任何还款及担保责任。这种做法套牢了意大利圣保罗银行，间接锁定曼达林基金；再次锁定信息不对称风险。

商誉处理与报表效果：上述关于此次的交易结构，使其股权融资占到总体交易额的 67%，其余为卖方负债。一方面，这种结构大大降低了中联重科的支付融资压力；另一方面，也大大降低了未来合并报表的商誉价值。如果按照 CIFA 2007 年财务数据看，8.27 亿元的账面净资产，39.88 亿元的支付额，商誉高达 31.61 亿元。但如果仅确认 26.72 亿元的股权支付，商誉只有 18.45 亿元。另外一个更关键的考虑是，2007 年中联重科的账面净资产只有 36.29 亿元，而支付额为 39.88 亿元，远远超过中联重科的净资产。对于一家公开发行的上市公司而言，虽然 2006 年新的公司法已经取消累计对外投资不得超过公司净资产 50% 的规定，但做一笔远超过自己账面净资产的并购支付，对于二级市场而言，无异于大大的利空。为了规避股东大会和二级市场的激烈反应，这种结构化支付也是必要的。结构化收购支付的结果是本次交易只占中联重科 2007 年净资产的 65.9%，尚可接受。

再次结构化：本次交易中联重科自身承担的支付是股权交易的 60%，全部交易额的 40.2%，意味着 16 亿元的现金支付，而 2007 年中联重科的经营现金流只有 4.6 亿元，必须进行进一步的结构化融资。于是，对于这 60% 的股权支付，中联重科又采取 80% 债权、20% 自付的结构方式，解决自身现金流量小、体量小所带来的融资和支付风险问题。中联重科的收购资金来源主要有两部分：一是获得中国进出口银行湖南分行提供的 2 亿美元,约合人民币 13.8 亿元融资安排的承诺函。二是剩余的 0.5 亿美元(约合人民币 3.45 亿元)支付资金将由公司以自有资金支付解决。中联重科 2007 年的经营现金流量为 4.6 亿元,除了 3.45 亿元的收购支付外,还有 1 亿元的剩余。为了偿还 80% 的债权,中联重科所安排的收购资金中借款部分的还款来源为:(1) CIFA 公司产生归属本公司的红利;(2) 香港控股公司的利润及现金流;(3) 中联重科的利润及现金流。总结起来,就交易阶段而言,中联重科在本次交易中实际出资仅为 3.45 亿元。其融资支付都通过第三方股权、卖方债权、自身债权等方式结构化了。

四、收购的经济效果评价——中联重科收购 CIFA 前后财务状况分析

(一) 偿债能力指标分析

根据图 2、图 3 及图 4,并购后中联的速动比率一度降低,甚至低于行业平均水平,但并购两年后该指标开始向上反弹,随着并购时间的推移,中联的短期偿债能力正在稳步提升;企业的资产负债率虽因并购大幅度攀升,但随着并购后的整合,目前已回归到 50% 的正常水平;每股经营现金流也从 2011 年开始回升。

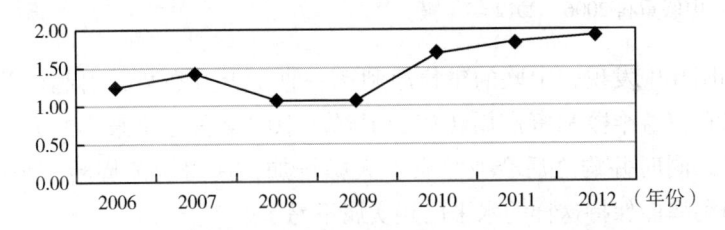

图 2 中联重科并购前后流动比率变化趋势

资料来源:中联重科 2006~2012 年年报。

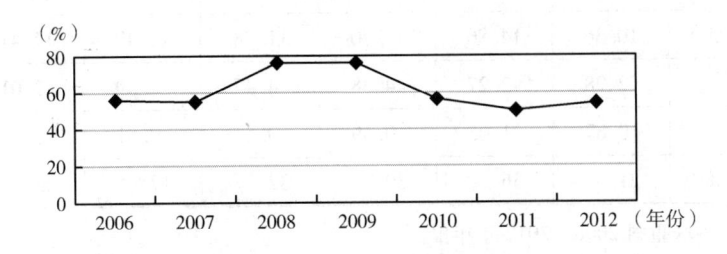

图 3 中联重科并购前后资产负债率变化趋势

资料来源:中联重科 2006~2012 年年报。

(二) 盈利能力指标分析

从图 5 可以看出,中联重科的销售毛利率呈平稳增长;而权益净利率则一直走下坡路。为此我们采用杜邦分析法来分析盈利下降的真正原因。

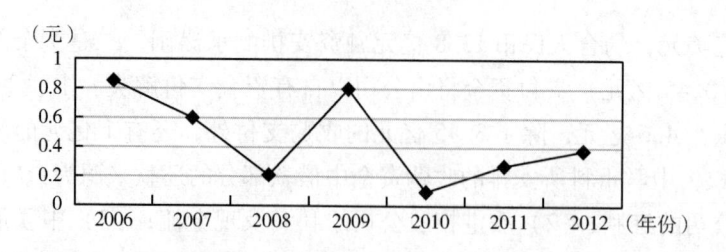

图4 中联重科并购前后每股经营现金流量变化趋势

资料来源：中联重科2006~2012年年报。

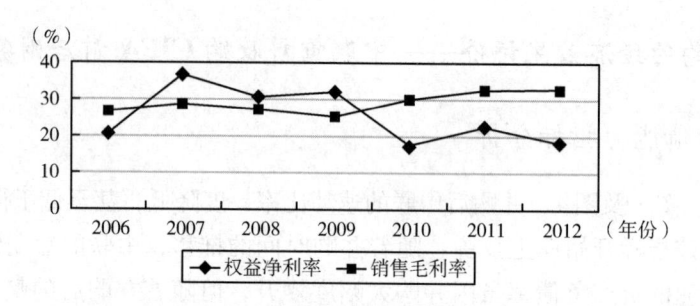

图5 中联重科并购前后盈利能力变化趋势

资料来源：中联重科2006~2012年年报。

从表2和图6中发现，中联的销售净利率一直呈上升态势，引起权益净利率下降的原因主要来自权益乘数和资产周转率的下降。中联重科近年来不断分红送股，股东权益大幅增加，同时并购之后企业总资产大幅增加，使得资产周转率下降。鉴于此，中联的权益净利率能保持这样的水平已经实属不易。

表2　　　　　　　　　　　杜邦分析表

年　　份	2006	2007	2008	2009	2010	2011	2012
销售净利率（%）	10.36	14.86	11.70	11.78	14.49	17.41	15.25
权益乘数	2.28	2.27	4.38	4.47	2.29	2.01	2.16
资产周转率	0.87	1.05	0.59	0.61	0.51	0.65	0.54
权益净利率（%）	21	36	30	32	17	23	18

资料来源：中联重科2006~2012年年报。

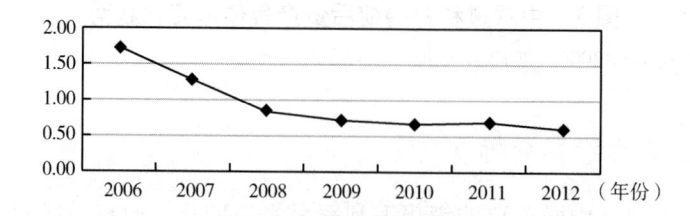

图6 中联重科并购前后资产周转率变化趋势

资料来源：中联重科2006~2012年年报。

(三) 成长能力指标分析

拓展海外市场是中联重科收购 CIFA 的一个重要动因,因此选择境外营业收入这个指标;CIFA 的主营业务是混凝土机械,所以选择了混凝土机械收入这个指标。下面从并购前后中联重科的营业收入、混凝土营业收入以及境外营业收入这几个指标所反映出来的情况进行分析(见表3、表4、图7)。

表3　　　　　　中联重科并购前后财务指标变化综合表

	年　份	2006	2007	2008	2009	2010	2011	2012
盈利能力	权益净利率(%)	20.93	36.75	30.88	32.10	17.02	22.75	17.96
	销售毛利率(%)	26.74	28.63	27.36	25.72	30.34	32.40	32.30
	基本每股收益(元)	0.63	1.75	1.03	1.42	0.97	1.05	0.95
偿债能力	资产负债率(%)	56.17	56.04	77.19	77.61	56.39	50.22	53.71
	流动比率	1.25	1.42	1.08	1.05	1.71	1.84	1.93
营运能力	总资产周转率	1.74	1.29	0.86	0.73	0.66	0.69	0.60
成长能力	营业总收入增长率(%)	42.05	92.67	50.99	53.24	55.05	43.89	3.77
	净利润同比增长率(%)	55.38	176.43	18.91	55.88	90.71	72.88	-9.12
产生现金能力	每股经营现金流(元)	0.86	0.60	0.21	0.80	0.09	0.27	0.38

资料来源:中联重科 2006~2012 年年报。

表4　　　　　　中联重科并购前后营业收入变化表

年　份	2006	2007	2008	2009	2010	2011	2012
混凝土机械营业收入(万元)	156 947	350 952	468 236	715 659	1 408 423	2 121 276	2 359 613
增长率(%)	64.7	124	33	53	97	51	11
境外营业收入(万元)	216 303	101 962	276 750	261 480	184 284	223 794	277 072
增长率(%)	248.46	371	171	-6	-14	21	24
营业收入(万元)	465 756	897 356	1 354 878	2 076 216	3 219 267	4 632 258	4 807 117
增长率(%)	42.05	92.67	50.99	53.24	55.05	43.89	3.77

资料来源:中联重科 2006~2012 年年报。

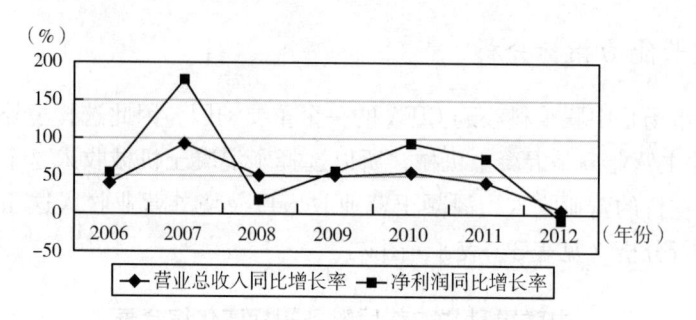

图 7 中联重科并购前后成长能力变化

资料来源：中联重科 2006~2012 年年报。

中联收购 CIFA 正值金融危机之际，受金融危机的影响，CIFA 直到 2011 年才开始盈利，从表 4 可以看出，对于境外收入来说，收购后的前两年出现了 6% 和 14% 的下降，但自 2011 年开始，呈百分之二十几的平稳上升态势，说明中联对 CIFA 的整合正在发挥作用；另外，CIFA 的主业混凝土业务使得中联的混凝土营业收入增长率远远大于总营业收入增长率，且混凝土业务占总收入的比重逐年上升，到 2012 年达到 49%。注意到 2012 年公司的营业收入、混凝土营业收入都承微幅增长，低于预期且未能如过去几年那样高速增长，这主要是受 2012 年该行业低谷期的影响。2012 年中联重科整体毛利率为 32.30%，同比仅下跌 0.1 个百分点，基本保持稳定，比徐工机械高出 10.55%，而混凝土机械毛利率仍旧稳居各板块之首，全年累计达到 33.94%。

五、案例讨论

通过中联重科并购 CIFA 的并购方式、结构性融资及并购后偿债能力、盈利能力、成长能力的分析，我们认为总体来说，对于竞争日益激烈的设备制造业，中联重科并购后的整合取得了不俗的业绩。从财务管理学视角而言，本案例的侧重点在于，通过中联重科并购 CIFA 需要重点考虑以下问题：

1. 跨国公司进行投融资活动时应注意哪些问题？
2. 中联重科为什么要进行跨国并购？其设计的并购方案有何特点？
3. 中联重科此次海外并购过程中设立的特殊目的实体（SPE）在并购中起了什么作用？设在不同国家是何目的？
4. 跨国并购过程中应注意哪些问题？中联重科海外并购 CIFA 过程中涉及哪些风险？应如何避免？
5. 中联重科在对被收购方进行企业估值的过程中选用的估值方法是否合理？你如何看待"中联重科高价买入 CIFA 实为涉嫌利益输送"的说法？

参考文献

[1] 中联重科 2006~2012 年各年年报及网站相关公开资料。

[2] 胡雯,李岩. 危机下的并购：中联重科收购意大利 CIFA,《财经》杂志,2013-12-16.

[3] 赵妍. 中联重科联姻意大利 CIFA 收效明显,国际在线专稿,2015-6-5.

[4] 苏仁惠. 中联重科收购意大利 CIFA 案例分析,西南财经大学硕士论文,2011.

[5] 刘双双. 综述：中联重科跨国并购的"走进去"之路,中国新闻网,2013-9-14.

[6] 熊红. 海外并购创造价值了吗？西南财经大学硕士论文,2014.

[7] 孙然. 中联重科并购意大利 CIFA 的绩效分析,湖南大学 硕士论文,2014.

[8] 郑敏. 中联重科跨国并购 CIFA 公司财务风险及其控制问题探讨,江西财经大学硕士论文,2016.